Shiva tanzt

Das Indien-
Lesebuch

Zu diesem Buch

Indien – ein Kontinent voller Geheimnisse und Gegensätze. Seit Jahrhunderten sucht Europa ihn zu ergründen. In diesem Lesebuch geben indische Autoren einen breit angelegten und in die Tiefe gehenden Einblick in die Kultur, Geschichte und Philosophie, aber auch in die Realitäten ihres Landes.

»Den ganzen Facettenreichtum Indiens aufzuzeigen, ohne an den altbekannten Klischee-Vorstellungen festzukleben, auf dieses Experiment hat sich Dieter Riemenschneider ganz bewußt eingelassen. Den Reiz des Buches macht die gelungene Mischung. Genaue Schilderungen einzelner Lebenssituationen, kurze Episoden bis hin zu Liebeserklärungen an das eigene Land lassen die nachdenkliche, durchaus amüsante Lektüre nie langweilig und platt erscheinen.« *Saarländischer Rundfunk*

»Eine wertvolle Ergänzung zu Reiseführern für Leute, die nach Indien reisen wollen.« *Mission aktuell*

Der Herausgeber

Dieter Riemenschneider ist Professor für Anglistik an der Universität Frankfurt. Er unterrichtete Deutsch an den Universitäten Chandigarh und Delhi und promovierte über den indischen Roman in englischer Sprache. Zahlreiche Publikationen über die englischsprachigen Literaturen und Kulturen, insbesondere Indiens, Afrikas und Neuseelands.

Shiva tanzt

Das Indien-Lesebuch

Überarbeitete und aktualisierte Neuausgabe
Herausgegeben und mit einer Einleitung von
Dieter Riemenschneider

Unionsverlag
Zürich

Die Texte dieses Bandes wurden aus dem
Englischen übersetzt von Alexandra Bröhm,
Thomas Chakkiath, Holger Fliessbach, Karin Graf,
Ruth Lüers, Martin Müller, Margrit Pfister,
Rita Peterli, Alex Schneider und Peter Wagner.
Die deutsche Erstausgabe erschien 1986
im Unionsverlag, Zürich.

Auf Internet
Aktuelle Informationen
Dokumente über Autorinnen und Autoren
Materialien zu Büchern
www.unionsverlag.ch

Unionsverlag Taschenbuch 142
© by Unionsverlag 1999
Rieterstrasse 18, CH-8059 Zürich
Telefon 0041-1 281 14 00, Fax 0041-1 281 14 40
Alle Rechte vorbehalten
Umschlaggestaltung: Heinz Unternährer, Zürich
Umschlagfoto: Steve McCurry
Druck und Bindung: Clausen & Bosse, Leck
ISBN 3-293-20142-3

Die äußersten Zahlen geben die aktuelle Auflage
und deren Erscheinungsjahr an:

2 3 4 5 - 02

Keki N. Daruwalla: *An die Schriftsteller draußen* 7
Dieter Riemenschneider: *Einleitung* 9

I Erbe und Aufbruch

Sudhir Kakar: *Das hinduistische Weltbild* 15
Ananda K. Coomaraswamy: *Dharma* 39
Sukumari Bhattacharji: *Die Gottheiten des Hinduismus* 40
Sarat Chandra: *Puri und Gott Jagannath* 45
Khushwant Singh: *Die Religion der Sikhs* 53
Sudhir Kakar: *Der Mensch im Ayurveda* 58
Bibiji Inderjit Kaur: *Der Koch als Heiler* 70
Mahatma Gandhi: *Experimente mit der Wahrheit* 73
Jawaharlal Nehru: *Gandhi, der politische Idealist* 82
Arthur Lall: *Nehrus Ära* 87
Ashis Nandy: *Der »Hindu«* 91
Gurcharan Das: *Die Neureichen sind da!* 93
Shalini Randeria: *Hindutva* 102
Shashi Tharoor: *Der Kampf um Indiens Seele* 105
Dileep Padgaonkar: *Dies ist nicht Bombay* 108
B. M. Bhatia: *Zeit der Prüfung* 110

II Indien – ein Querschnitt

Leela Gulyati: *Kalyani – ein Tag im Leben einer Landarbeiterin* 113
Asoka Raina: *Chhabiram, der Räuber* 120
Die Banjaras 123
Die Adivasi 127
H. Hanumanthappa: *Die Dalit* 129
»Chipko« 133
R. K. Narayan: *Über den Lärm* 135
Nandini Azad: *Überleben im Stadtdschungel* 138
Suniti Namjoshi: *Der Brahmane und seine Tochter* 142

Gail Omvedt: *Devadasis – Dienerinnen der Gottheit* 143
Indira Mahindra: *Der Aufbruch der Frauen* 149
Sunetra Gupta: *Fremde und andere Geister* 154
Ranjana Sidhanta Ash: *Frauen schreiben* 164
Volkszählung 1991 168

III Indische Kultur

Keki N. Daruwalla: *Die Geliebte* 169
Ka Naa Subramanyan: *Literarisches Leben in Indien* 170
R. K. Dhawan: *Literatur 2000* 174
Adya Rangacharya: *Das indische Theater* 177
Balwant Gargi: *Das Volkstheater* 181
Shyam Benegal: *Die indische Filmindustrie* 184
Girish Karnad: *Die Videowelle* 188
Ananda K. Coomaraswamy: *Indische Musik* 193
Shalini Reys: *Die wandernden Bänkelsänger* 201
Kapila Vatsyayan, Ram Gopal: *Der klassische Tanz* 203
Kamala Das: *Der Tanz der Eunuchen* 205
Rustam J. Mehta: *Indiens traditionelle Textilkunst* 206
Jamila Brij Bhushan: *Die indische Metallarbeit* 210

Autoren- und Quellenverweis 217

Zur Aussprache indischer Namensbezeichnungen und Begriffe
Es wurde darauf verzichtet, diakritische Zeichen zur Kennzeichnung von Vokallängen (etwa Natarājā statt Nataraja) und Konsonanten zu verwenden, deren Lautbildung in Sanskrit unterschiedlich ist (etwa Gunas statt Gunas oder Katha-Upanishad statt Katha-Upanishad). Anstelle des ś wurde sh (Aussprache sch) gewählt.

Keki N. Daruwalla

An die Schriftsteller draußen

Über Indien möchten Sie schreiben, mein Herr?
Hier lang, bitte!
Nur immer der streunenden Katze
im verstopften Abflußgraben nach
voll Asche und Eierschalen
Vorsicht, der Schlamm könnte Ihre Schuhe beschmutzen!
Wäre das nicht ein Foto – diese Bengel
die so aus vollem Herzen lachen?
Ein Jammergesicht wäre Ihnen wohl lieber
und ein verschmierter Rotzmund
Die Auswahl ist groß:
In Nichts gekleideter Heiliger
Irrer in Sackleinen
Bettler mit eiternder Wunde
Muß ein schönes Gefühl sein, Sir
über Eiterwunden zu diskutieren
mit desinfizierter Feder
auf sterilisiertem Papier.

Und nun ins Dürregebiet
Boden so trocken wie Hirschhorn
lechzende Kuhmäuler, leere Euter
Knochendürres Vieh geht spazieren
Fette, ölige Heilige schreien
nach Verbot von Kuhschlachtung!
Skelett gefällig, Sir?
Ist grad keines lieferbar!
Ja, vor diesem Stoppelfeld wär das
ein toller Schuß gewesen, wie Sie sagen

Aber zur Zeit kann ich nicht mal
eine rechte Leiche beschaffen
mit wimmelnden Ameisen in Augen, Nase und Mund

Und nun zur Straßenkreuzung
wo die Kobra sich wiegt
zur wimmernden Schlangenflöte
wie ein schimmerndes Seil im Korb
wenn der Zauberer seinen Turban darüberwirft
um sie zu beruhigen
Suchen Sie Gestank, Sir? Den finden Sie
in seinen Achselhöhlen

Die Gäßchen rund um die Jami-Masjid-Moschee
empfangen Sie mit Gedränge
mit Dächern und Minaretten
Amulett und Zauberei
Bakschisch-Gekreisch und Muezzin-Ruf
Der Derwisch verhökert Potenzdrogen
Höhlen der Erotik ziehen Sie ins Dunkel
wo Göttinnen an Mastitis leiden
Verwundete Statuen, ein Nasenloch
bei Somnath, das andere bei Ghazni
Der Fluß ruft: Tonlämpchen, und Opfer
an die Finsternis, damit sie die Sonne freiläßt
Auf den Bestattungsplätzen lodern die Toten
Bitte um Verständnis, daß dieser Tage
keine leibhaftige Witwenverbrennung auf dem Programm steht

Zu Schlangenriten und Schlangenmythen
zu Kopfjäger-Nagas
zu Teufelsaustreibern und bösem Blick
zu Okkultem, Bizarrem
lädt Indien Sie ein
pockennarbig, verschrammt
empfindsam wie das Innere einer Auster

Dieter Riemenschneider

Einleitung

Auf den ersten Blick muß es vermessen erscheinen, ein Kulturlesebuch über ein Land wie Indien zusammenzustellen, dessen geographische Ausdehnung, geschichtliche Weite und soziokulturelle Vielfältigkeit sich schon dem Spezialisten in den Weg stellt, der sich auf nur einen Aspekt beschränkt. Die große Fülle zugänglicher Untersuchungen bestätigt die Schwierigkeiten, die sich auftürmen, wenn in ihnen versucht wird, Indien »auf den Punkt zu bringen«. Zu heterogen erweist sich das Bild eines Subkontinents, das sich dem Historiker oder Philosophen, dem Sozialwissenschaftler oder Ethnologen, dem Politiker oder Wirtschaftsexperten, dem Literaturforscher oder Linguisten darbietet. Die von Indern immer wieder beschworene *Einheit in der Vielfalt* ist wohl kaum je einem Betrachter – und schon gar nicht dem fremden Besucher – so recht in den Blick geraten.

Dagegen erscheint gerade die Vielfalt, ja die offen zutage tretende Widersprüchlichkeit das bestimmende Merkmal Indiens zu sein. Sie ruft in den meisten Besuchern Reaktionen hervor, die zwischen Faszination und Verdammung schwanken; die Herausforderung des Landes entwickelt sich nicht selten zu einer Herausforderung an das eigene Selbstverständnis. Demgegenüber bleibt die Zahl der »Gottsucher«, die in Indien ihre Heimat gefunden haben, oder die der flüchtigen Besucher, die mit einem fertigen Urteil im Gepäck nach Hause kehren, gering.

Diese Mischung von Faszination und Abwehr, die den westlich-europäisch denkenden und empfindenden Menschen ja auch irritiert, weil er dazu erzogen wird, Widersprüche auf logisch-kausale Weise aufzulösen, liegt sicher auch der Auswahl und Zusammenstellung der hier vorgelegten Texte zugrunde. Doch sollen sie die Vielfältigkeit und Widersprüchlichkeit Indiens nicht nur dokumentieren, sondern auch ein, zugegebenermaßen subjektives, Gestaltungsprinzip zur Diskussion stellen, das sich selbst als vorläufiges Ergebnis der Auseinandersetzung mit Indien begreift.

Dem Herausgeber dieses Kulturlesebuches stellt sich eine doppelte Aufgabe. Einerseits wünscht er sich, daß die vorgestellten Texte einen Beitrag zum Zugang Indiens leisten und dem Leser Möglichkeiten schaffen, Einsicht in eine Kultur zu bieten, die ihm zwar fremd gegenüberstehen mag, seinem Verständnis aber dennoch nicht ganz und gar entzogen ist. Information und Einführung, Überblick, aber oft genug auch Vereinfachung komplexer Fragen, die dem Spezialisten nicht wünschenswert erscheint, dienen hier als Kriterien der Auswahl. Zum anderen sollte sich der Herausgeber nicht als neutrale Instanz verstehen, sondern die eigene Position im Prozeß der Beschäftigung mit Indien deutlich machen, denn sie beeinflußt stärker als jegliches didaktisches Interesse die Auswahl und Zusammenstellung der Texte.

Die Wirklichkeit Indiens läßt sich, so scheint mir, in doppelter Weise fassen. Oberflächlich betrachtet, kennzeichnet dynamische Vielfältigkeit das gesellschaftliche Zusammenleben und das indische Denken. Eine gründlichere Auseinandersetzung führt freilich zu den philosophisch-religiösen Wurzeln indischer Kultur, die aus Begriffen wie Leere, Stille, Ruhe oder Nichts erwachsen. Um diese Doppeltheit ins Bewußtsein zu heben, bot sich als Titel des Kulturlesebuchs und Ordnungsprinzip das Bild und Symbol des tanzenden Shiva an. *Shiva Nataraja,* Shiva als König der Tänzer, spielt in unzähligen Bronzedarstellungen, Abbildungen und literarischen wie philosophischen Verweisen eine zentrale Rolle im indischen, das heißt hinduistischen Denken. Die Kunsthistorikerin Kapila Vatsyayan hat die Symbolkraft *Shiva Natarajas* auf prägnante Weise formuliert:

»Schließlich und endlich erscheint Shiva als *Nataraja,* der den Tanz des Universums symbolisiert, den Rhythmus der Bewegung von Sonne und Mond, der Erde, des Windes und der Sphären, den Puls der Zeit: Vergangenheit, Gegenwart und Zukunft. Er tanzt allein oder wird von den Sieben Urmüttern *(Saptamatrikas)* begleitet. Er reitet auf dem Stier Nandi, dem eigenen Ich, der ihn und die Welt dem Ziel der Erlösung *(Moksha)* entgegenträgt. Auf einzigartige plastische Weise verkörpert Shivas Tanz jene allumfassende Komplexität aller manifesten Erscheinungsformen, die in gebändigter, unaufhörlicher Bewegung einfließen in den Moment ewiger Stille.«

Die »Zwei-Einigkeit« *Shiva Natarajas,* Bewegung und Stille, umfaßt nicht nur die scheinbar endlose Fülle sinnlich erfahrbarer Erscheinungsformen, sondern als deren Seinsgrund ihre »Nicht-Vielheit«. Vielfältigkeit und Widersprüchlichkeit bilden, ja sind ein Schleier, *Maya,* Illusion, den es zu zerreißen gilt, um zur Wahrheit, zur Stille vorzustoßen.

Der Figur des tanzenden Shiva haftet freilich noch ein weiterer, weniger positiver Aspekt an. Tanz bedeutet auch Zerstörung. Shiva, so erzählt der Mythos, geriet beim Tanzen in einen solchen Bewegungsrausch, daß der Kosmos zu erzittern begann und die Gefahr seiner völligen Vernichtung drohte. Doch in der komplexen religiös-philosophischen Vorstellungswelt des Hinduismus repräsentiert Shiva nicht ausschließlich den Aspekt der Zerstörung, wie Fremdenführer es den gläubigen Touristen immer wieder erzählen. Wie alle Gottheiten des Hindupantheon ist er vielschichtig, scheinbar widersprüchlich, selbst Ausdruck und Symbol des hinduistischen Synkretismus.

Shiva Nataraja in seiner Darstellung als Tänzer des *Tandava* symbolisiert so das Spannungsfeld der indischen Wirklichkeit zwischen Suche nach Erkenntnis des transzendentalen Seins und nach sinnlicher Verwirklichung im Hier und Jetzt, die die Gefahr der Zerstörung in sich birgt. Diesem Verständnis des tanzenden Gottes sind die ausgewählten Texte zugeordnet.

Der erste Teil des Lesebuches umfaßt Texte indischer Philosophen und Wissenschaftler des 20. Jahrhunderts, die sich mit zentralen religiösen und philosophischen Vorstellungen des überlieferten Erbes auseinandersetzen; einer Tradition, die sich über einen Zeitraum von fast dreitausend Jahren erstreckt. Ihre Beiträge dokumentieren einerseits die Lebendigkeit der Tradition, verweisen andererseits jedoch auf die Gegenwart und dienen so als Antworten auf die Frage nach einer »nutzbaren Vergangenheit«. In engem Zusammenhang hiermit stehen Stellungnahmen von politischen und gesellschaftlichen Reformern, die besonders während des Kampfes um die politische Unabhängigkeit Indiens die Suche nach dem Ideal einer modernen, reformierten indischen Gesellschaft bewegte. Welche Möglichkeiten erblickten sie, hinduistisches Denken und gesellschaftliche Praxis aufeinander zuzuführen oder gar zur Deckung zu bringen? Und wie stellt sich ihr Wirken aus der Rückschau dar? Als »unaufhörliche, gebändigte Bewegung« oder als »Bewegungsrausch«?

Diese Frage haben im vergangenen Jahrzehnt vor dem Hintergrund innen- und parteipolitischer Veränderungen und gewalttätiger Auseinandersetzungen zwischen den verschiedenen religiösen und sozialen Gruppierungen des Landes eine besondere aktuelle Wendung erfahren. Hierüber äußern sich betroffene Wissenschaftler und Beobachter, die gleichwohl keine Antworten parat halten.

Die Texte im mittleren Teil versuchen in konkreter Annäherung Bereiche des gesellschaftlichen Lebens vorzustellen: das ländliche und städtische Indien, die Situation der Kastenlosen und der Frauen. Das Ausmaß des sozialen Wandels des Subkontinents gegen Ende des 20. Jahrhunderts verdeutlichen insbesondere die Veränderungen des bäuerlichen Lebens und des Verhältnisses von Stadt und Land. Während das Los der Landbevölkerung auch in der Vergangenheit oft unerträglich war, hat es sich vor allem für die Landarbeiter und kleinen Pächter trotz Unabhängigkeit und versprochener Landreform nicht wesentlich verbessert. Die Gegensätze zwischen Besitzenden und Besitzlosen sind vielfach noch schärfer geworden; das Maß der Unterdrückung ist gewachsen, doch auch der politische Widerstand der Armen und Rechtlosen hat zugenommen.

Auf der anderen Seite hat sich mit der immer stärkeren Urbanisierung Indiens eine Mittelschicht herausgebildet, die heute die wichtigste gesellschaftliche Kraft stellt. Wirtschaftlich betrachtet, verkörpert sie den relativ zunehmenden materiellen Wohlstand Indiens, zugleich aber auch den immer größer werdenden Abstand zu den Armen. Betroffen sind hier in erster Linie die Kastenlosen und die vom Land in die Städte übersiedelnden Angehörigen der unteren Kasten sowie die Frauen. Doch wiederum bemerkenswert ist, wie der Widerstand wächst, welche Formen der Selbstorganisation und der Bewußtseinsveränderung als Mittel der Selbstbehauptung ergriffen werden. Kastenlosigkeit und Abhängigkeit der Frau in der indischen Gesellschaft werden weiterhin als Stigma betrachtet, doch aus vielen direkten Zeugnissen spricht der Wille, sich mit überkommenen Vorstellungen nicht mehr einfach abzufinden.

Der abschließende Teil des Lesebuchs umfaßt Texte, die sich mit den unterschiedlichen sprachlichen und künstlerischen Kommunikationsformen beschäftigen, z. B. mit der komplexen Sprachenproblematik Indiens und dem Stellenwert des Englischen, das als koloniales »Vermächtnis« aus der gegenwärtigen und wohl auch zukünftigen gesellschaftlichen Entwicklung des Landes nicht wegzudenken ist. Eng verknüpft mit der Frage einer gesamtindischen Sprache, stellt der Analphabetismus, insbesondere in einer zunehmend technischer werdenden Welt, Anforderungen an die Gestaltung des menschlichen Zusammenlebens, hinter denen Überlegungen von Schriftstellern und Intellektuellen zur literarischen Kultur des Landes (wie sie hier vorgelegt werden) fast als zweitrangig erscheinen.

Theater, Film, Fernsehen und Video – weitverbreitete »Volkskünste« in Indien – stehen dem eher elitären klassischen Tanz und der klassischen Musik gegenüber und markieren zugleich eine gesellschaftliche Trennungslinie. Dabei zeugen das populäre Theater und der Film durchaus von einer kontinuierlichen Beschäftigung mit überlieferten religiösen Stoffen. Das Fernsehen nimmt hier eher eine Mittelstellung ein, während die große Popularität des Videofilms belegt, daß es diesem Medium wohl als erstem gelungen ist, soziale und thematische Grenzen aufzuheben; denn weder gesellschaftliche Herkunft noch tabuisierte Stoffe und Themen schränken ein Konsumverhalten ein, das sich in allen Schichten der Bevölkerung findet. Es bleibt klassischem Tanz und klassischer Musik, in geringerem Maße auch dem traditionellen Kunsthandwerk, vorbehalten, sich hier vom Massengeschmack abzuheben.

Aspekte indischer Kultur in einem Lesebuch vorzustellen wird notwendigerweise Experiment sein. Einwände, die Mängel und Einschränkungen aufzeigen, sind schnell bei der Hand. Einer der gewichtigsten Kritikpunkte mag darin liegen, daß ausschließlich Quellen in englischer Sprache herangezogen wurden. Zweifellos trüge eine Auswahl von Zeugnissen in indischen Sprachen zu einem umfassenderen Bild der Selbstdarstellung des Landes bei. Andererseits liegt in der Wahl indischer Stimmen – Historiker und Philosophen, Religionswissenschaftler und Politiker, Schriftsteller und Journalisten –, die sich auf englisch äußern, ein Vorteil: als Vermittler indischer Kultur mit einer nichtindischen Leserschaft im Auge konnten sie von größerer Wirksamkeit sein als jene, die sich in ihrer Muttersprache an ein eigenes, »eingeweihtes« Publikum wenden. Die Veröffentlichungen Sudhir Kakars stellen hierfür ein recht anschauliches Beispiel dar. Schließlich setzt der Umfang des Buches Grenzen. Beschränkung, Kürzung oder gar Auslassung muß oft an die Stelle umfangreicher Darbietung treten, so wichtig es auch erscheint, gerade komplexeren Fragen größeren Raum zu geben.

Das Lesebuch möchte deshalb als Anregung verstanden werden, dem einen oder anderen nur skizzenhaft dargebotenen Thema ausführlicher nachzugehen, denn nur in einer gründlichen und kontinuierlichen Beschäftigung mit einer anderen Kultur kann es zu einer Annäherung kommen, die zum gegenseitigen tolerierenden Verständnis so wichtig ist.

I Erbe und Aufbruch

Sudhir Kakar

Das hinduistische Weltbild

Eine Erkundung der psychologischen Innenwelt des indischen Menschen muß ausgehen von jenem Kreis historisch gewachsener, ausgewählter und verfeinerter Anschauungen, mittels deren die hinduistische Kultur in althergebrachter Weise die religiösen Glaubens- und Verhaltensweisen ihrer Angehörigen strukturiert hat. Im Herzen dieses Kreises von Leitgedanken ruht ein zusammenhängendes, dichtes Weltbild, welches das Ziel menschlicher Existenz, die Wege, die zu diesem Ziel führen, die Irrtümer, die dabei zu vermeiden sind, und die Hindernisse, mit denen man auf dem Weg dorthin rechnen muß, umfassend ausdrückt. Ich spreche hier nicht von der hinduistischen Philosophie im Sinne eines abstrakten Gedankengebäudes, das lediglich einer geistlichen Elite von Exegeten zugänglich ist, sondern im Sinne eines Systems von Normen, Idealen, Werten und Anschauungen, die in das Alltagsleben der einfachen Leute durchsickern und ihm Gestalt und Bedeutung verleihen.

Das Weltbild der traditionellen hinduistischen Kultur liefert seinen Angehörigen – wie die Weltbilder anderer Gesellschaften – einen allgemein gebilligten Raster, der auf die Außenwelt mit all ihren Ungewißheiten und auf den Strom innerer Erfahrung mit all seinen Strudeln gelegt werden kann und so dem Individuum hilft, einen Sinn in seinem eigenen Leben zu finden. Von den meisten Hindus geteilt und über Generationen hinweg fortbestehend, hat das hinduistische Weltbild, ob nun bewußt anerkannt und in kunstvollen Ritualen kodifiziert oder still das »Gruppenunbewußte« durchdringend, sowohl die indischen Sprachen als auch Denken, Wahrnehmung und Urteil geprägt. Dieses Weltbild ist viel tiefer in einem Hindu verwurzelt, als er sich bewußt sein mag. Das befangene Bestreben verwestlichter Hindus, es zu verwerfen, ist im großen und ganzen vergeblich, denn es ist ein Versuch, die eigene Grundlage aufzugeben.

Für die hinduistische Kultur ist *Moksha,* oder *Mukti,* das oberste Ziel des Daseins, die höchste »Bedeutung des Menschen«. Der Begriff *Moksha* ist verschieden interpretiert worden: als Selbstverwirklichung, als Transzendenz, als Erlösung, als eine Befreiung von weltlicher Verstrickung, vom »Kommen« und »Gehen«. Doch wird *Moksha* in der hinduistischen Philosophie auch als der Zustand beschrieben, in welchem jegliche Unterscheidung zwischen Subjekt und Objekt überschritten ist, als eine unmittelbare Erfahrung der fundamentalen Einheit eines Menschen mit dem Unendlichen. Die *Upanishaden,* die bei diesem Thema der vollkommenen Vereinigung näher verweilen, vergleichen diesen Zustand mit der Vereinigung zweier Liebender: »Gerade so wie jener, der in den Armen seiner Geliebten kein Bewußtsein hat von dem, was außen oder innen ist, bleibt in dieser Erfahrung nichts, das nach innen oder außen weist. Es ist das Eingehen in die göttliche Kraft Brahman, ein Verschmelzen mit Brahman, ein Essen von Brahman, ein Atmen von Brahmans Geist. Es ist die Einheit von Selbst und Welt.«

Solche Beschreibungen sind schwierig, da sie nur für den Eingeweihten Bedeutung haben und unterschiedlichen Menschen Unterschiedliches mitteilen. Für viele ist das Wesen von *Moksha* erfaßbar – wie flüchtig auch immer – anhand lebendiger sichtbarer Symbole wie des hinduistischen Bildes von *Shakti* und *Shakta* – der Energie und dem Untätigen, dem Handelnden und der Welt –, wie sie sich in ewigwährender Umarmung mit ihren Schenkeln gegenseitig fest umschlingen; oder wie der ineinander verschlungenen schwarzen und weißen Fische des Taoismus, Yin und Yang. Denn die Grenzen der Sprache werden nur allzu deutlich, wenn man eine Erfahrung zu vermitteln trachtet, die sich – schon von der Bedeutung her – nicht in Worte fassen läßt. Danach, wie er in den Texten und in den Schriften religiöser Lehrer beschrieben ist, kann *Moksha* dahingehend aufgefaßt werden, daß ein Mensch, der in diesem Zustand lebt, einen alldurchdringenden »Ich«-Strom besitzt. Das »Ich« ist das Zentrum des Bewußtseins und der Existenz in allen erfahrenen Situationen und in allen möglichen Selbsten. Das »Ich« ist in allen vergänglichen Selbsten konstant und kontinuierlich gegenwärtig: im körperlichen Selbst, im Taumel geschlechtlicher Erregung oder im Schmerz einer Krankheit; im persönlichen Selbst beim Spielen, beim Träumen und Nachsinnen oder bei der Arbeit, beim Planen und Entwerfen; im sozialen in der Erzeugerrolle des Vaters und Hausvaters oder des Sohnes oder Untergebenen. *Moksha* ist jedoch nicht darauf beschränkt, dieses »Ich«-Bewußtsein in einem zusammengesetzten Selbst zu erreichen. Man ist vielmehr der Ansicht, daß diese höchste »Bedeutung des Menschen« nicht eher realisiert ist, als bis ein Individuum auch eine gleichartige Einfühlung in das »Ich« anderer hat, die sich bis zur vollständigen Identifikation ausweitet. Bis aber dieses »Ich«-Bewußtsein fest verankert und bewahrt ist, lebt der Mensch, wie die Hindus sagen würden, in *Avidya,* in Unwissenheit oder falschem Wissen. Und seine Wahrnehmung seiner selbst, der Außenwelt und anderer um ihn herum bleibt *Maya,* Fragment, scheinbare Realität, die, auch wenn sie gesellschaftlich als *Matam* (»Meinung über die Realität«) geteilt und gebilligt wird, nicht *Tattvam,* die letzte, wahre Realität, darstellt, die nur der erlöste Mensch kennt.

Die esoterischen Praktiken des *Raja-Yoga* sind die Sphäre einer kleinen religiösen Elite, der wenigen »Begabten«, die durch systematische unentwegte Innenschau ihr ganzes Leben der Verwirklichung von *Moksha* widmen. Für die überwältigende Mehrheit der Hindus, Männer wie auch Frauen, gibt es jedoch andere von der Tradition gutgeheißene »Wege«, die gleichfalls auf den idealen Zustand hinführen. Ein Individuum kann zwischen ihnen wählen, je nachdem, was ihm sein Temperament und seine Lebensumstände eingeben. Da ist zum Beispiel der Weg der *Bhakti,* der inbrünstigen, hingebungsvollen Gottesverehrung, dann der Weg des Karma-Yoga, des selbstlosen Handelns, der von Gandhi gewählte Pfad, und endlich der Weg des *Jñana,* der Entwicklung der Fähigkeit, zwischen dem Wirklichen und dem Scheinbaren zu unterscheiden. Gleichgültig, welchem Pfad er folgt, ist sich jeder Hindu der Schwierigkeit, ja der Unwahrscheinlichkeit bewußt, den idealen Zustand in einem einzigen Leben zu erreichen. Dies wird in einer Geschichte veranschaulicht, die erzählt, wie ein Yogi, als ihm Narada, der Seher der Götter, sagte, daß er erst dann *Moksha* erlangen werde, wenn er so viele Male geboren worden sei, als da Blätter auf einem Tamarindenbaum wären, vor Freude zu tanzen begann und dabei ausrief: »Oh, ich werde also schon nach so kurzer Zeit *Moksha* erlangen!«

Für einen Hindu ist *Moksha* eine reale Möglichkeit. Auch wenn *Moksha* über den weltlichen Sorgen des Alltagslebens in Vergessenheit gerät, auch wenn er in bestimmten Lebensstadien aus dem Bewußtsein verbannt ist, so bildet er nach wie vor das Hauptelement in der »Ideologie des Über-Ich« und sorgt für eine unmerkliche ethische Lenkung des Lebenslaufes. Über dieses »altruistische« Sehnen wird, selbst wenn man sich dessen bewußt ist, vielleicht selten gesprochen, und es wird Außenstehenden gegenüber nur in Augenblicken uneingeschränkten Vertrauens zugegeben. Und doch bleibt es im Leben der meisten Hindus der universale Leitstern »höherer Empfindung«, denn es setzt sich über Klassenunterschiede und Kastengrenzen hinweg und überbrückt die Kluft zwischen der ländlichen und der städtischen Bevölkerung, zwischen der ungebildeten und der gebildeten Schicht. Ohne diese überaus wichtige Perspektive von *Moksha* sind die scheinbar widersprüchlichen Überzeugungen Gandhis für einen Politologen ebenso unfaßlich wie die täglichen Meditationen eines indischen Physikers im Gebetsraum seines Hauses für seine westlichen Kollegen.

Im alten Indien war *Moksha* als Ziel des Lebens ausgesprochen bewußt und frei artikuliert. Jedes kulturelle Bestreben, ob in den

Wissenschaften oder in den Künsten, erachtete es als sein ausdrückliches Ziel, die Menschen immer näher an diesen Zustand heranzuführen. Werke über Politikwissenschaft, Volkswirtschaft, über die schönen Künste, über Rechtswissenschaft, Sozialorganisation oder Erotik wurden verzerrt und diesem Ideal gemäß gedeutet, wurde *Moksha* doch als Basis allen Wissens betrachtet. Diese enge Beziehung zwischen Lebensziel und kultureller Äußerung kommt vielleicht am besten in der hinduistischen Sichtweise von Kunst zum Ausdruck.

Von den Höhlenmalereien bis zur Tempelskulptur, vom Sanskrit-Drama bis zum klassischen Tanz und zur klassischen Musik war die indische Kunst nach der Tradition von dem Ziel beherrscht, *Rasa* zu schaffen (durch den Künstler), *Rasa* zu erwecken (beim Publikum) und *Rasa* in sich aufzunehmen (durch beide). Die wörtliche Bedeutung von *Rasa* ist »Geschmack« oder »Essenz« oder »Aroma«; er bildet das ästhetische Gegenstück zu *Moksha*. Durch *Rasa* wird zum einen einer der folgenden acht Gefühlszustände wachgerufen: Liebe, Lachen, Sorge, Zorn, Hochstimmung, Furcht, Abscheu und Erstaunen. Mit einbegriffen ist zum anderen die Erweckung desselben Gefühlszustandes beim Betrachter, Zuhörer oder Leser. Und schließlich fordert *Rasa* zu völliger wechselseitiger Aufnahme des so hervorgerufenen Zustandes durch den Künstler und das Publikum auf. *Rasa* ist keine objektive Qualität von Schönheit oder Form, nach welcher man den Künstler als »gut« oder »schlecht« beurteilt. In der Musik ist beispielsweise das Klanggewebe oder die Reinheit des Tones nicht der springende Punkt von *Rasa,* wie jeder, der einmal die *Dhrupad*-Melodie, die von den älteren Dagar-Brüdern singt, bezeugen kann. *Rasa* impliziert aber auch nicht jene schöpferische Wißbegierde, die neue Probleme aufwirft oder neue Lösungen entdeckt. Wie das Zurücknehmen der Sinnesfunktionen im Yoga, so ist *Rasa* in der Kunst ein kurzer Besuch der Innenwelt, eine Erkundung des Unbewußten, eine Beruhigung der Unrast des Geistes.

Künstlerisches Schaffen wird nach der Tradition als ein Produkt der *Sadhana* des Künstlers betrachtet, die der Meditation des Yogis gleichkommt. So wiesen die alten Abhandlungen über Bildhauerkunst und Malerei den Künstler an, sich nicht von der Welt um ihn herum, von der Vergänglichkeit der äußeren »Realität« ablenken zu lassen, sondern zuerst eine Reise ins Innere zu unternehmen, um mit der inneren Landschaft vertraut zu werden und sie sich zu verlebendigen, ehe er sein beobachtendes Auge auf das Außen richtet. Die Außenwelt soll demnach mehr durch schöpferische Wahrnehmungsvorgänge als durch nüchterne Reproduktion der »klinischen« Realität in eine Kunstschöpfung umgewandelt werden. Man sagt, daß sich Valmiki, als er das Ramayana-Epos verfaßte, obgleich er mit der alten Geschichte sehr vertraut war, über viele Jahre hinweg durch *Sadhana* darauf vorbereitete, bis er die Hauptpersonen »im Inneren« seiner selbst handeln und sich bewegen zu sehen vermochte, als wären sie wirklich. In hinduistischer Sicht steht Kunst dann mit Erfolg am Ziel, wenn das Unbewußte des Künstlers, das im vollendeten Kunstwerk oder in der sich offenbarenden Grazie einer musikalischen Darbietung zum Ausdruck kommt, im Unbewußten des Betrachters oder Zuhörers »nachhallt« oder »mitschwingt«. Psychologisch gesehen, verlangt und erweckt die indische Kunst im Künstler wie auch im Publikum eine besondere Form von Ich-Bewußtsein, die aber keine angespannte Konzentration oder extreme Wachsamkeit einschließt. So läßt sich beispielsweise in der indischen Musik das Wesen eines *Raga* (Melodie) nur dann erfassen, wenn sich das Ich in einem Zustand partieller Konzentration, »zerstreuter Aufmerksamkeit« oder Träumerei befindet, einem Zustand, der durch die Entfaltung des *Raga* selbst gefördert und auf sanfte Weise gelenkt wird. Der psychische Zustand sowohl des Künstlers als auch des Zuhörers ist auf vollendete Weise im Bild der Maheshamurti in den Höhlen von Elephanta symbolisiert: Die großen offenen pupillenlosen Augen der Gottheit vermitteln genau die Stimmung gleichzeitiger Wachheit und Schläfrigkeit, deren die Kunst bedarf, um ihren Zweck zu erfüllen, nämlich *Rasa* zu schaffen und wachzurufen.

Rein äußerlich bediente sich die indische Kunst einer Vielfalt technischer Kunstgriffe und einer geschickten Kombination von Sinneserfahrungen, um im Betrachter oder Zuhörer die oben beschriebene Art von Bewußtsein auszulösen. Wie Richard Lannoy aufgezeigt hat, verlangsamen die Höhlenmalereien und das Sanskrit-Drama (ebenso wie die klassische Musik) bezeichnenderweise unser Zeitgefühl, gebrauchen Bilder und Worte (und Töne), um uns in den Strudel mannigfaltiger Perspektiven hinabzuziehen, und legen die Betonung mehr auf eine zyklische denn eine lineare Erzählstruktur. Das sind »psychedelische« Techniken – daher auch das ästhetische Schwindelgefühl und auch die Klagen über Monotonie und die Aversion vieler älterer Europäer, wie ebenso die enthusiastische Empfänglichkeit vieler junger Menschen aus dem Westen, wenn sie zum ersten Mal mit indischer Kunst konfrontiert sind. Ajanta-Fresken, Vaishnava-Malereien (zum Vishnukult gehörend) und klassische *Ragas* (Melodien), sie alle weisen kein betontes »Zentrum« auf, keinen dramatischen Höhepunkt und, wie es scheint, keine Struktur. Sie sind nicht bestimmt für jene, die nur etwas erfahren wollen, »an das man sich halten kann«, »an das man sich heranmachen kann«, und für die das Nachlassen der Aufmerksamkeit, das Loslassen des Ich (unbewußt) nichts anderes bedeutet, als sich den Urmächten des Instinktes preiszugeben und sich dem Unbekannten darin auszusetzen.

Der Mensch, nicht als herausragendes Einzelwesen, sondern aufgegangen in seiner Umgebung; das Individuum, nicht isoliert, sondern in all seinen unendlichen Verknüpfungen: das sind die Spielarten menschlicher Erfahrung, die den Wesensinhalt der indischen Kunst bestimmten.

Dieses einheitliche Bild von Körper und Seele, von Individuum und Gemeinschaft, von Selbst und Welt, von Ich und Nicht-Ich ist bis heute in den meisten Erscheinungsformen der Volkskultur gegenwärtig. Zahlreiche religiöse Riten und Volksfeste, von der frommen Gottesverehrung der *Kirtan*-Sängergruppen in den Tempeln bis hin zu den orgiastischen Exzessen des *Holi*-Festes

(Frühlingsfest), sind unter anderem Bestrebungen, aus der Schale der Einzelexistenz hervorzubrechen. Dieses Bild der Gemeinschaft schließt aber auch sein Gegenstück ein, nämlich den Ausdruck von Verlust und Trennung und eine nostalgische Sehnsucht nach Verschmelzung mit einem geliebten »anderen«, dem göttlichen oder dem sterblichen Geliebten. Dies gilt für Tagores Dichtung ebenso wie für die populären Preisgesänge an eine Gottheit *(Bhajans)*. Und was die leichte klassische Musik Nordindiens, die *Ghazals, Thumris* und *Dadras,* angeht, so ist Pathos alles: Die sentimentale Freude der Zuhörer zeigt eindeutig, wo die ästhetischen Kriterien liegen. Ob es gelingt, diese Gefühle von Pathos und Sehnsucht zu wecken, scheidet sogar die vielgeschmähten und allgegenwärtigen »Film-Songs« in spirituell erhebende oder rein gefällige ...

Lebensaufgabe und Lebenszyklus: Dharma

Erstmalig im *Rigveda* erwähnt, hat sich die Dharma-Idee erst nach und nach entfaltet, da jede historische Epoche je nach Erfordernis und Aktualität ihre eigene Interpretation »ausgebrütet« hat. Die Liste systematischer Abhandlungen über Dharma, von Gautamas *Dharmashastra* (ca. 600 v. Chr.) bis heute, umfaßt 172 Seiten in Kanes *History of Dharmashastra.* Heutzutage wird Dharma auf verschiedene Weise übersetzt: als »Recht«, »moralische Pflicht«, »rechtes Handeln« oder »Übereinstimmung mit der Wahrheit der Dinge«. Doch all seine verschiedenen Bedeutungsfelder, ob Dharma als Bild des menschlichen Lebenszyklus *(Ashramadharma)* oder Dharma als das gesellschaftlichen Beziehungen zugrundeliegende Prinzip, haben eines gemeinsam: Dharma ist das Mittel, mit dessen Hilfe der Mensch sich dem ersehnten Ziel des menschlichen Lebens nähert. Dharma ist, so heißt es im *Vaisheshi-Kasutra,* »das, woraus sich Glück und letzte Seligkeit ergeben«. Es ist das, was Lao-Tse »den Weg« nannte.

Die hinduistische Kultur hat stets mit Nachdruck betont, daß ein Mensch, solange er seinem Lebenskonzept treu bleibt und seine eigene besondere Lebensaufgabe, sein *Svadharma,* erfüllt, auf dem Pfad wandelt, der zu *Moksha* hinführt. Doch wie erwirbt das Individuum das Wissen um sein *Svadharma,* um das »rechte Handeln«? Das ist eine komplizierte Angelegenheit und, nicht unerwartet, eine relative. Hinduistische Philosophie und Ethik lehren, daß das »rechte Handeln« für ein Individuum abhängig ist von *Desha,* der Kultur, in die er hineingeboren ist; von *Kala,* der historischen Epoche, in der er lebt; von *Shrama,* den Anstrengungen, die von ihm in den verschiedenen Stadien des Lebens verlangt werden; und schließlich von den *Gunas,* den angeborenen psychobiologischen Merkmalen, die das Erbgut der früheren Leben eines Individuums darstellen. »Recht« und »falsch« sind dabei relativ: erkennbar nur im Rahmen der Gesamtkonstellation der obengenannten vier »Koordinaten« des Handelns. Das Individuum kann diese Konstellation niemals in einem absoluten Sinne *wissen* und auch keinesfalls nennenswert beeinflussen. Sie ist vorgegeben. Indem die hinduistische Kultur die Bürde individueller Verantwortlichkeit für das Handeln vermindert, lindert sie den Schmerz der Schuld, unter dem in anderen Gesellschaften jene leiden, die (tatsächliche oder eingebildete) Du-sollst- und Du-sollst-nicht-Axiome übertreten. Die Handlungen eines Hindus sind von einem konzilianteren und sanfteren, doch wesentlich unklareren Du-kannst-es-immerhin-versuchen-Gebot bestimmt. Dieser ethische Relativismus, die Ungewißheit, hat unter anderem zur Folge, daß im einzelnen Hindu von frühester Kindheit an ein alles beherrschender Zweifel am tieferen Sinn oder an der Wirksamkeit individueller Initiative erzeugt wird. Eine Situation für sich abzuschätzen und entsprechend dem Augenblicksurteil aktiv zu werden heißt, ein ungeheures kulturelles wie auch persönliches Risiko auf sich zu nehmen. Für die meisten Hindus ist ein derartig selbständiges spontanes Handeln unvorstellbar.

Zwar ist die Suche nach Gewißheit vergebens, aber das Gefühl psychologischer Sicherheit kann wachsen, wenn man handelt wie seine Vorfahren in vergangenen Zeiten und wie die gesellschaftliche Gruppe, zu der man heute gehört. Rechtes Handeln und individueller *Svadharma* werden so mehr zum Handeln gemäß Tradition und Kasten-Dharma. Berufstätigkeit und Verhalten eines Individuums sind dann recht oder »gut«, wenn sie dem traditionellen Muster entsprechen, das in seiner Verwandtschafts- und Kastengruppe vorherrscht. Argwohn gegen Neuerung und unbewußtes Meiden von Tätigkeiten, die nicht im traditionellen Kodex eingezeichnet sind, sind die Folgen. Das hinduistische Konzept von Handeln ist notwendigerweise konservativ. Es orientiert sich an einem »goldenen Zeitalter« und hegt die skeptische Überzeugung, daß sozialer Wandel überflüssig, ein lästiges Abweichen von traditionellen Wegen ist.

Jede Betätigung, jeder Beruf – ob Schuhmacher oder Priester, Hausfrau oder Bauer, ob Sozialarbeiter, der unmittelbar für andere tätig ist, oder Yogi, der dem Leiden um ihn herum scheinbar indifferent gegenübersteht – ist gleichermaßen gut und gleichermaßen recht, wenn er in die Lebensaufgabe des Individuums eingebettet und von ihm akzeptiert ist. Jede Art von Betätigung, wenn im Geiste des *Svadharma* vollzogen, garantiert gleichermaßen die Annäherung an das universale Ziel des Lebens: »Besser sein eigener des Verdienstes beraubter Dharma als der gut erfüllte eines anderen; der Tod in seinem eigenen Dharma ist preiswürdig, das Leben in dem eines anderen ist schrecklich«, sagt die *Bhagavadgita*.

Die Werte der hinduistischen Kultur werden an die nächste Generation weitergegeben durch Geschichten und Parabeln, welche Mütter, Großmütter und andere im Kreise der Großfamilie erzählen. Der *Svadharma*-Gedanke bildet dabei keine Ausnahme. Eine beliebte Geschichte erzählt von einem König, der in Begleitung seiner Minister am Ufer des Flusses Ganges spazierenging. Es war die Zeit des Monsuns, der Fluß führte Hochwasser und strömte wirbelnd dem Meere zu. Das breite Dahineilen des angeschwollenen Flusses und seine ungeheure Strömung erfüllten den König mit Ehrfurcht. Jäh wurde er sich seiner eigenen Bedeutungslosigkeit bewußt und sprach zu seinen Ministern: »Ist denn niemand auf dieser Erde, der die Strömung dieses Flusses umzukehren vermag, so daß er vom Meere zu den Bergen fließt?« Die Minister lächelten über die Naivität des Königs; doch da trat eine Kurtisane vor, die seine Frage mit angehört hatte, und sprach zum Fluß: »O Mutter Ganga, wenn ich darum bemüht gewesen bin, mein Dharma als Kurtisane zu erfüllen, indem ich meinen Körper allen schenkte, die da kamen, ohne dabei einen Unterschied zwischen Reich und Arm, Schön und Häßlich, Alt und Jung zu machen, dann fließe in umgekehrter Richtung!« Da waren die Wasser einen Augenblick lang still, als dächten sie nach; dann aber begann der Fluß rückwärts zu fließen.

Die Aktivität eines Individuums oder – allgemeiner – jede Art von Tätigkeit, vermittels welcher er »auf die Welt einwirkt«, hat zwei Aspekte oder Ziele für den Hindu. Das erste besteht darin, sich den Lebensunterhalt zu verdienen und die weltlichen Ziele zu befriedigen, als da sind Macht und Status, als Hausvater eine Familie zu gründen und für sie zu sorgen, und vielleicht auch das weitreichendere soziale Ziel des Dienstes an der Gemeinschaft. Wie jeder andere, so kann auch der Hindu ganz im Streben nach sinnlichen Genüssen und sozialer Anerkennung aufgehen. Diese Ziele und Bestrebungen sind, wie wir später noch sehen werden, für den »Hausvater« in einem bestimmten Stadium des Lebens von der Kultur sogar ausdrücklich vorgeschrieben. Doch gehört zu dieser äußeren, weltlichen Betätigung ein vorbewußter, durch die Kultur hervorgerufener Glaube, daß das wahre Ziel im Inneren zu suchen ist. Das Maß der Arbeit eines Menschen liegt nicht nur in Erfolg und äußerer Leistung, sondern auch in der Frage, wieweit sie ihm hilft, der Verwirklichung seines *Svadharma* näherzukommen: inwieweit es ihn »im Inneren« vorbereitet und näher an jene unabdingbare innere Ruhe heranführt, in welcher das Wissen erwacht. Wie das Spiel, in dem ein Kind glücklich aufgeht, das es aber unbewußt auf die Arbeit der Erwachsenen vorbereitet, so wird ebendiese Erwachsenenarbeit nicht so sehr wegen des ihr innewohnenden Reizes, der äußeren Belohnungen oder der gesellschaftlichen Anerkennung geschätzt als vielmehr wegen der Lehrzeit auf dem Weg der Entwicklung, die sie verschafft. Sie ist eine notwendige Selbstläuterung im Rahmen der Entfaltung des hinduistischen Lebenszyklus.

Dieser Sinn von Dharma, der eher als der Geist denn als der Inhalt von Tätigkeit zu fassen ist, hat, wie ich glaube, eine Beziehung zu der bemerkenswerten Toleranz, die der einzelne Hindu Lebensstilen entgegenbringt, die von seinem eigenen verschieden sind. Hindus können mit Gelassenheit Abweichungen und Exzentrizitäten hinnehmen, die im Westen voller Sorge als antisozial oder psychopathologisch bezeichnet werden und einer »Korrektur« oder »Behandlung« bedürfen. In der Regel sind diese Abweichungen auch in ihren extremsten Erscheinungsformen von der Tradition gebilligt und in anerkannten Ritualen formalisiert; und damit sind sie vollkommen legitimiert als Verwirklichung eines besonderen *Svadharma*. Man betrachte einmal als grelles Beispiel die Scharen von Transvestiten, von Männern in Frauenkleidern, die man häufig in den Straßen großer Städte sehen kann. Diese Transvestiten verdienen als männliche Prostituierte ihren Lebensunterhalt sowie durch Gaben, die sie an bestimmten festlichen Ereignissen, wie anläßlich der Geburt eines Kindes, erhalten (sie erscheinen vor dem Haus des Neugeborenen und geben Obszönitäten von sich und stellen sie mimisch dar). Sie können mit Stolz auf ihre alten Traditionen hinweisen, ihre eigenen heiligen Orte und ihren Ursprung in einem der mythischen Pandava-Brüder, dem berühmten Krieger Arjuna, der für die Dauer eines Jahres in eine Frau verwandelt wurde. Wie andere »bizarre« Gruppen berufsmäßiger Bettler, Wunderheiler oder jener *Sadhus* (heilige Männer), die lediglich »mit dem Unendlichen« bekleidet einhergehen, sind auch die Transvestiten ein integraler Bestandteil der hinduistischen Gesellschaftsordnung – wie die Börsenmakler von Kalkutta, die Hindi-Filmstars oder die vertrauteren bäuerlichen Hausväter.

Der Gedanke, daß der *Svadharma* jedes Individuums einmalig ist, steigert den tief verwurzelten Glauben an eine alldurchdringende Gleichheit auf persönlicher Ebene unter allen Menschen. Diese Überzeugung läßt sich nicht beirren durch jene gesellschaftlichen Normen, die zu zügellosen Ungleichheiten beitragen. Es herrscht vielmehr der Glaube, daß jedes Individuum würdig und angemessen seinen Platz in der Gesellschaft einnimmt. Dieser Glaube geht zwar über alle Kasten-, Klassen- und Familienhierarchien hinaus, hält sich jedoch in keiner Weise an das Versprechen einer egalitären Gesellschaft. Diese gegenseitige Achtung, dieses Wissen um das gemeinsame Menschsein und das gemeinsame Lebensziel – in der Erfüllung verschiedener, gesonderter *Svadharmas* – wird häufig sogar in der extremsten Herr-Knecht-Beziehung offenkundig und kann auch auf den Schlachtfeldern der Bürokratie zu menschlichen Begegnungen führen. Doch diese Toleranz kann umgekehrt in eine Indifferenz gegenüber dem Schicksal jener abgleiten, mit denen man nicht durch traditionelle Kasten- und Verwandtschaftsbande verbunden ist.

Dharma als soziale Kraft

Der soziale Aspekt von Dharma wird schon durch die Etymologie des Wortes selbst nahegelegt, das sich von der Wurzel *dhr* (»aufrechterhalten, stützen, ernähren«) ableitet. Dharma ist ein soziales Bindemittel; er hält Individuum und Gesellschaft zusammen. So heißt es im *Mahabharata:* »Weder der Staat noch der König, weder der Amtsstab noch der Träger des Amtsstabes herrschen über das Volk; es ist nur durch Dharma, daß das Volk gegenseitigen Schutz erlangt.« Dharma ist Prinzip und Vision einer organischen Gesellschaft, in der alle teilhabenden Mitglieder voneinander abhängig sind und komplementäre Rollen wahrnehmen. Die Pflichten, Privilegien und Einschränkungen jeder Rolle sind durch ein unwandelbares Gesetz vorgeschrieben, den Sanatana oder »ewigen« Dharma, und gelten gleichermaßen für den König wie für den Geringsten seiner Untertanen.

Hindus teilen den Glauben, daß die Legitimität sozialer Institutionen mehr in dem Dharma ruht, den sie einschließen, als in utilitaristischen vertraglichen Vereinbarungen und Verpflichtungen. Traditionelle Sozialstrukturen, die soziale Bausteine von

Dharma enthalten, werden von den meisten Hindus als von Grund auf lebensfähig und gerecht akzeptiert und respektiert. Kritik und Reformvorschläge sollen nicht die Institutionen als solche in Zweifel ziehen, sondern sie näher an den idealen, durch das »ewige Gesetz« niedergelegten Entwurf heranführen. Überdies herrscht allgemein der Glaube, daß gesellschaftliche Konflikte, Unterdrückung und Unruhe nicht auf die Organisation gesellschaftlicher Beziehungen zurückgehen, sondern vielmehr dem *Adharma* (»Nicht-Dharma«) der Machtträger entstammen. Mithin sind Institutionen in Indien in einem Ausmaß personifiziert, das im Westen unvorstellbar wäre. An den Verantwortlichen und in ihnen liegt alle Tugend und Untugend der Institution. Als Menschen, so glaubt man, sind sie, die die Gewalt in Händen haben, zugänglich für Gesuche und Beschwerden, offen für barmherzige Regungen und zu Handlungen fähig, die nicht den Zwängen des bürokratischen »Systems« unterliegen. Zahllos sind die ergreifenden Geschichten einfacher Bauern in den frühen Tagen der britischen Herrschaft, die auf die Ungerechtigkeit von Regierungsbeamten in der Weise reagierten, daß sie all ihren Besitz aufwendeten, »in der vagen Hoffnung, zur Königin nach Windsor zu gelangen und bei ihr Gehör zu finden – meistenteils gebrochene Pilger, die fern von ihrem Heim und ihren Dörfern, die sie niemals wieder sehen würden, an Not und Enttäuschung zugrunde gingen« (Nivedita, *The Master As I Saw Him,* Kalkutta 1910).

Keine soziale Reformbestrebung in Indien geht dahin, hierarchische Institutionen abzuschaffen oder die Werte zu verwerfen, auf denen sie basieren, sondern die Individuen, die die Gewalt über sie haben, zu entfernen oder »umzuwandeln«. Wenn eine Institution nicht funktioniert, nimmt man es als erwiesen an, daß jene, die die Macht ausüben, vom Pfad des Dharma abgewichen sind. Gandhis Gedanke der »treuhänderischen Verwaltung«, seine erfolglosen Bemühungen, Mühlen- und Fabrikbesitzer davon zu überzeugen, die angehäuften Reichtümer als ein zum Wohle der Gesellschaft und nicht für persönliche Ausgaben treuhänderisch verwaltetes Kapital zu betrachten, illustrieren dies: Machthaber »umzuformen«, sie heimzuführen zur Würdigung des Dharma als einer gesellschaftlichen Verantwortung.

Die indische Mythologie ist voller Beispiele, in denen Dharma in solchem Maße verfällt, daß der Bewahrer Vishnu menschliche Gestalt annehmen muß, um ihn wiederherzustellen, indem er die dafür Verantwortlichen vernichtet. Die Schuldigen haben dabei fast immer Positionen weltlicher oder geistlicher Macht inne. So entfesselte König Hiranyakashipu, der durch jahrelange Askese das Versprechen Shivas erwirkte, niemals von einem Menschen oder einem Tier getötet zu werden und weder auf der Erde noch im Luftraum den Tod zu finden, eine solche Schreckensherrschaft, daß Dharma in Gefahr war. Vishnu mußte die Gestalt Narasimhas annehmen – halb Mann, halb Löwe – und den König töten, indem er ihn über seine Schenkel legte und ihm mit den Klauen die Brust aufriß, um Shivas Versprechen unwirksam zu machen.

Vielleicht sollte erneut betont werden, daß dieser soziale Aspekt von Dharma in hohem Maße auf einer vorbewußten Ebene existiert und selten Gegenstand einer bewußten genauen Untersuchung ist. So bedeutet für die meisten Hindus sozialer Wandel eher das Auswechseln von Machtpersonen als die Umstrukturierung von Institutionen. Wenn Indien als Paradies der Politiker und Politikaster erscheint, kann dies alle Verfechter strukturellen Wandels zur Verzweiflung treiben. Das bedeutet aber nicht, daß ein revolutionärer Wandel in der indischen Gesellschaft unmöglich wäre. Der soziale Druck kann solche Ausmaße annehmen, daß vorbewußte Anschauungen bewußt werden, daß sie als Überbleibsel einer persönlichen und kulturellen Vergangenheit erkannt, in negativer Weise umgedeutet, im Prozeß der Veränderung verworfen und abgelegt werden. Die gänzliche Verwerfung der persönlichen und kulturellen Vergangenheit wäre eine Vorbedingung für radikales Handeln. Aber eine solche, auch psychologisch revolutionäre Situation (abgesehen von den politischen und wirtschaftlichen Verhältnissen) ist heute weder bei den verschiedenen politischen Eliten Indiens noch bei den Volksmassen zu finden.

Je nach politischer Überzeugung können die mit Dharma assoziierten Anschauungen entweder als Bollwerk der gesellschaftlichen Stabilität bejubelt oder als Hindernis auf dem Pfad des revolutionären Wandels verächtlich gemacht werden.

Dharma als Bild des Lebenszyklus (Ashramadharma)

Dharma ist nicht nur das Prinzip individuellen Handelns und gesellschaftlicher Beziehungen, sondern auch der Grundriß eines idealen Lebenszyklus. Er umreißt die Aufgaben der unterschiedlichen Lebensstadien und die Art und Weise, in der jedes Stadium gelebt werden sollte. Wie moderne Persönlichkeitstheorien, so begreift das hinduistische Modell des *Ashramadharma* menschliche Entwicklung in einer Abfolge von Stadien.

Stadium	*Besondere Aufgabe und »Tugend«*
Kindheit: »Vorgeschichte« des Individuums nicht ausdrücklich in Betracht gezogen	Vorbereitung der Fähigkeit, *Dharma* zu begreifen
Jugendalter: Zeit der Unterweisung *(Brahmacharya)*	Kennenlernen des *Dharma:* Vertrautheit und Treue
Erwachsenenalter (1. Phase): Hausvaterdasein *(Garhasthya)*	Üben des *Dharma:* Liebe und Sorge
Erwachsenenalter (2. Phase): Rückzug (in den Wald) *(Vanaprastha)*	Lehren des *Dharma:* Erweiterte Sorge
Greisenalter: Entsagung *(Sannyasa)*	Verwirklichung des *Dharma:* (Höheres) Wissen

Das Bild einer idealen Lebensbahn, wie es in den Stadien des *Ashramadharma* gezeichnet ist, ist tief in die Psyche der Hindus eingeätzt. Die Stärke und Dauerhaftigkeit dieser Tradition wurde mir auf lebhafte Weise in einer Reihe von Interviews mit vier Brüdern klar, die in Kalkutta ein großes modernes Unternehmen betreiben. Der älteste Bruder – er war Anfang Sechzig – wandte sich immer mehr von Familie und Geschäftsangelegenheiten ab, um sein Hauptaugenmerk auf die spirituelle Entfaltung zu richten. Er sprach nicht davon, daß er sich von seiner Arbeit und seiner Rolle als Haupt der Großfamilie *zurückziehen* wollte, die ihn während des größeren Teils seines Erwachsenendaseins in hohem Maße in Anspruch genommen hatten, sondern von einer *tatsächlichen* Absage an seine früheren Interessen. Der Übergang war sicherlich nicht ganz frei von Leid und Unzufriedenheit; doch schien der Mann erfüllt von hoffnungsvoller Erneuerung und keineswegs voller Bedauern über den Abgang. Der zweitälteste, in den Fünfzigern stehende Bruder, der ein paar Jahre zuvor die Aufgaben des Geschäftsführers der Familienfirma übernommen hatte, begann seine Hauptaufgabe zunehmend darin zu sehen, die Entwicklung und Entfaltung seiner jüngeren Brüder sowie der nachfolgenden Generation im Unternehmen zu fördern und »zu nähren«, und weniger darin, durch eine spektakuläre Steigerung der Gewinne oder andere finanzielle Meisterleistungen für sich Lorbeeren zu sammeln. Die beiden jüngeren Brüder – beide Ende Dreißig – waren von Arbeit und Familie in Anspruch genommen und genossen dabei in vollen Zügen ein hektisches gesellschaftliches Leben und alle Sinnesfreuden, die Reichtum in Indien zu bieten vermag. Diese vier modernen, extrem verwestlichten Brüder lebten ihre jeweiligen *Svadharmas* als Geschäftsleute aus und verwirklichten dabei mit einem Gefühl inneren Wohlbehagens die alte Tradition des *Ashramadharma* (Lebenszyklus). Und das ist kein Einzelfall. Vorbewußt ist eine große Mehrheit der Hindus davon überzeugt, daß ein Individuum nicht versäumen darf, den Interessen eines ausgelebten Lebensstadiums zu entsagen. Ebenso sind auch verfrühte Bindungen an Aufgaben, die erst einem späteren Lebensstadium geziemen, »schlecht« für das Individuum. Ein Festhalten an Interessen, Standpunkten und Tätigkeiten über einen langen Zeitraum hinweg, vom Jugendalter bis zum Greisenalter, ist mithin keine achtenswerte Tugend, sondern ein Zeichen von Unzulänglichkeit.

Zeit- und Schicksalsideen

Ich komme nun zu vielleicht einem der schwierigsten und am meisten mißverstandenen Begriffe der hinduistischen Kultur, und zwar zu Karma, der dritten essentiellen Idee im hinduistischen Weltbild. Ich will hier keine philosophische Darstellung des Ursprungs und Grundprinzips dieses Begriffs liefern, sondern vielmehr den Platz und den Einfluß der Karma-Idee in der hinduistischen Psychologie ermitteln und darlegen.

Das volkstümliche indische Verständnis von Karma, das allerdings wenig über seine vorbewußte Bedeutung für den einzelnen Hindu aussagt, wird in dem folgenden Auszug aus einem Interview deutlich, das in einem nordindischen Dorf durchgeführt wurde: »Auch im Angesicht des Todes sollte ein Mensch den Wunsch haben, gute Werke zu vollbringen, und er sollte sich ebenso wünschen, an einem Ort wiedergeboren zu werden, wo er von neuem gute Werke vollbringen kann. Dann wird er Erleuchtung erlangen und seine vergangenen Leben erfahren. Erst nach vielen Leben erreicht ein Mensch *Moksha*. Wenn einer schlechte Werke vollbringt, so verändert sich seine Gestalt, und er fällt immer tiefer, bis er ein *Jar* (eine unbelebte Sache) wird.« Wenn man andere Hindus drängt, ihre Auffassung von Karma zu bekunden, dann werden sie wahrscheinlich denselben Doppelgedanken äußern, nämlich zum einen den endlosen Zyklus von Geburt, Werden und Tod, in dem die Einzelseele *(Jiva)* durch die Existenzebenen oberhalb und unterhalb der menschlichen voran- oder zurückschreitet und dabei entweder mit höchster Seligkeit und Wonne in Berührung kommt oder die tiefsten Abgründe des Leids auslotet; und zum anderen die Beeinflussung dieses Zyklus, und zwar durch das Karma der Einzelseele, durch das Verhältnis »rechter« und »falscher« Handlungen, der Dimensionen von Dharma und *Adharma*.

Karma beeinflußt das hinduistische Weltbild in zwei grundlegenden Hinsichten: in Erfahrung von Zeit und in der Gestaltung der Kosmologie. Die Zeit wird durch das Bild Kalas symbolisiert, der verehrt wird als der Gott des Todes und das unerbittliche Schicksal, das die Wesen gebiert, ihr Wachsen und Heranreifen bewirkt und sie dann (wie der griechische Chronos) verschlingt. Mithin wird die menschliche Zeit als unendlicher Zyklus von Entstehen, Dasein und Vergehen charakterisiert. Kala wird häufig als schrecklicher Gott mit hervorquellenden Augen und weit geöffnetem Mund wiedergegeben. Vor seinem Mund sind winzige taumelnde Menschen dargestellt, und zwar in einem Bogen bis hinab auf die Erde, wobei aber nicht so recht klar ist, ob diese Figuren aus dem Mund des Gottes hervorkommen oder in ihn verschwinden. Doch diese Teilbarkeit, Periodizität und Strömung der Zeit ist nach hinduistischer Anschauung ohnehin nur Schein: die irdische vielfältige Erscheinungsform der beständigen, absoluten oder realen Zeit. Die Unterscheidung zwischen »realer« und »menschlicher« Zeit erinnert an die Unterscheidung zwischen Realität und *Maya* (Täuschung, Illusion). Reale Zeit, die im Brahman enthalten ist und nicht als Same vergossen wird, ist homogen, unteilbar und ohne Bewegung. Sie wird als solche im *Moksha*-Zustand erfahren. Geradeso wie der Raum nach Auffassung der klassischen Hindu-Denker durch die Objekte, die in ihm gegenwärtig sind, in Erscheinungen geschieden ist, ist die Zeit durch das Entstehen, Dauern und Verschwinden empirischer Wesen in Zeitzonen größerer oder kleinerer Dimensionen unterteilt, die zwischen einem Augenblick und einem astronomischen Zeitalter schwanken.

Die westliche Empfindung der bewegten, gerichteten Zeit, die gesteigerte Bewußtheit ihrer Unterteilungen – Jahre, Tage, Stunden –, die Empfindlichkeit und zuweilen zwanghafte Aufmerksamkeit gegenüber ihrem Verlauf wird von den Hindus nicht in demselben Maße geteilt. Das widerspiegelt schon der Sprachgebrauch.

Obgleich die hochentwickelte Hindi-Sprache eine Reihe von Synonymen (wie man sie in den westlichen Sprachen nicht findet) für Naturobjekte wie z. B. für den Mond hat, Begriffe, die seine Erscheinung in unterschiedlichen Phasen und Jahreszeiten wiedergeben, läßt man den Wörtern, die die Zeit selbst bezeichnen, eine wesentlich achtlosere Behandlung angedeihen. So kann das Wort *kal* sowohl »morgen« als auch »gestern« bedeuten; es kann sich auf ein Ereignis beziehen, das gerade geschah, oder auf eine zukünftige Wahrscheinlichkeit (wie das spanische *mañana).*

Die Zeit hat für einen Hindu nicht die unpersönliche und sachliche (und auch nicht die manchmal treibende, unterjochende) Natur wie für den Durchschnittswestler. In Indien haben historische Ereignisse wenig Unmittelbarkeit im Leben des Individuums; sie scheinen fast augenblicklich in eine ferne Vergangenheit zurückzuweichen, um zu einer uralten Legende zu werden. Die Ermordung Gandhis im Jahre 1948 hat bereits die mythische Dimension eines »Heldentodes« angenommen. In der subjektiven Chronologie des Individuums verschmilzt sie mit anderen gleichartigen historischen Ereignissen, die vor Hunderten von Jahren geschahen – als »die Vergangenheit«. Andererseits sind mythische Gestalten wie Rama oder Hanuman so wirklich und psychologisch real (wenn nicht noch mehr) wie jüngere historische Persönlichkeiten, wie z. B. Ramakrishna oder Shivaji.

Dieses Ineinandergreifen verschiedener Zeitepochen kann dem modernen Sozialwissenschaftler bei der Gewinnung mündlich überlieferter Geschichtsdaten aufgrund der Erinnerungen von Bauern unliebsame Überraschungen einbringen. Angeblich chronologische und sachliche persönliche Berichte sind so wahrscheinlich nichts anderes als eine Verquickung von Erinnerungen aus der Kindheit des Informanten samt der seiner Altersgenossen und können überdies auch die biographischen Einzelheiten eines längst verstorbenen, doch unvergessenen Verwandten enthalten, der von der Familie während der Kindheit des Gewährsmannes vernehmbar verehrt wurde. Die hinduistische Zeitauffassung ist mehr psychologisch denn historisch. Sie hat die traumhafte Eigenschaft von zeitloser Zeit, wie sie im menschlichen Unbewußten gegenwärtig ist.

Das Unbewußte als Schicksal

Was hindert das Individuum daran, im Dharma zu leben, was hält es vom intuitiven Erfassen des rechten Handelns ab und hemmt so sein Voranschreiten in Richtung auf das vorgesehene Ziel von *Moksha*? Das ist die Frage, die die Karma-Idee anspricht.

Nach der hinduistischen Theorie ist das neugeborene Kind nicht ein »unbeschriebenes Blatt«, sondern kommt gleichsam mit einem reichen individuellen Unbewußten zur Welt, das gekennzeichnet ist durch eine besondere Mischung dreier grundlegender Eigenschaften oder *Gunas*: *Sattva* (Klarheit, Licht), *Rajas* (Leidenschaft, Verlangen) und *Tamas* (Trübheit, Finsternis). Nach der hinduistischen Schicksalsidee strebt das Unbewußte stets nach Klarheit und Licht. Doch wirken die beiden anderen Eigenschaften des Unbewußten, Leidenschaft und Finsternis, dabei mit und sind allgegenwärtig, wobei ihre relative Stärke von einem Kinde zum anderen verschieden ist. Und wenn die Ursache »falschen« Handelns – *Adharma* – »von der Eigenschaft des alles verzehrenden und alles verderbenden erzeugt ist ... unseres Feindes hier auf Erden«, dann folgt daraus, daß sich ein Individuum aufgrund seiner angeborenen *Guna*-Konstellation vielleicht wesentlich bewußter und beharrlicher Mühe geben muß, im Dharma zu leben, als ein anderes, dessen Unbewußtes sich durch eine »vorteilhaftere« Mischung auszeichnet. Auf jeden Fall sind eine ständige Vertrautheit mit dem Unbewußten zusammen mit einem Erkennen und »Kontrollieren« von Triebkräften und Traumgebilden, kurzum die Erkundung und Eroberung des Innenraumes, essentielle Aspekte des Lebens im Dharma. Denn »ein Mensch besteht aus seinen Begierden. Und wie seine Begierde, so ist sein Wollen; und wie sein Wollen, so ist sein Handeln; und wie auch immer er handelt, so wird er ernten« *(Dhammapada)*. Und ferner: »Laßt den Weisen die Gedanken hüten, sind sie doch schwer zu verstehen, sehr listig, und eilen sie doch in jene Richtung, der sie zuneigen ...« *(Vaisheshi-Kasutra,* 1.38).

Das Gleichgewicht der *Gunas* ist dynamisch: Es wandelt sich unaufhörlich, da jede Regung, jede Begierde, jeder Gedanke und jede Handlung Spuren hinterlassen. Für viele kann sich aber, trotz größtmöglicher Anstrengungen, dieses Gleichgewicht im Verlaufe eines Lebens verbessern, das Ausgangshindernis der angeborenen Dispositionen *(Samskaras)* als unüberwindlich erweisen. Die Karma-Theorie beruhigt jedoch das Individuum dahingehend, daß keine seiner Anstrengungen nutzlos war, wird es doch das nächste Leben mit ebendem Gleichgewicht von *Gunas* beginnen, das es am Ende der vorherigen Existenz erreicht hatte. Das Unbewußte nimmt folglich eine zentrale Stelle im hinduistischen Welt- und Menschenbild ein. Ursprung und Zusammensetzung des Unbewußten sind nicht biologisch, sondern metaphysisch, wobei seine Beschaffenheit abhängig ist von den »Handlungen« (im weitesten Sinne des Wortes) eines vorhergegangenen Lebens.

Karma ist nicht nur eine Doktrin von »Wiedergeburt«, »Fatalismus« oder »Prädestination«, es ist vielmehr eine Verheißung von Hoffnung. Ist die vorausgesetzte angeborene Neigung des dem Lichten *(Sattva)* zustrebenden Unbewußten mit den persönlichen Anstrengungen des Individuums verbunden, so garantiert das Karma, daß die Erlangung des Existenzzieles *(Moksha)* gewiß ist, auch wenn bei diesem Prozeß wahrscheinlich etliche Rückschläge auftreten – einem Prozeß, der möglicherweise zu seiner Vollendung einer Reihe von Wiedergeburten und zahlloser Lebenszyklen bedarf. Ob diese Doktrin ein notwendiger Mythos oder ob sie tragbar und mit »wissenschaftlichem« Wissen vereinbar ist – diese Fragen stellen sich einem Durchschnittshindu nicht. Derartige Gedanken basieren nicht auf einer Logik linearer Schlußfolgerung, sondern werden schon früh im Leben als traumhafte, intuitive innere Orientierung aufgesogen.

Die Macht der *Samskaras* (ererbte Eigenschaften, Anlage) ist auf dramatische Weise in dem sehr populären Märchen von der Maus als Mädchen und dem heiligen Mann veranschaulicht. Wenn ich hier dieses Märchen wiedergebe, so hat das nicht nur seinen Grund darin, daß ich gern Geschichten erzähle (was der Wahrheit entspricht), sondern auch weil derartige Märchen auf ausgezeichnete Weise das Wesen des hinduistischen Weltbildes einfangen.

Am linken Gangesufer lebte einstmals gemeinsam mit seiner Frau ein heiliger Mann mit Namen Yajñavalkya. Eines Tages, als er in Meditation versunken war, spürte er, wie etwas Kleines und Weiches in das Nest seiner Hände fiel. Da öffnete er seine Augen und sah, daß es eine kleine weibliche Maus war, die aus den Klauen eines Adlers herabgefallen sein mußte, der oben seine Kreise zog. Der heilige Mann hatte Mitleid mit der Maus und verwandelte sie mit Hilfe seiner übersinnlichen Kräfte in ein kleines Mädchen und nahm es mit nach Hause. Das Mädchen wuchs heran, als wäre es die Tochter des Hauses, und als sie das heiratsfähige Alter erreichte, da tadelte eines Tages Yajñavalkyas Frau ihren Gemahl mit den Worten: »Siehst du denn nicht, daß deine Tochter ihre Reife erlangt hat und eines Ehemanns bedarf?« Da gab Yajñavalkya zur Antwort: »Du hast recht. Ich habe entschieden, daß sie den allerbesten Ehemann in allen Welten haben muß.« Darauf rief er nach dem Sonnengott, und als er kam, sagte Yajñavalkya: »Ich habe dich zu meinem Schwiegersohn erkoren.« Alsdann wandte er sich an das Mädchen und fragte es: »Würdest du das Licht der drei Welten zu deinem Manne nehmen wollen?« Sie antwortete: »Ach, Vater, er ist viel zu feist und rotgesichtig. Suche mir doch bitte einen anderen Ehemann!« Da lächelte der heilige Mann und fragte die Sonne, ob sie jemanden kenne, der besser sei als sie. Darauf gab die Sonne zur Antwort: »O heiliger Mann! Die Wolke ist viel stärker als ich, zumindest dann, wenn sie mich verhüllt.« Da rief Yajñavalkya nach dem Gott der Wolken; doch als er seine Tochter fragte, ob sie mit ihm einverstanden sei, antwortete sie wiederum: »Ach, Vater, er sieht viel zu griesgrämig aus. Suche mir doch bitte einen besseren Ehemann!« Darauf fragte Yajñavalkya die Wolke, ob es in der Welt jemanden gebe, der besser sei als sie. Da gab die Wolke zur Antwort: »Der Berg ist besser, denn er kann mich aufhalten.« Nun rief der heilige Mann nach dem Berggott, doch kaum war er da, als das Mädchen auch schon ausrief: »Ach, Vater, er ist viel zu wuchtig und plump. Suche mir doch bitte einen besseren Ehemann!« Yajñavalkyas Geduld war nun beinahe erschöpft, doch da er seine Tochter liebte, fragte er den Berg, ob er von jemandem gehört hätte, der noch besser wäre als er. Da antwortete der Berg: »Die Maus kann so viele Löcher in mich hineingraben, wie ihr beliebt. Zieht man das in Betracht, so muß sie stärker sein als ich.« Darauf rief Yajñavalkya nach der Maus, und kaum hatte das Mädchen sie erblickt, als es ausrief: »Vater! Das ist der einzige Ehemann, mit dem ich glücklich sein werde! Ach, kannst du mich nicht in eine Maus verwandeln?« Der heilige Mann erfüllte ihren Wunsch, und als die beiden Mäuse im Gebüsch verschwunden waren, begab er sich wieder nach Hause, und er lächelte vor sich hin und sprach: »Obwohl die Sonne, die Wolke und der Berg vor ihm als Freier standen, mußte das Mausemädchen wieder zu einer Maus werden. Seine Natur ließ sich nicht leugnen.«

Abschließend bleibt noch festzuhalten, daß das vorbewußte System von Anschauungen und Werten in Verbindung mit der *Moksha-*, Dharma- und Karma-Idee für die Hindus eine Metarealität darstellt. Sie sind oberhalb und jenseits der objektiven Welt bezeugbarer Erscheinungen, die wir »real« nennen, und jenseits der individuellen Verzerrungen und Verleugnungen, die wir als »irreal« bezeichnen, angesiedelt. Derartige Weltbilder stellen (in jeder Kultur) deshalb eine dritte gesonderte Kategorie dar, die sowohl »Realität« als auch »Irrealität« einschließt, eine Metarealität, die weder universal noch singulär ist, die vielmehr den Raum zwischen beidem ausfüllt. Sie ist – oft auch unbewußt – das Herzstück im Selbstverständnis einer spezifischen Kultur.

Ananda K. Coomaraswamy

Dharma

Mag der westliche Individualismus noch so große Möglichkeiten bieten – die Hindu-Gesellschaft entstand auf der Grundlage der Gruppenmoral. Natürlich gibt es keine absolute Ethik, die für alle sozialen Klassen gleichermaßen verbindlich ist, aber innerhalb einer jeden Klasse ist die Freiheit des Individuums immer den Interessen der Gruppe untergeordnet. Das Konzept der Pflicht steht über allem.

Das Ramayana-Epos zeigt, wie weit dieses Konzept geht. Nach seinem siegreichen Feldzug verstößt Rama seine Gattin Sita, obwohl er von ihrer vollkommenen Treue überzeugt ist. Im Epos spiegelt Rama das Prinzip des gesellschaftlichen Ethos, er willigt ein, seine Gattin zu verstoßen, weil unter den Leuten Gerüchte über sie die Runde machen. Wenn nämlich der König seine Frau wieder zu sich nähme, obwohl sie im Hause eines anderen gelebt hat – auch wenn dies in allem Anstand geschehen ist –, dann wäre die Moral des Volkes gefährdet. Andere könnten aus Liebe oder Voreingenommenheit ihre Frauen gleichermaßen rehabilitieren, auch wenn dies nicht gerechtfertigt wäre.

Die gesellschaftliche Ordnung zählt also mehr als das individuelle Glück, ob von Frau oder Mann. Hier liegt auch der Grund für die Tatsache, daß die arrangierte Ehe des Ostens einträchtiger ist als die selbstgewählte des Westens: Wo keine Täuschung ist, ist auch keine Enttäuschung. Und weil die Voraussetzungen, unter denen eine Hindu-Ehe eingegangen wird, sich nicht verändern, ist es auch logisch, daß sie unauflöslich sein sollte. Erst wenn die soziale Verpflichtung erfüllt ist, wenn die Schuld an die Gesellschaft abgetragen ist, kann der Hausherr die Rechte wie die Pflichten abtreten. So ist es auch logisch, daß bei einer kinderlosen Ehe eine zweite Frau genommen werden darf, mit der Zustimmung – und oft auch auf Wunsch – der ersten.

Sukumari Bhattacharji

Die Gottheiten des Hinduismus

Die indische Mythologie war nie eine tote oder aufgepfropfte Angelegenheit. Sie war der Ausfluß der vitalen Triebe und Bedürfnisse der Menschen, welche ihre quälendsten Träume, ihre Hoffnungen und Sehnsüchte in ihre Mythen projizierten. Veränderungen fanden nicht über Nacht oder reibungslos statt. Seit frühesten Zeiten war das Pantheon Indiens nicht nur das Ergebnis eines kontinentweiten Zusammenpralls der Götter verschiedener Völkerschaften, sondern auch verschiedener Stämme und Gruppen der Arier selbst. Jede Gruppe scheint ihre Vorliebe für einen oder mehrere Götter gehabt zu haben. Götter mit einem breiten Spektrum an Erfahrung und Zuständigkeit, mit Macht und Ansehen, wurden groß, andere verblaßten. Dies beweist den Einfluß neuer Ideen und die fruchtbare Auseinandersetzung mit ihnen über den ganzen Subkontinent hinweg. Der unruhige Wechsel dauerte durch alle Zeitalter, bis sich zur Zeit der Gupta-Herrscher ein Pantheon herausbildete, das allgemein anerkannt wurde.

Das Götterreich des heutigen Indien ist damals entstanden. Die radikalen Veränderungen, welche die alte brahmanische Religion in den Hinduismus überführten, fanden im zweiten und dritten Jahrhundert unserer Zeitrechnung statt. An die Stelle des vedisch-brahmanischen allgemeinen, gemeinschaftlichen Kultes traten einzelne religiöse Sekten. Alles wandelte sich, die Art der Verehrung, ihr Grund, ihre Absicht, die priesterliche Hierarchie und vor allem die Götter selbst. Während der Buddhismus allmählich vom indischen Boden verschwand, nahm die neubrahmanische Religion ihren Aufschwung. Zur gleichen Zeit installierte sich die Gupta-Dynastie als neuer Schirmherr. Sie beherrschte größere Territorien als ihre Vorgänger je zuvor. Inschriften, Münzen und Literatur zeugen von Erneuerung. Theoretisch erfuhr zwar auch die alte Religion eine Wandlung, doch in Wirklichkeit goß man neuen Wein in alte Schläuche.

Die neue Gottesverehrung als individuelle religiöse Anbetung verlangte die Darstellung Gottes in Bildern und Skulpturen und eine persönliche Beziehung zu Gott, im Gegensatz zu den traditionellen Opferriten, die man gemeinsam durchführte. Die religiöse Lyrik der Naynar und Alwar in Südindien ist ein Beispiel für die neue Gottesverehrung, die *Puranas* sind ihre heiligen Schriften.

Nur Gottheiten, die den gewandelten Bedürfnissen der Menschen entsprachen, überlebten. Entweder wurde ihr in den *Veden* überlieferter Charakter verändert und wurden unpassende Eigenschaften weggelassen, oder sie verschmolzen mit regionalen Schutzgöttern, die man bereits mit neuen Formen, z. B. Gebeten, verehrte.

Allein die niederen, wenig klar definierten Götter des *Rigveda* konnten adaptiert werden, da nur sie genügend Spielraum für die notwendigen neuen Charakterzüge ließen, und auch sie mußten schon einige der gefragten Merkmale aufweisen, die man zu einer reich blühenden Mythologie ausbauen konnte. Schließlich erfüllten nur Vishnu und Rudra die Bedingungen: Sie waren unbestimmt genug, hatten keine großen Werke vollbracht und besaßen zugleich Anlagen, die sich in der geforderten Richtung entwikkeln ließen. Für Vishnu sprach seine Zwerggestalt, seine Sonnennatur, die Freundschaft mit Indra, eine vage, »sehr hohe« Stellung mit Andeutungen von unvergleichlicher Macht – Eigenschaften, die ein greifbares, geschlossenes Gottesbild ergeben konnten. Man wußte von keinen Taten, aber potentiell konnte er jedes Meisterstück vollbringen. Sein Sonnencharakter stellte ihn auf eine Ebene mit den reich ausgestatteten Sonnengöttern. Indra gab ihm die Macht eines Dämonentöters, Surya und Savitr verliehen ihm Scharfsinn und die Verbindung zu Gold, von Mitra hatte er Freundlichkeit und Wohlwollen den Menschen gegenüber und von Bhaga die Gabe des Glücksbringers. Von den Sonnengöttern ganz allgemein erbte er seine Verbindung mit Devayana und damit seine Erlöserrolle. Der so entstandene Vishnu-Krishna ist ein außerordentlich erfolgreicher Gott der neuen Glaubenslehren.

Shiva erlebt eine ähnliche Veränderung. In den *Veden* ist Rudra ein unbedeutender Gott, mächtig zwar, ein Gabenspender und Bogenschütze, ein schrecklicher Gott, dessen Zorn gefürchtet ist, dessen Pfeilen man ausweicht. Auch von ihm kennt man keine Heldentaten. In seiner Wut und Bösartigkeit gleicht er dem spätvedischen Yama, dem Gott der Ahnen. Aus beiden zusammen entsteht Kala. Als der Rächergott Varuna aus dem Pantheon verschwindet, geht seine Funktion auf Rudra über. Die kriegerischen Sturmgötter Marut gehen in die grimmige Figur von Shiva ein. Nirrti, die Gefährtin Yamas, wird zu Kali, der furchteinflößenden Oberpriesterin Durgas, der Gemahlin von Shiva. Zahlreiche Lokalgötter verschmelzen mit dunklen, vom Mond regierten Eigenschaften mit Rudra, und es entsteht die äußerst beeindruckende, furchterregende Gottesfigur Rudra-Shiva.

Brahma beschäftigte den Volksglauben nie stark. Er hatte keine nennenswerte Anhängerschaft und inspirierte weder zu Verehrung in Bildern noch in der Literatur, beides Voraussetzungen für Kulte. Ansätze zu einer spezifischen Brahma-Religion schlugen um in Philosophie und abstrakte Spekulationen über Brahman, das Höchste Wesen der vedischen Schriften. Es war allerdings ein Wechselverhältnis. Während die Metaphysiker Brahma vereinnahmten und zum einzigen Höchsten Wesen erklärten, stahl dieser blutleere, metaphysische Gott dem mythologischen Brahma Leben und greifbare Persönlichkeit, was Verehrung durch das breite Volk verhinderte. Seine überlegene Position, die Unbeteiligtheit, die olympische Distanz, sein großväterliches Losgelöstsein machen aus ihm einen wenig überzeugenden und für den Kult ungeeigneten Gott.

Die Götter Vishnu und Shiva waren aus ihrer Natur heraus Gegensätze. Vishnu war ein Sonnengott, Shiva dem Mond verbunden. Folgerichtig steht Vishnu für Tag und Licht, Shiva mit seinen Begleitern für Nacht und Dunkelheit. Vishnu ist das Gold zugeschrieben, Shiva das Silber. Vishnu reitet den himmlischen

Vogel Garuda, Shiva den erdverhafteten Maulwurf. In der späteren Literatur gehört zu Vishnu in seiner Kalki-Inkarnation das schlanke, schnelle Pferd, zu Shiva der schwere, langsame Stier. Seinen Gefährten Yama und Nirrti gehören Büffel und Esel zu, beides Tiere mit üblem Ruf. Vishnu steht in Verbindung mit Meer und Wasser, Shiva mit den Bergen. Vishnus Reitvogel Garuda frißt die Schlangen, die sich um Shivas Körper winden. Shiva gehört zum Tod, zum Totengott Yama und zu den Vorvätern, Vishnu zum Leben und zu den Himmelsgöttern. Shiva steht für Wiedergeburt, Vishnu für Erlösung. Die Ahnenriten sind mit Shiva verbunden. Vishnu hatte mehrere Wiedergeburten, Shiva keine. Vishnu und die Götter seiner Gruppe sind allgemein polygam, Shiva ist monogam. Im Vishnu-Glauben kommen Frauen vorwiegend als Geliebte vor, im Shiva-Glauben als Mütter.

Vishnu und Shiva werden mit Fruchtbarkeit assoziiert, Vishnu als Sonnengott, Shiva als Erdgott. Das Attribut der Fruchtbarkeit ist wesentlich für die Götter bäuerlicher Gesellschaften. Es steigert kultisches Ansehen und Macht. Vishnu symbolisiert die Sonnenstrahlen, welche die Frucht von oben reifen, Shiva und Yama, verbunden mit den Ahnen, die Ernten garantieren, sind Symbol für die unter der Erde verborgenen Vorgänge, welche die Saat wecken. Durch Shiva wächst die Pflanze im Boden, dank Vishnu wird sie schön, bringt Blumen und trägt Früchte.

Brahma ist ein Mittler zwischen den gegensätzlichen Shiva und Vishnu, und er steht zugleich über den beiden. Die drei symbolisieren Geburt, Leben und Wachstum, Tod. Und jeder versucht, zugleich für alle drei Phasen zu stehen. Je mehr ihm das gelingt, desto größer sein Erfolg als persönliche Gottheit. Für die Anhänger Vishnus und Shivas sind beide allmächtig und allumfassend. Beide kontrollieren Geburt, Leben und Tod. Brahma dagegen versagt darin. Deshalb haben Vishnu und Shiva blühende Anhängergemeinden und große Kulte, während Brahma leer ausgeht.

Die drei Götter wurden die wirklichen Hochgötter Indiens, die Götter der orthodoxen Religion. Alle anderen konnten im

Grunde auf diese drei reduziert werden. Man machte den Versuch, sämtliche religiösen Theorien und Praktiken aus Nord- und Südindien zu harmonisieren. Die Mondgottheiten wurden Shiva einverleibt, die Sonnengötter Vishnu, die Schöpfergötter Brahma. Die Muttergöttinnen wurden zu Durga und ihrer Erscheinungsform Lakshmi. Trotzdem wurden die alten Götter vom Volk in ihrer ganzen Vielfalt weiter verehrt. Die *Purana*-Theologen erklärten sie nur zu anderen Ausformungen der Hochgötter.

Das Hindu-Pantheon hat eine starke matriarchalische Komponente, die in gewissen Zeiten sogar dominierte. Die große Mutter-Gottheit erscheint unter vielen Gestalten und übernimmt, den Bedürfnissen der Zeit entsprechend, verschiedene Funktionen, auch die rituelle Vertretung des göttlichen Gemahls.

Im neuen Pantheon entstand die Dreieinheit als wichtigste Manifestation des Höchsten Wesens. Unzählige kleine Götter sind aufgestiegen – Dorfgötter, Schutzgötter, Göttinnen spezieller Orte wie Verbrennungsplätze, Tempel und Grabhügel, Göttinnen bestimmter Krankheiten, böse Geister, Baum- oder Tiergeister, Ahnengeister, Geister von Heiligtümern, Lokalgeister, alle kamen zu ihrem Recht. Die ethnische und kulturelle Vermischung von Eindringlingen und einheimischer Bevölkerung führte zu Kompromissen zwischen den verschiedenen Praktiken. So haben wir auf der einen Seite die hohe Dreieinheit mit metaphysischen Bezügen, mit kosmischen Funktionen erster Ordnung und dem wahrlich »hohen« Appell an Vorstellungskraft und Intellekt, und auf der anderen Seite die zahllosen niederen Götter, die die Phantasie des Volkes anregen und die Kluft zwischen der gelehrten Minderheit und der Mehrheit des einfachen Volkes überbrücken. Für diese Menschen haben die Götter einen praktischen Wert, und sie verehren sie aus Erwägungen der Nützlichkeit. Daß all die lokalen und funktionalen »niederen Götter« als Manifestationen der Hochgötter erklärt werden, kümmert sie wenig.

So leben in Indien Elemente sämtlicher Religionsphasen weiter – von den einfachsten bis zu den fortgeschrittensten. Wir finden Ahnenverehrung, Geisterverehrung, Verehrung kosmischer

Elemente, der Mutter-Göttin (Durga, Kali), der Kultur-Heroen, des Zwerges (Vamana), des Kindes (Krishna als Knabe), Tierverehrung (Shivas Stier und Durgas Löwe, den Schwan von Brahma und Sarasvati, den Pfau Karttikeyas, den Elefanten Indras, den Adler Garuda des Vishnu, Schlangenverehrung), Verehrung von Bäumen (Banyan, Bodhi, Bilva, Pipal und Tulasipflanze) und Steinverehrung *(Shivalinga)*. Die indische Religion ist grundsätzlich allumfassend. Sie lehnt nichts ab und kennt keine Intoleranz. Vielleicht kommt es daher, daß sie selber keine allgemein anerkannte und klar umrissene Doktrin hat.

Die Mythologie bewahrt das Wissen um die unendlich reiche und vielfältige Entwicklung des religiösen Bewußtseins auf verschiedenen Ebenen, über dreieinhalb Jahrtausende und einen weiten Subkontinent hinweg. Daraus entstand kein in sich geschlossenes System und keine Theologie, aber eine so reich mit mythologischem Material gefüllte Schatzkammer, wie sie keine andere Religion aufweist.

Sarat Chandra

Puri und Gott Jagannath

Shri Jagannath ist möglicherweise die sonderbarste Gottheit in der hinduistischen Welt – eine Gottheit, der man große Liebe entgegenbringt, mit der man aber umgeht, als verfüge sie über menschliche Eigenschaften, ja, man beschimpft sie sogar. Ihr Ursprung ist ebenso tief in Dunkel gehüllt wie ihre Gestalt. Und dennoch haben ihre Anhänger in jener sonderbaren Gestalt einen grenzenlosen Liebreiz entdeckt, eine Schönheit, die sie in Trance versetzen kann. Und was noch wichtiger ist: Es gibt Gründe zu glauben, daß das Götterbild die Reliquien von Shri Krishna enthält. War der älteste bekannt gewordene Verehrer Shri Jagannaths (damals unter dem Namen Nilamadhava bekannt) ein Nachkomme des Savaras Jaras, der unwissentlich auf Shri Krishna geschossen und so seinen Tod herbeigeführt hatte?

Schon allein der Name Puri weckt Assoziationen, die Jahrhunderte zurückweisen. Die Stadt Puri ist mit ihren zahllosen Schreinen das höchste Ziel eines jeden Pilgers. Der Tempel mit seinen gewaltigen Ausmaßen, mit Gottheiten, die über Generationen hinweg Millionen in ihren Zauberbann gezogen haben, macht sie zu einem Ort historischer Begebenheiten, die in Hymnen, Legenden und im Schrifttum gefeiert werden. Obgleich Puri keine besonders große Stadt ist – ihre Bevölkerung beläuft sich auf ungefähr 300 000 –, gibt es keinen heiligen Ort in Indien, der von so vielfältiger Bedeutung ist.

Tausende besuchen Tag für Tag den Gott Jagannath. Sein Stab von Untergebenen umfaßt mehrere tausend Personen. Allein seine Küche beschäftigt mehr als fünfhundert Menschen.

Jeden Tag werden der Gottheit 56 köstliche Speisen dargeboten. Siebenmal am Tag erfreut sie sich am Genuß einer Mahlzeit. Daß die Gottheit den Prunk liebt, ist nicht weniger überraschend: Zu verschiedenen Stunden des Tages putzt sie sich auf verschiedene Weise heraus. Sie badet allmorgendlich in wohlriechendem Wasser und putzt sich sogar die Zähne. In dieser Weise hat die Tradition der Gottheit menschliche Verhaltensweisen beigelegt. Wir wollen nun einen flüchtigen Blick auf das Programm eines völlig normalen Tages werfen.

Lange bevor die karmesinrote Sonne aus den leuchtendblauen Wassern des Meeres bei Puri emportaucht, werden die Tempelbeamten rührig. Die Wachleute gewähren fünf dieser Beamten Einlaß in den Tempelbereich, und zwar durch die Seitentüren unweit der vier Haupttore des Tempels. Wenn die Gottheit erwacht – sie wird von einem Priesterherold geweckt –, wird sie samt ihren beiden göttlichen Gefährten auf dem hohen Podest mit brennendem Weihrauch begrüßt. Sobald dieses Ritual vorüber ist, ersteigen drei Helfer das Podest, um die Gewänder der Gottheiten zu wechseln. Nun sind die himmlischen Wesen bereit für ein

Bad. Zunächst werden die Zähne der Gottheiten geputzt. Spiegel, nicht aus Glas, sondern aus einer glänzenden Metallegierung, sind einige Fuß von den Gottheiten entfernt so aufgestellt, daß sie in ihnen reflektiert werden. Dann ist Zeit für das Bad. Sie werden mit einer überaus wohlriechenden Flüssigkeit übergossen, die aus Kampfer, Sandelholzpaste und Sauermilch bereitet wird. Die Helfer gießen nun dieses besondere Wasser auf die Spiegel, die in drei Messingtöpfen ruhen, was als symbolisches Bad dient. Während dieses Ritual im Gange ist, gibt ein Astrologe mit lauter Stimme die Gestirnkonstellation des Tages bekannt. Um sieben Uhr bereits ist all dies abgeschlossen.

Danach werden für die glühenden Verehrer Jagannaths, die aus allen Landesteilen in Puri zusammenströmen, die Tempeltore aufgestoßen. Mit hoch über dem Kopf erhobenen Händen bieten sie ihre Gebete dar, während die Götterbilder im flackernden Licht erstrahlen.

Rituale lösen einander nun in rascher Folge ab. In der Zeit zwischen acht Uhr und halb neun werden die Gottheiten mit prächtigen Gewändern und Schmuckstücken ausstaffiert. Je nach Jahreszeit tragen sie verschiedene Arten von Gewändern und Schmuckstücken. Um neun Uhr ist die Zeit des Frühstücks, das aus Sauermilch, Bananen, Kokosnußgerichten, diversen Arten von Kuchen und Süßigkeiten besteht. Eine Stunde später wird den Gottheiten ein üppiges Mahl aufgetragen; Gemüsereis, gesüßter Reis und andere Köstlichkeiten aus der Tempelküche werden vor dem Podest aufgereiht. Muschelhörner werden geblasen, Weihrauch wird abgebrannt. Eine besondere Gruppe von Bediensteten, *Puja-Pandas* genannt, führt die Opferzeremonie durch. Kaum ist diese vorüber, werden die Opfergaben nach draußen gebracht, und zwar auf den Anand Basar, den Markt innerhalb des Tempelbereichs, wo sie verkauft werden.

Um elf Uhr werden die Gottheiten erneut umgekleidet. Das wird von drei Tempelbeamten wahrgenommen, die dabei auf eigens zu diesem Zweck herbeigeschafften hölzernen Leitern stehen. Etwa eine Stunde später werden ähnliche Gerichte wie bei der vorherigen Mahlzeit aufgetragen. Doch dieses Mal werden sie im *Bhoga-Mandapa* (Essenshalle) dargeboten, der etwa einhundert Meter vom Podest entfernt ist. Um halb eins steht eine weitere, gleichfalls ungewöhnliche Mahlzeit bereit: Etwa 37 köstliche Speisen werden den Gottheiten angeboten, ehe diese sich zur Mittagsruhe zurückziehen. Vor dem kurzen Nachmittagsschlaf, der um halb zwei beginnt, werden die Gewänder wiederum gewechselt. Drei Bettgestelle, teilweise aus Elfenbein gefertigt, werden herausgebracht. Dann bittet ein Bediener die Gottheiten mit lauter Stimme, die Podeste zu verlassen und sich zur Ruhe zu begeben.

Bis um fünf Uhr nachmittags läßt man die Gottheiten in Frieden. Danach werden die Tempeltüren wieder geöffnet. Die Gottheiten werden geweckt und herausgeputzt und mit Blüten geschmückt.

Zwischen sieben und acht Uhr abends nehmen die Gottheiten Erfrischungen zu sich. Anschließend ist bis um halb zehn *Sahana-Mela* (Zusammenkunft, Messe); dann ist es den Gläubigen gestattet, zur Darbietung ihrer Gebete bis an das Podest heranzutreten. Um zehn Uhr wird auf die Körper der Gottheiten zur Kühlung Sandelpaste aufgetragen. Eine halbe Stunde später werden sie in Gewänder gehüllt, auf denen Strophen aus dem *Gitagovinda,* dem lieblichen, klassischen Sanskrit-Werk des Jayadeva (12. Jahrhundert), aufgedruckt sind. Die Gottheiten tragen überdies Schmuckstücke aus Gold mit eingelegten Edelsteinen.

Etwa um elf Uhr nachts nehmen sie ihr Abendessen ein. Zusammen mit einem Dutzend verschiedener Speisen bietet man ihnen Reis in Wasser an, die typische Nahrung des einfachen Bewohners von Orissa. Nach dieser letzten Mahlzeit Jagannaths werden Vorbereitungen getroffen für ein Ritual, das stattfindet, ehe er sich zur Ruhe begibt. Es werden Lieder gesungen, und zwar von einer *Devadasi* (Tempeltänzerin), einem Mädchen, dessen Leben ganz und gar dem Gott geweiht ist. An der Tür stehend, singt diese *Devadasi,* angetan mit seidenen Gewändern, Hymnen aus den Werken alter Oriya-Barden. Weihrauch wird abgebrannt, und Blüten werden dargebracht. Dann erlöschen die Lichter, die Türen werden geschlossen. Shri Jagannath, der Herr des Universums, ist schlafen gegangen. Innerhalb weniger Minuten werden auch die anderen Tempeltüren sowie die vier Haupttore geschlossen. Von ein paar Wachleuten abgesehen, hält sich während der Nacht niemand im weiträumigen Tempelbereich auf.

Der Schlaf des Gottes währt nur etwa fünf Stunden; wenn er aber krank ist, dann muß er zwei Wochen lang ununterbrochen das Bett hüten.

Seine Krankheit hat eine Vorgeschichte. Im Verlaufe des Monats Juni (des unbarmherzigsten Monats in Orissa) kämpft der Gott gegen die drückende Hitze an, indem er sich auf eine kleine Kreuzfahrt begibt, die einundzwanzig Tage währt. (Es ist allerdings das Standbild seines Stellvertreters, das dazu aufbricht.) Natürlich begleitet ihn auf dieser Bootsfahrt unter anderen auch seine Gemahlin, die Göttin Lakshmi. Insgesamt sind sechs Boote (zwei Dreiergruppen) in seinen Dienst gestellt. Der Gott Jagannath geht zusammen mit der Göttin Lakshmi an Bord des einen, während die beiden anderen Gottheiten das zweite besteigen. Das dritte wird von Musikern, Tänzerinnen und Tänzern eingenommen, die die Gottheiten unterhalten. Nach mehreren Runden auf dem Wasser des Narendra-Sees, der an der Peripherie der Altstadt gelegen ist, trägt man kühlende Sandelholzpaste auf ihre Körper auf.

Nach dieser langen Bootsfahrt nimmt der Gott ein Bad, das mehrere Stunden währt. Einhundertundsieben Töpfe voll Wasser werden dabei über seinen Kopf gegossen. Während dieses Vorgangs zieht sich der Gott eine Erkältung zu und wird krank … Die Krankheit ist so heftig, daß der Gott fünfzehn Tage lang das Bett hüten muß. Er ist an ein Zimmer gefesselt, und das kommt beinahe einer Einzelhaft gleich. Anstelle der königlichen Speisen, die er sonst erhält, werden ihm nun Krankenkost und Stärkungsmittel gereicht. Mit Ausnahme eines Apothekers und einiger Auserwählter aus seiner ergebenen Gefolgschaft ist es niemandem gestattet, Seine Hoheit aufzusuchen.

Kaum aber ist die Gottheit wieder genesen, da bricht sie sonderbarerweise zu einer Reise auf. Dies ist die weltberühmte Rathayatra, das Götterwagenfest. Wie um seinen Namen zu rechtfertigen (»Herr des Universums«), verläßt der Gott Jagannath seinen Schrein. Er weiß, daß bestimmte Gruppen der Gesellschaft nicht im Inneren des Tempelbereichs geduldet sind. Doch wie kann er ihnen seinen Anblick vorenthalten? Er bricht auf in einem sechzehnrädrigen, achtzehn Meter hohen Wagen aus Holz. Das große Fest fällt genau mit der Ankunft des Monsuns zusammen.

Wenn sich der Gott Jagannath aufmacht, verspricht er seiner Gemahlin, daß er lediglich sechs Tage lang unterwegs sein werde. Sein älterer Bruder Balarama bezieht einen zweiten Wagen, während ihre gemeinsame Schwester Subhadra einen dritten besteigt. Ungefähr eine Million Gläubige strömen in den Straßen Puris zusammen, um dieses einzigartige Fest mitzuerleben.

Männer, die starke, an den Wagen festgemachte Seile in den Händen halten, machen sich bereit, daran zu ziehen. Da winkt jemand auf dem Wagen mit einem dicken Stab, und unversehens wird es still. Der Wagen des Gottes, erklärt der Mann mit dem Stab, werde sich um keinen Zoll von der Stelle rühren, es sei denn, der Gott werde mit Schmähungen überhäuft. Jener Mann übt wahrhaft eine Funktion aus, die in der Welt nicht ihresgleichen hat: Er muß dem Gott Beleidigungen ins Gesicht schleudern. So also beginnt die drei Kilometer lange Reise des Gottes Jagannath, die begleitet ist von Begeisterungsrufen und Gesängen zu seinem Lobpreis.

Die Räder von Jagannaths Wagen können allerdings in der Tat Schreckliches herbeiführen und so das Wort »juggernaut« rechtfertigen (engl. Verballhornung von »Jagannath« mit der Bedeutung »Moloch, [blutrünstiger] Götze«). Auf seinem Weg könnte der Wagen Menschen zu Tode walzen (vergangen sind jedoch die Tage, als sich Gläubige aus freiem Willen unter die Räder warfen, um auf diese Weise zu sterben).

Schon am Eröffnungstag der neuntägigen Festlichkeiten müssen alle drei Wagen ihren Bestimmungsort erreichen: das *Gundicha-Ghara,* das Haus von Jagannaths Onkel mütterlicherseits. Doch trotz des gedrängten Zeitplans hält der Wagen dieses Hindu-Gottes auf dem Weg dorthin eine Zeitlang am Grab eines Moslems namens Salobega, eines Oriya-Dichters des Mittelalters. Salobegas an den Gott Jagannath gerichtete hingebungsvolle Preislieder sind sehr ergreifend und allgemein beliebt. Die Gottheiten steigen dann im *Gundicha-Ghara* ab, das drei Kilometer nördlich des Tempels gelegen ist.

Der Zauberbann der Festlichkeiten beginnt nun auf den Gott seine Wirkung auszuüben, und er vergißt das Versprechen, das er seiner Gemahlin gegeben hat. Anstatt am sechsten Tag zurückzukehren, bleibt er insgesamt neun Tage fort. Wenn dann der Gott Jagannath und seine Gefährten in ihren Wagen heimkommen, wird die Tempeltür krachend zugeschlagen. Die Göttin Lakshmi ist wütend, daß der Gott sein Versprechen nicht gehalten hat. Ehe nun eine Versöhnung zustande kommt, sind der Gott Jagannath und seine Gemahlin eine halbe Stunde lang in einen lebhaft geführten und schlagfertigen Wortabtausch verwickelt. Dabei ist Lakshmi durch eine *Devadasi* vertreten, und ein Priester wird zum Sprachrohr des Gottes Jagannath.

Zu den wesentlichen Dingen im Leben des Gottes gehört nicht zuletzt sein Übergehen von einem Körper in einen anderen, *Navakalevara* geheißen (wörtlich: »Nehmen eines neuen Körpers«). Zwölf Jahre oder auch mehr – das hängt von den astrologischen Berechnungen ab – müssen zwischen einem *Navakalevara* und dem nächsten vergehen. Die Bäume, aus denen die neuen Standbilder gefertigt werden, sind nicht leicht zu finden. Es ist eine komplizierte und mühsame Aufgabe: Nur mit Hilfe göttlicher Weisung gelingt es den Menschen, die rechten Bäume auszuwählen.

Etwa fünfzig Leute (die alle zum Tempel gehören) brechen zu dieser Mission auf. Ihr erstes Ziel ist der Tempel der Göttin Mangala in Kakatapur, mit dieser Zeremonie verbringen die Hauptakteure der Handlung, die *Daitapatis,* mehrere Tage in Kakatapur.

Sie gelten als Abkömmlinge des Stammesfürsten Vishvavasu, des legendären ersten Verehrers des Gottes Jagannath. Während dieser Zeit fasten sie, beten zu der Göttin und erwarten ihre Weisungen. Der Führer der *Daitapatis,* im allgemeinen ein Siebzigjähriger, wartet darauf, daß ihn die Göttin Mangala in seinen Träumen leitet.

Es ist in der Tat eine recht schwierige Aufgabe. Daru, wie der Stamm des Baumes heißt, muß aus Neem-Bäumen ausgewählt werden, die bestimmte heilige Kennzeichen aufweisen. So müssen sie ein oder auch mehrere Zeichen haben, die den Emblemen Vishnus gleichen (wie Diskus, Muschel und Lotus). Bis zu einer bestimmten Höhe dürfen die Bäume keine Äste getrieben haben, und kein einziger von ihnen sollte abgehauen werden. Sie müssen überdies frei sein von Schling- und Schmarotzerpflanzen. Zu weiteren Kennzeichen zählen ein Termitenhügel am Fuß des Baumes, der eine Schlange beherbergt, sowie eine nahe gelegene Einsiedlerklause oder eine Verbrennungsstätte.

Nachdem die *Daitapatis* vier solcher Bäume, die diese Anforderungen erfüllen, ausfindig gemacht haben, beginnen sie mit der Arbeit des Fällens. Dabei werden die erwählten Bäume zunächst mit einer goldenen Axt berührt, danach mit einer silbernen und schließlich mit Eisenäxten gefällt. Die Baumstämme werden anschließend auf in besonderer Weise gebauten Wagen in einer Prozession nach Puri geschafft.

In *Koili Vaikuntha,* einem kühlen, abgeschiedenen Ort innerhalb des Tempelbereichs, werden dann die Götterbilder aus den Stämmen herausgeschnitzt. Anfang Juli (d. h. noch im indischen Monat *Ashadha),* wenn der Gott Jagannath fünfzehn Tage lang mit hohem Fieber ans Bett gefesselt ist, bringen traditionelle Holzschnitzer, die sogenannten Vishvakarmas, die Götterbilder in vollendete Form. Am Neumondtag, so scheint es fast, liegen die Gottheiten im Sterben. Mitten in der Nacht entnehmen drei *Daitapatis* – die Augen verbunden, Handschuhe an den Händen und niemand in der Nähe, der zusehen könnte – den alten Götterbildern ihre Seelen und bringen sie zu den neuen. Sobald diese

Zeremonie vorüber ist, beginnt ein feierliches Begräbnis: Die aufgegebenen Götterbilder werden in drei Gräbern begraben.

Der Tempel, den die Gottheiten bewohnen, ist massiv, ja majestätisch und ehrfurchtgebietend. Er ragt über sechzig Meter in die Höhe und ruht auf einer steinernen, sechs Meter hohen Plattform. Zwei Reihen von Steinwällen umgeben den Tempel, die eine als innere Einfriedung, die andere als äußere, letztere hat den Namen *Meghanada Prachira*. Gekrönt ist die Spitze des Tempels in einer Höhe von über sechzig Metern von einem metallenen, *Nilachakra* genannten Rad, dessen Umfang ungefähr zehn Meter mißt. Im Tempelbereich leben noch über einhundert Gottheiten, die regelmäßig verehrt werden.

Khushwant Singh

Die Religion der Sikhs

Nanak, der Begründer der Sikh-Religion, war strikter Monotheist. Es gab für ihn keine Abstriche am Begriff der Einzigkeit Gottes. Darin unterschied er sich von den Anhängern der *Bhakti*-Bewegung, die zwar einen einzigen Gott annehmen, aber auch seine Wiedergeburten und die Vorgeburten anerkennen. Nanak argumentierte, da Gott unendlich sei, könne er nicht sterben und wiedergeboren werden, noch könne er sich einer menschlichen Form bedienen, die Tod und Verwesung unterworfen sei. Nanak verurteilte auch die Verehrung von Gottesbildern, da dies den Menschen verleite, sie als die Wirklichkeit Gottes zu nehmen statt als symbolische Darstellung. Nanak glaubte, daß Gott wahr und wirklich sei, im Gegensatz zu falsch und illusionär. Gott war für Nanak ein spirituelles Konzept, und daraus leitete er seine Soziallehre ab. Wenn Gott die Wahrheit ist, so ist Unwahrheit ungöttlich. Unredliches Benehmen schädigt nicht nur den Nächsten, es ist auch areligiös. Ein guter Sikh muß demnach nicht nur glauben, daß Gott der Eine, Allmächtige, Allwissende, Wirkliche ist, er muß sich auch so verhalten, daß er seinem Nächsten nicht schadet. Lügen und betrügen, Unzucht treiben, sich an einer Person oder ihrem Eigentum vergreifen ist mit der Aufrichtigkeit Gottes nicht vereinbar. Diesen Grundsatz drückt Nanak in den ersten Zeilen seines bekanntesten Gebetes, des Japji, verbindlich aus. Es ist der wesentliche Glaubenssatz der Sikh-Religion.

Nanak glaubt, daß die Macht, die Gott ist, nicht definiert werden kann, weil Gott keine Form hat. Alle Umschreibungen Gottes sind folgerichtig nur das Eingeständnis der Unfähigkeit, Ihn zu beschreiben.

> Du hast Millionen Augen und bist doch augenlos.
> Du hast Millionen Formen und bist doch formlos.
> Du hast Millionen Füße und bist doch fußlos.
> Du bist geruchlos, und doch entsteigen Dir Millionen Gerüche.
> Mit solcher Magie, o Gott, schlägst Du mich in Bann.
> Dein Licht leuchtet überall. *(Dhanasari)*

Trotz der Definitionsschwierigkeit gebraucht Nanak eine ganze Reihe von Namen für Gott. Er ist der Vater *(Pita)* aller Menschen; er ist der Geliebte *(Pritam)* und Meister *(Khasam)* seines Anhängers; er ist auch der Große Geber *(Data)*. Nanak will mit diesen Namen die menschliche Abhängigkeit von Gott, die Beziehung zwischen Gott und Mensch betonen, nicht Gott mit menschlichen Eigenschaften ausstatten. Obwohl sich Nanak der hinduistischen und moslemischen Namensgebungen Gottes bedient, sind seine bevorzugten Attribute doch »wahrer Schöpfer« *(Sat Kartar)* und »wahrer Name« *(Sat Nam)*.

Bhaktas und Sufis betonten die Notwendigkeit geistlicher Führer, Nanak geht einen Schritt weiter. Er macht die Einrichtung des Guru, des religiösen Lehrers, zum Angelpunkt seines religiösen Systems. Ohne Guru, sagt Nanak, gebe es keine Erlösung. Der Guru bewahre die Menschheit davor, vom geraden und schmalen Pfad der Wahrheit abzuirren; er sei der Kapitän auf der gefährlichen Fahrt durch den Ozean des Lebens. Der Guru dürfe aber, unterstreicht er, nur als Führer, nicht als Gott angesehen werden. Er solle befragt und respektiert, aber nicht verehrt werden. Sich selbst bezeichnet Nanak als Lehrer, nicht als Propheten. In seinen Schriften nennt er sich immer wieder »Sklave« oder »Diener Gottes«.

Als Stufe zur Erleuchtung predigt Nanak weder asketisches Einsiedlertum noch Kasteiung des Leibes. Sein Ideal ist die Gelassenheit des Yogi, mitten unter den Menschen.

> Religion liegt nicht im geflickten Gewand des Yogi,
> Noch in dem, was er mit sich trägt,
> Noch in der Asche auf seinem Körper.
> Religion liegt nicht in den Ohrringen,
> Noch in seinem geschorenen Haupt,
> Noch im Ertönen der Muschelschale.
> Um den wahren Weg der Religion zu gehen,
> Mußt rein du in der weltlichen Unreinheit stehen. *(Suhi)*

Nanak mußte zur Verkündung seiner Religion seine Familie oft verlassen, aber er kehrte immer wieder zurück und lebte unter den gewöhnlichen Leuten wie einer der ihren. Zur Religion gehörte auch die Ausübung der Rolle des Familienvaters. Er lehnt die Weltverachtung der Mönche, die sich von Almosen ernähren, kategorisch ab. »Warum an Haustüren betteln, wenn man auf einen Hausstand verzichtet hat?« Eine der wesentlichen Voraussetzungen für die moralische Entwicklung des Individuums sei das Leben in einer Gesellschaft »guter Menschen« *(Sadhsangat),* die in Gerechtigkeit mit ihren Nachbarn zusammenlebten.

> Wahrheit über alles,
> Und über der Wahrheit, Wahrhaftigkeit.

Die Bhaktas zollten der kastenlosen Gesellschaft nur Lippenbekenntnisse; Nanak unternahm praktische Schritte, um ihren unseligen Einfluß zu brechen. Er schuf in seinen Zentren freie Gemeinschaftsküchen und ermunterte seine Anhänger, unbesehen ihrer Kasten, miteinander zu essen. An unzähligen Stellen bedauert Nanak in seinen Schriften das Kastensystem und seine Praktiken, ganz besonders die Ansicht der Brahmanen, daß sogar der Schatten eines niedrigkastigen Menschen, der auf die Kochstelle fällt, die Nahrung verunreinigt. Nanak spricht:

> Einmal sagen wir: Das ist rein, das ist unrein.
> Siehe, die Dinge sind voll von unsichtbarem Leben.
> Es gibt Würmer im Holz und in den Kuhdungfladen,
> Es sind Lebewesen im Korn, das zu Brot gemahlen wird.
> Es sind Lebewesen im Wasser, die es grün machen.
> Wie willst du rein sein, wo die Küche unrein ist?
> Unreinheit des Herzens ist Habgier,
> Der Zunge, Unwahrheit,
> Unreinheit des Auges ist Lüsternheit
> Auf des andern Reichtum, seine Frau, ihre Schönheit.
> Unreinheit der Ohren, sie Verleumdungen zu öffnen.
> *(Asa di var)*

So wie Gemüse, das auf kleiner Flamme gekocht wird, besser schmeckt, weil der eigene Saft das ganze Aroma zur Entfaltung bringt, so bringt ein langsames Einüben von Körper und Geist das natürliche Gute im Menschen zum Vorschein. Es gibt keine allgemeingültige Regel. Jeder muß seinen physischen Fähigkeiten und seinem Temperament entsprechend an sich arbeiten. Askese, Härte, Kasteiung, Ehelosigkeit haben in Nanaks Religion keinen Platz. Zusätzlich zu den selbstgewählten geistigen Übungen empfiehlt er das Anhören religiöser Lieder *(Kirtans)*. Nanaks Gedichte wurden in Musik gesetzt, in den Tonarten, die ihrem Gehalt am besten entsprechen. Er rät seinen Anhängern, lange vor Morgengrauen aufzustehen und den sanften Weisen unter dem Sternenlicht zu lauschen. Er glaubt, daß die Verbindung mit Gott in der Stille der ambrosischen Stunden am leichtesten fällt.

Nanaks Lehre war zu seiner Zeit nicht verblüffend neu. Verschiedene Bhaktas und Sufis hatten in ihren Schriften schon auf den einen oder andern Aspekt hingewiesen. Einige hatten Polytheismus und Bilderanbetung verurteilt, andere das Kastenwesen und das Monopol der Brahmanen-Priester in geistlichen Belangen. Die meisten hatten die grundlegende Übereinstimmung aller Religionen betont und bedauert, daß äußere Formen und Rituale die Menschen in verschiedene Konfessionen gespalten hatten. Auch sie hatten zum Preise Gottes Hymnen gedichtet und gesungen und Nächstenliebe gepredigt. Aber Nanak vereinigte die Elemente zu einem System und schuf Institutionen, die den zusammengetragenen Teilen Tradition und Dauer gaben. Zudem redete er mit äußerster Einfachheit, so daß ihn der Bauer so gut wie der Gelehrte verstand. Er selber faßte seine Botschaft in drei Gebote zusammen: Arbeit, Gottesdienst, Barmherzigkeit. Deshalb wird Nanaks Name von einer täglich wachsenden Nachfolgerschaft lebendig gehalten, während die Namen anderer Heiliger seiner Zeit nur noch in Geschichtsbüchern dahinmodern.

Der Lebensstil der Jünger Nanaks unterschied sich von dem der Hindus und Moslems, aus denen sie hervorgegangen waren. Nanak hatte immer wieder die Rolle der echten Gemeinschaft betont. Seine Anhänger legten es logischerweise so aus, daß zur Gemeinschaft die gehörten, die Nanak als ihren Guru anerkannten. Sie brachen mit ihren Herkunftsgemeinden schon zu Lebzeiten des Guru, indem sie neue Stätten und neue Formen für ihren Kult suchten. Der Sikh leierte nicht mehr Sanskritgesänge vor steinernen Götterbildern, und er murmelte keine arabischen Koranverse mehr, während er sich nach Mekka verneigte. Er sang Nanaks Hymnen in seiner eigenen Muttersprache, in Panjabi. Er aß mit seinen Sikh-Gefährten in den Küchen des Guru. Er half mit, Lebensmittel zu sammeln, und wenn die Reihe an ihm war, diente er als Koch oder schrubbte das Küchengerät. Er grüßte die Leute nicht mehr mit dem *Namaste* der Hindus oder dem *Salam*

Aleikum der Moslems. Er sagte das *Sat Kartar* des Guru. All das formte eine Gemeinschaft von Menschen, die enger verbunden waren miteinander als mit den Gruppen, denen sie entstammten.

Ebensowichtig wie Religion und Gemeinschaft waren in Nanaks Lehre die politischen Aspekte. Er war der erste geschichtlich überlieferte Volksführer des Panjab. Und wenn die Anzahl seiner eigentlichen Jünger vielleicht nicht sehr groß war, so hielt doch eine erhebliche Zahl von Mitgliedern anderer Glaubensgruppen seine Devise hoch: »Es gibt nicht Hindu, es gibt nicht Moslem.« Das war das Ideal, aus dem das Selbstbewußtsein und der Nationalismus des Panjab wuchsen.

Sudhir Kakar

Der Mensch im Ayurveda

Die Verschiedenartigkeit der Heilmethoden in Indien und die erstaunliche Vielfalt von unterschiedlichsten Fachleuten könnten bei einem Fremden den Eindruck erwecken, daß Heilen eine zentrale Betätigung aller Inder sei – ein Eindruck, der freilich nicht weit von der Wahrheit entfernt ist. Wie kaum ein anderes Volk haben die Inder sich schon lange damit befaßt, Systeme zur Erklärung seelischen Leidens zu konstruieren und Techniken zu dessen Linderung zu entwickeln. Neben den wenigen von der modernen Medizin herkommenden Psychiatern gibt es die traditionellen Ärzte – die *Vaids* des hinduistischen Ayurveda- und des *Siddha*-Systems und den *Hakim* der islamischen Unani-Tradition –, von denen viele auch das praktizieren, was wir eine »psychologische Medizin« nennen würden. Ferner gibt es Chiromanten (Handleser), Horoskopspezialisten, Kräuterkundige, Wahrsager, Zauberer und die verschiedensten Schamanen, in deren therapeutischen Bemühungen Elemente aus der klassischen indischen

Astrologie, Medizin, Alchimie und Magie sich mit Überzeugungen und Bräuchen aus den volkstümlichen Traditionen verbinden. Dann haben wir natürlich noch die allgegenwärtigen Sadhus, Swamis, Maharajs, Babas, Matas und Bhagwans, die sich alle in der einen oder anderen Weise in der mystisch spirituellen Tradition des indischen Altertums sehen und behaupten, auf das spezialisiert zu sein, was man im Westen in einem religiöseren Zeitalter »Gesundheit der Seele« zu nennen pflegte – die Wiederherstellung des moralischen und spirituellen Wohlbefindens.

Die an sich sehr verschiedenartigen Aktivitäten indischer Heilkundiger haben insofern eine gewisse Familienähnlichkeit, als im Vergleich zu westlichen Psychotherapien in Indien die Rolle des Heiligen stärker im Vordergrund steht. Dabei verstehe ich unter »heilig« nicht nur den Brahma der Mystiker, den Krishna der Gläubigen oder die Götter der Rituale, sondern auch die Geister der Ahnen und der Wälder, die Wesen, die in verwunschenen Hainen wohnen, die Gespenster, die den Ort einer Feuerbestattung heimsuchen, und die Dämonen, die an der nächsten Wegkreuzung lauern. Das Heilige verbindet den Guru (Lehrer), der sich der spirituellen Not annimmt, mit dem Schamanen, der von bösen Geistern verursachte Krankheiten behandelt. In der Praxis mögen sich daher die genannten drei therapeutischen Ansätze weitgehend überschneiden. Gerade das Hereinnehmen des Heiligen in den Erwartungshorizont des Heilers und seines Patienten und in die Seins-Bereiche des Patienten läßt diese Heilmethoden in den Augen des modernen Menschen absonderlich erscheinen, gleichgültig, welcher Gesellschaft er angehört und in welchem Teil der Welt er lebt. Für den Westen – die Heimat der Moderne und heute eher die Bezeichnung für eine geistige Haltung als für eine Weltgegend – ist der Zusammenhang der Gesundheit mit anderen als psycho-physischen Kategorien nicht mehr gegeben. So weiß heute niemand mehr, daß man noch vor nicht allzu langer Zeit sowohl die Verrichtungen des Priesters am Sterbebett als auch die des Arztes am Krankenbett »klinisch« nannte. Mit dem unaufhaltsamen Vordringen der naturwissenschaftlichen

Betrachtungsweise in den letzten hundert Jahren hat endgültig und unwiderruflich der Arzt den Bereich des »Klinischen« usurpiert, während der Priester sich zurückziehen mußte.

Es gibt heute im Westen viele Menschen, die es bedauern, daß das Heilige aus den heilenden (!) Wissenschaften vertrieben wurde und aus der Alltagswelt überhaupt verschwand. In bezug auf die Psychotherapie haben diese Menschen den Eindruck, daß einem Seelenarzt, der in einer alten traditionellen Kultur lebt, die ungebrochene Gegenwart des Heiligen in seiner Gesellschaft eine große Hilfe sein kann. Das ganze Gewicht der Religion, der Mythen und der Geschichte seiner Gesellschaft teilt sich der sakralen Therapie mit, sobald der Therapeut in seinem Patienten (und in dessen Umgebung) starke seelische Energien mobilisiert, die in der modernen Gesellschaft nicht mehr vorhanden sind.

Kulturelle und theoretische Aspekte des Ayurveda

Es besteht aus einem U-förmig gebogenen Stück Silber. Die beiden Längsseiten des U sind gerundet und etwa zehn Zentimeter lang, während das kurze Stück dazwischen flach ist und glatte Kanten hat. Das Ganze ist ein Zungenschaber, wie ich ihn seit meiner Kindheit nach dem Zähneputzen benutze, um den Belag zu entfernen, der manchmal die Zunge überzieht. In keinem anderen Land, das ich kenne, benutzt man den silbernen Zungenschaber, und ich habe mich damit abgefunden, daß der Gebrauch dieses Geräts, vielleicht auch meine besondere Weise, das Haar zu ölen oder die Rektalöffnung mit Wasser und den Fingern der linken Hand zu säubern, spezifisch indische Techniken sind: ein Stück indischer Kultur, das mir wie anderen Indern anhaftet und keiner besonderen Reflexion hinsichtlich seines Ursprungs oder seiner Funktion bedarf. Erst vor kurzem bin ich dem silbernen Zungenschaber jenseits meiner morgendlichen Toilette wieder begegnet, nämlich bei der Lektüre der *Caraka Samhita,* einer der drei Hauptquellen des traditionellen indischen Medizinsystems Ayurveda. Dort, in den Versen 74 und 75 des Kapitels »Quantitative Diätetik«, eingezwängt zwischen anderen Versen über die richtige Art des Gurgelns, des Kauens, des Einölens der Haare und der Ohren und des Beschneidens der Nägel sowie über die Wichtigkeit der richtigen Fußbekleidung, las ich: »Zungenschaber sollten gebogen sein und dürfen keine scharfen Kanten haben; sie müssen aus Metallen wie Gold, Silber, Kupfer, Zinn oder Messing sein. Die Ablagerungen an der Wurzel der Zunge hindern die Atmung und verursachen üblen Mundgeruch; deshalb sollte die Zunge regelmäßig geschabt werden.«

Als ich mich tiefer in die ayurvedische Literatur einarbeitete und durch Befragungen und Gespräche mit Ayurveda-Ärzten mit der Lehre besser bekannt wurde, begegnete mir der inzwischen zur Metapher gewordene Zungenschaber noch häufiger wieder. Im Ayurveda entdeckte ich den Grund für meinen unausgesprochenen Verdacht, daß der Zweig vom Neem-Baum, mit dem ich als Kind meine Zähne gereinigt und den ich später auf dem Altar der Modernisierung geopfert hatte, um zu Zahnbürste und Zahnpasta zu greifen, unendlich viel mehr geleistet hatte, als nur die Zähne zu säubern. Hier fand ich auch die Quelle für meine Abneigung gegen Rettich und Guaven als Abendessen, für meine Hochachtung vor den wohltätigen Eigenschaften des Honigs und der Butter und für meinen geheimen Respekt vor vielen Kräutern und Wurzeln, besonders wenn sie aus dem Himalaja kommen (oder angeblich kommen sollen). Wenn ich die ayurvedischen Texte lese, kann ich nur Bewunderung dafür hegen, daß die Anweisungen früher Ärzte über Pflege und Sorge des Leibes, über die richtige Ernährung in den verschiedenen Jahres- und Tageszeiten und über die rechte körperliche Bewegung und Lebensführung sich für zahllose Generationen von Männern und Frauen, die im Schoß der indischen Kultur geboren wurden, aufwuchsen und starben, zu unangezweifelten und nicht anzweifelbaren Glaubensartikeln entwickelt haben.

Ayurveda ist natürlich mehr als bloße Diätetik oder ein auf einer wunderlichen Theorie der Säfte beruhendes Heilverfahren. Die ayurvedischen Bücher sind ebensosehr Abhandlungen über richtiges Verhalten wie Beschreibungen von pharmakologischen Kräften und physiologischen Gleichgewichten. In den persönlichen Verhaltensmaßregeln für ein langes Leben erscheint Ayurveda unendlich differenziert; die Beobachtungen altindischer Ärzte stecken voller subtiler Unterscheidungen.

Nehmen wir beispielsweise die Frage des Schlafs. Es gibt Verse über die siebenfache Einteilung des Schlafs, die Rolle des Schlafs bei Fettleibigkeit, guten und schlechten Schlaf, Methoden und Maßnahmen, um besser zu schlafen, sowie Indikationen und Kontraindikationen für den Schlaf bei Tage. »Das Schlafen bei Tage und zu allen Jahreszeiten«, so lautete der Text, »ist angezeigt für jene, die erschöpft sind vom Singen, vom Lernen, von alkoholischen Getränken, vom Geschlechtsverkehr, von einer Entschlackungskur, vom Lastentragen, vom langen Gehen; für jene, die an Schwindsucht, Auszehrung, Durst, Durchfall, Koliken, Kurzatmigkeit, Schluckauf, Umnachtung leiden; für jene, die zu alt, zu jung, schwach und gebrechlich sind; für jene, die durch Sturz oder tätlichen Angriff verletzt wurden, für jene, die von einer Reise, Nachtwache, von Wut, Kummer und Angst erschöpft sind; und für jene, die gewohnt sind, am Tage zu schlafen.« Im allgemeinen ist jedoch der Schlaf während des Tages in anderen Jahreszeiten als dem Sommer nicht ratsam, und der Text fährt fort, diejenigen Leute aufzuzählen, für die der Schlaf bei Tage ausdrücklich verboten ist, wobei er verschiedene Krankheiten anführt, die bei Nichtbeachtung dieses Verbotes auftreten können. Der Text schließt: »So sollten wir die Vorteile und Nachteile des Schlafs zu verschiedenen Jahreszeiten und in verschiedenen Situationen im Auge behalten, auf daß er gedeihlich sein möge.«

Der Mensch im Ayurveda

Ayurveda besteht unbeirrbar darauf, daß die Medizin stets um den Menschen kreisen solle, nicht um die Krankheit. Ayurveda ist überzeugt, daß die beiden Ziele – Gesundheit zu erhalten und von Leiden zu befreien – nur erreicht werden können, wenn der Arzt den Menschen gründlich kennt. Der Mensch in seiner Ganzheit heißt das »Asyl« *(Asrya)* der Krankheit und bildet den Hauptgegenstand der medizinischen Wissenschaft. Wie es in einem vielzitierten Vers heißt: »Geist, Seele und Körper – diese drei sind wie ein Dreifuß; die Welt ruht auf ihrem Zusammenwirken: sie stellen das Substrat für alles dar. Dieses (Zusammenwirken) ist der Mensch *(Purusa):* dieses ist empfindend und dieses das Thema dieses Veda (Ayurveda): um dieses willen wird dieser Veda (Ayurveda) ans Licht gebracht.«

Die philosophische Betonung der Ganzheit des Menschen spiegelt sich in dem Umfang der diagnostischen Untersuchung wider, die dem ayurvedischen Arzt vorgeschrieben ist. Neben der gründlichen körperlichen Durchleuchtung des Patienten, durch welche etwaige krankhafte Zustände, der Tonus des Systems, Alter, Festigkeit, Proportionen, Verdauungstätigkeit und Arbeitsfähigkeit festgestellt werden sollen, gehört zur ärztlichen Untersuchung auch die emotionale und soziale Sphäre des Patienten. Der Arzt wird angewiesen, aus der Eigenart der Handlungen seines Patienten auf dessen Einsicht zu schließen, »aus der Intensität seiner Bindungen auf seine Leidenschaft, aus seinem mangelnden Verständnis auf seine Verblendungen, aus der Heftigkeit seiner Handlungen auf den Grad seiner Wut, aus seiner niedergeschlagenen Miene auf seinen Kummer, aus seinem Überschwang auf seine Freude …« Nicht nur der gegenwärtige seelische Zustand des Patienten und seine typischen Persönlichkeitszüge müssen festgestellt werden; der Arzt muß sich auch mit dem familiären, sozialen, geographischen und kulturellen Kontext des Patienten gründlich vertraut machen, seine Kaste und Abstammung feststellen und überdies eine »Landprüfung« *(Bhumipariksha)* vornehmen. Hierbei »muß der Arzt die Gegend kennen, in der der Patient geboren oder aufgewachsen ist oder in der er sich die Krankheit zugezogen hat. Der Arzt sollte die Eigenart dieses Landes, die Speisegewohnheiten seiner Einwohner, ihre Lebensweise, körperliche Vitalität und ihren Charakter feststellen. Der

Arzt muß auch den allgemeinen Gesundheitszustand der Bewohner jener Gegend, die besonderen Eigentümlichkeiten ihrer Umwelt, ihre Neigungen und Vorlieben sowie die Art der Krankheiten eruieren, an denen sie am häufigsten leiden, aber auch herausfinden, was man in jener Gegend im allgemeinen als gesund oder ungesund ansieht.«

Eine so große Zahl von Fakten wird nicht zusammengetragen, um irgendeine zwanghafte Gründlichkeit zu befriedigen. Bevor der Arzt seine Diagnose stellt, eine Therapie verordnet oder eine Prognose wagt, wird von ihm erwartet (wiederum im Idealfall: die moderne ayurvedische Praxis sieht ganz anders aus), daß er die gewonnenen Informationen vergleicht mit den ihm bekannten verschiedenen Seinsordnungen (der körperlichen, der seelischen, der sozialen), in denen ein Mensch lebt und die seine Ganzheit ausmachen und umgrenzen. Manches von diesem ärztlichen Grundwissen, besonders insoweit es nichtphysiologischer Art ist, ist in die Form begrifflicher Triaden gefaßt: Es gibt die drei Arten von Land (trocken, sumpfig und normal); drei Temperamentstypen *(Sattva, Rajas, Tamas)* mit sechzehn Untertypen; drei Grundlagen der körperlichen Differenzierung mit zwanzig Untertypen; die drei Menschenalter – Kindheit/Mannesalter *(Bala)*, mittlere Jahre *(Madhya)* und Alter *(Jirna)* – mit ihren weiteren Unterteilungen usw. Mögen solche Kategorien und ein auf Kategorisierung gründendes Denken auch ihre Grenzen haben: Der Versuch, diverse Wissensgebiete zu kategorisieren, beweist, daß die altindischen Ärzte gewillt waren, den ansonsten vagen Begriff »Ganzheit« mit konkretem Inhalt zu füllen.

Nach der Vorstellung des Ayurveda lebt also der Mensch in und aus verschiedenen Ordnungen des Seins: der körperlichen, der seelischen, der sozialen und, wie man hinzufügen muß, der metaphysischen. Eine systematische Kenntnis aller Ordnungen und ihrer Zusammenhänge untereinander wird als unerläßlich für die Ausbildung eines Arztes betrachtet. Ich sollte noch hinzufügen, daß die Grenzen zwischen diesen Ordnungen bemerkenswert flüssig sind; mit anderen Worten, der Trennungsstrich zwischen

Psyche und Soma oder zwischen Soma und Natura ist viel unschärfer – sofern er überhaupt gezogen wird –, als es bei modernen westlichen Vorstellungen über den Menschen der Fall ist. Das ist eine zwangsläufige Folge der Tatsache, daß in der monistischen indischen Weltanschauung der Mensch als Mikrokosmos aufgefaßt wird; alles, was Bestandteil des Kosmos ist, hat seine homologe Entsprechung im Menschen.

Diese Äquivalenz von Mensch und Schöpfung führt zu einem Hauptpostulat des Ayurveda: daß nämlich der physische Teil des Menschen – sein Körper – mit dem physischen Teil des Kosmos – der Natur – identisch ist. Der Ort dieser Identität sind »die fünf Wurzelformen der Materie« *(Pancha-bhuta),* und die Theorie der *Pancha-bhuta* ist ein Eckstein des ayurvedischen Systems.

Die ayurvedische Grundvoraussetzung, daß Körper und Natur identisch sind, ist eine logische Konsequenz aus dem Leitmotiv der indischen Weltanschauung, die eine grundsätzliche Einheit in der scheinbaren Vielfalt der Schöpfung annimmt und die Überwindung von Dualitäten, Gegensätzen und Widersprüchen anstrebt. In diesem Kontext eines unablässigen Fließens von Körper und Natur glaubten die alten Ärzte, daß die Gesundheit ein Zustand des dynamischen Gleichgewichts der Körperelemente sei. Die ayurvedische Theorie betont besonders das Gleichgewicht der drei Körpersäfte *(Tridosha)* – Wind, Galle und Schleim. Eine herausragende Stellung nimmt dabei der Wind ein. Durch die Kraft des *Prana*-Windes, so heißt es, wird die Nahrung in den Magen befördert und zirkuliert das Blut durch alle Teile des Körpers. Der *Apana*-Wind in der Analregion wirkt nach unten, um Körperwinde, Urin, Kot, Samen und Föten auszustoßen. Der *Samana*-Wind in der Gegend des Bauchnabels hilft bei der Verdauung der Nahrung und verwandelt sie in Blut, Samen, Kot usw. Der *Udana*-Wind in der Kehle, der nach oben wirkt, erzeugt Rede und Gesang (aber auch Rülpser), während der *Vyana*-Wind, der alle Teile des Körpers durchdringt, den Umlauf der Nahrungssäfte bewirkt. Galle und Schleim sind ebenfalls von fünffacher Art und unterscheiden sich nach ihren spezifischen Funktionen im Körpersystem. So ist die *Pachaka*-Galle im Magen eine Quelle der körperlichen Stärke, indem sie die Verdauung von vier Arten von Nahrung bewirkt, während die *Alochaka*-Galle in den Augen das Sehen ermöglicht. Der Geschmack auf der Zunge wird mit Hilfe des *Bodhaka*-Schleims erlebt, während der *Sleshmaka*-Schleim den Zusammenhalt der Gelenke begünstigt.

Zu einer Krankheit kommt es, wenn einer der drei Körpersäfte besonders stark »erregt« wird und gegenüber den anderen unverhältnismäßig zunimmt. Das Ungleichgewicht der Körpersäfte entsteht (und das ist die generelle Theorie des Ayurveda über die Verursachung von Krankheiten) durch übertriebenen Gebrauch, mangelhaften Gebrauch oder Mißbrauch (1.) von Sinnesobjekten, (2.) des Handelns (gemeint sind Handlungen des Körpers und des Geistes sowie das Sprechen) und (3.) der Zeit, d. h. der verschiedenen Jahreszeiten.

Die Wiederherstellung des Gleichgewichts der Körperelemente und damit der Gesundheit beruht darauf, daß der Patient befähigt wird, die ihn umgebende Materie in der rechten Form, Menge, Zusammensetzung und Zeit in sich aufzunehmen. Nachdem der Arzt die Natur irgendeines Ungleichgewichts im Körper festgestellt hat, bestimmt er eine Substanz (oder eine Kombination von Substanzen) in der Natur – Droge oder Diät –, die, sobald der Körper sie sich anverwandelt hat, das Ungleichgewicht der Säfte korrigiert. Das ist der Grund, weshalb »es nichts in der Natur gibt, was für die Medizin ohne Belang wäre«, und weshalb Ayurveda eine ungeheure Menge von Daten über die therapeutische Wirkung aller möglichen natürlichen Substanzen gesammelt hat. In ihr sind Jahreszeiten, Pflanzen, natürliche Stoffe und Bestandteile des Körpers zu einer komplexen, gleichzeitig aber ästhetisch eleganten Theorie der körperlichen Gesundheit als eines Gleichgewichts somatischer und umweltlicher Elemente integriert.

Die westliche Vorstellung ist die eines Körpers, der sich deutlich gegen die übrigen Objekte in der Welt abhebt und sich klar von ihnen unterscheidet. Diese Betrachtungsweise, bei der der Körper als eine uneinnehmbare Festung angesehen wird, die nur eine begrenzte Zahl von Zugbrücken hat, die einen lockeren Kontakt zur Außenwelt aufrechterhalten, hat ihre eigenen kulturellen Konsequenzen. Mir scheint, daß man sich im wissenschaftlichen und künstlerischen Diskurs des Westens mit deutlicher Vorliebe mit dem beschäftigt, was innerhalb der Festung des individuellen Körpers vor sich geht. Vorzugsweise sucht man Verhaltensprozesse durch Psychologien zu erklären, die aus der Biologie stammen, wobei die natürliche und metanatürliche Umwelt mehr oder weniger ausgeschlossen bleibt.

Ein anderer zentraler Aspekt des indischen Körperbildes ist das sehr hohe Maß an emotionaler Investition in den Körper. Die Aufmerksamkeit für den eigenen Körper, die die Texte von einem Menschen erwarten, scheint dem Westler mehr der liebevollen Sorge einer Mutter für ihr neugeborenes Kind angemessen zu sein als der Beziehung eines Erwachsenen zu seinem Körper. Die Anstrengungen, die der Inder unternimmt, um seinen Körper kräftig, schön und geschmeidig zu erhalten und ihn vor dem Ansturm des Alters zu bewahren, mögen sogar als Ausdruck eines »körperlichen Narzißmus« gewertet werden – diesen Begriff in einem neutralen und relativistischen Sinne verstanden, da die jahrhundertelange Ablehnung des Körpers im Westen das Wort »Narzißmus« negativ besetzt hat.

Um mit den Augen zu beginnen: Die *Caraka Samhita* empfiehlt alle fünf Nächte die Anwendung eines Augenwassers aus Kupfer, ferner täglich die Anwendung eines Augenwassers aus Antimon, um die Augen zu beruhigen und ihren natürlichen Glanz aufzufrischen. Im Herbst und im Frühling sowie in der Regenzeit soll man eine Woche lang dreimal täglich Nasentropfen aus *Anu taila* gebrauchen, einem Öl, das durch das Aufkochen von vierundzwanzig verschiedenen Kräutern und Pflanzen mit Regenwasser und anschließend mit Ziegenmilch und Öl gewonnen wird. Damit sorgt man dafür, daß »Haar und Bart niemals grau oder weiß werden; die Haare werden nicht ausfallen; sie wachsen üppig ... Das Gesicht wird fröhlich und rundlich; die Stimme süß, fest und kraftvoll.«

Den Zungenschaber als Bestandteil der Mundhygiene habe ich schon erwähnt. Das Kauen von verschiedenen Gewürzen und Nüssen wird empfohlen, um den Mund frisch und wohlriechend zu machen; das Gurgeln mit *Til*-Öl soll die Stärkung der Kiefer, die Tiefe der Stimme und – als besonderes hinduistisches Ideal männlicher Schönheit – »die Rundlichkeit des Gesichts« bewirken. Regelmäßiges Einölen der Haare und der Ohren sowie regelmäßige Ölmassagen sind Bestandteil der normalen Körperpflege; die Ölmassage wird empfohlen, um den Körper glatt, stark und angenehm zu machen und den Begleiterscheinungen des Alterns entgegenzuwirken. Parfüms und Blumenketten »regen die Libido an, erzeugen Wohlgeruch des Körpers, fördern langes Leben und Attraktivität«; »das Tragen von Edelsteinen und Schmuck begünstigt Wohlergehen, Glück, langes Leben und Anmut, wehrt Schlangen und böse Geister ab.« Selbst die Sexualität wird in den Dienst des körperlichen Narzißmus gestellt; häufiger Geschlechtsverkehr wird im Winter empfohlen, um die Spannkraft des Körpers aufrechtzuerhalten, während für die Dauer des Sommers völlige Enthaltsamkeit vorgeschrieben ist. Irgendwie ist es ganz passend, daß das indische Wappentier ein Pfau ist!

Im Gegensatz hierzu besteht die Erbschaft der westlichen Körperfeindlichkeit in der unbewußten Phantasie, daß der Körper eine Unrat produzierende Fabrik ist. Wie Lawrence Kubie in einer originellen und anregenden Arbeit ausgeführt hat, gibt es im Westen das unbewußte Bild vom »Körper als einer Art beseelter, mobiler Unrat-Fabrik, die aus jeder Körperöffnung Schmutz absondert; um irgend etwas in Unrat zu verwandeln, ist nichts weiter erforderlich, als daß es, und sei es nur für Augenblicke, durch eine dieser Öffnungen in den Körper gelangt.« (Kubies Bemerkungen gelten vielleicht mehr für die nordamerikanische sowie für nord- und mitteleuropäische Gesellschaften als für mittelmeerische.) Es dürfte zutreffen, wenn er im Westen die verbreitete Tendenz feststellt, das Innere des Körpers als Abfallgrube zu betrachten, alle Körperöffnungen als schmutzige Einfallspforten, als schmutzige Löcher, die in schmutzige Räume führen, und alles, was den Körper verläßt, schon allein deshalb als unrein anzusehen, vielleicht mit der einzigen Ausnahme der Tränen.

Als Inder muß ich gestehen, daß auch mich das Tabu, mit dem in Nordamerika und Europa die Körperöffnungen belegt sind, frappiert hat, ein Tabu, das allenfalls das Schlenkern mit einem juckenden Ohr, aber nicht das Hineinfahren mit dem Finger erlaubt; Verrenkungen mit der Nase, aber nicht das Nasebohren mit dem Finger, um einen störend plazierten Schleimpfropfen zu entfernen. Im Gegensatz zu der relativen Gleichgültigkeit, mit der in Indien das Räuspern, Rülpsen und Ablassen von Darmwinden in der Öffentlichkeit behandelt wird, verbietet das westliche Tabu alle Geräusche oder Gerüche aus einer Körperöffnung, die die Aufmerksamkeit auf diese Öffnung und damit auf die hinter ihr arbeitende Unrat-Fabrik lenken könnten. Konsequenterweise besteht bei jedem Spalt oder jeder Höhle im Körper der Verdacht auf Schmutz, dessen Geruch übertäubt werden muß – zu Nutz und Frommen der Deodorantindustrie und der Medien, die aus der Schmutzphantasie Kapital schlagen. Damit soll nicht gesagt sein, daß die Schmutzphantasie im indischen Kontext fehlt. Es gibt auch in Indien den Abscheu vor dem Unrat anderer (wenngleich vielleicht eine größere Toleranz gegenüber dem eigenen Unrat), der sich in der Präokkupation mit Reinheit und Unreinheit ausdrückt. Was die Schmutzphantasie in Indien von der des Westens unterscheidet, ist die Tatsache, daß sie dem Bewußtsein verhältnismäßig leichter zugänglich ist; die Faszination des Schmutzes und der Ekel vor ihm werden weder bemäntelt noch in dem Umfange verschoben, wie dies im Westen der Fall ist.

Bibiji Inderjit Kaur

Der Koch als Heiler

Die traditionelle indische Medizin lehrt, daß Nahrung ein Heilmittel ist. Neben ausgewogenen Körperübungen, so wie sie im Yoga betrieben werden, oder einer positiven geistigen Einstellung, wie sie durch die Meditation erreicht werden kann, bildet die Nahrung die dritte große Stütze unserer Gesundheit. Einfache Nahrungsmittel und Kräuter sind Medizin, und ein ausgebildeter indischer Koch ist tatsächlich Heiler im umfassenden Sinne: Er (oder sie) kümmert sich um die Bedürfnisse des ganzen Menschen – seines Körpers, Geistes und seiner Seele. Der Gesundheit förderlich ist aber nicht nur der Nährwert der Nahrungsmittel, sondern auch ihre Farbe, ihr Geschmack und Geruch. Wenn das Kind eine Erkältung hat, bereitet die Mutter besonders würzige Chapatis oder Mehlfladen zu, um das Fieber zu senken. Ein cremiges Getränk aus Gelbwurz soll die steifen Gliedmaßen entspannen, und eine Mahlzeit aus gekochten Bohnen und Reis dient dazu, die Verdauung anzuregen. Man glaubt, daß die Bestandteile dieser Nahrungsmittel heilende Kräfte besitzen; doch ebenso wichtig ist, daß sie mit Liebe zubereitet und dargereicht werden. Aus dieser Einstellung heraus gibt der indische Koch heilende Energie an jene weiter, die die Mahlzeit zu sich nehmen.

Die traditionelle indische Küche ist vegetarisch und beruht auf Gemüse- und Milchprodukten: Fleisch, Geflügel, Fisch oder Eier zählen nicht dazu, so daß die Gerichte niedrige Fett-, Cholesterol- und Säurewerte enthalten. Einfache vegetarische Nahrung bezeichnet die indische Literatur als *Sattvas bhoj*. »Sattvas« bedeutet reine Essenz, »Bhoj« Nahrung. Wer »Sattvas bhoj« zu sich nimmt, wird in aller Regel entspannter, ausgeglichener und geistig regsamer sein als derjenige, der üppige Mahlzeiten verzehrt. Andererseits besitzen die scharfen Gewürze der indischen Küche eine

»rajahafte« Qualität; sie regen die sexuelle Lebenskraft an, die zugleich schöpferisch ist. »Rajahafte« Nahrungsmittel, in Maßen zu sich genommen, werden hart arbeitenden Menschen und Praktikern von Kundalini-Yoga empfohlen. Man glaubt, daß sexuelle Energie durch anstrengende Tätigkeit, körperliche Übungen und geistige Disziplin in andere Ausdrucksformen umgewandelt wird. Dagegen stellen »tamasische« Nahrungsmittel, z. B. tierische Produkte und alkoholische Getränke, eine Gefährdung der Gesundheit dar, denn sie schaden der geistigen Klarheit und führen zu allgemeiner Nachlässigkeit.

Ein weiteres Merkmal der traditionellen indischen Küche liegt im geringen Proteingehalt ihrer Speisen, z. B. der Weizen-, Milch- und Reis/Bohnen-Gerichte. Der traditionelle indische Mediziner wird darauf hinweisen, daß die westliche Nahrung viel zu proteinhaltig ist, deshalb schwer verdaulich und sehr belastend für die Leber und andere Organe.

Die indische Küche verwendet reine und einfache Nahrungsmittel, die nicht chemischen Prozessen unterworfen werden, sondern natürlich sind. In den letzten Jahren werden zwar zunehmend Dosennahrung, gebleichtes Mehl und raffinierter, weißer Zucker verwendet, doch die traditionelle indische Küche ist bei frischen Nahrungsmitteln, ungebleichtem Mehl und Rohrzucker geblieben.

Ein Blick auf einige Hauptbestandteile zeigt, warum indisches Essen so gesund ist.

Reis. Reis stammt aus Indien und wird seit undenklichen Zeiten hier angebaut. Er ist reich an Vitamin B und Jodin, proteinreich, leicht verdaulich und führt nicht zu Gewichtszunahme. Mit gewürzten Gemüsen zubereitet, fördert er die Nierentätigkeit, reinigt das Blut und trägt zur Entwicklung der Muskulatur bei.

Weizen. Man nennt ihn bezeichnenderweise »Lebensstab«. Ungeschroteter Weizen enthält viel Vitamin B und Mineralstoffe. Als Brot (und Indien besitzt hier viele Varianten) dient Weizen als »Kopfnahrung«. Mit Obst, Nüssen, Kräutern oder Gewürzen gemischt, findet er medizinische Verwendung. Der im mineralhaltigen Boden des Panjab angebaute Weizen zählt zu den gesündesten Nahrungsmitteln der Welt überhaupt.

Milchprodukte. Die indische Küche verwendet einfache und leicht verdauliche Milchprodukte. Joghurt ist reich an Vitamin B und wichtig für das Nervensystem. Da der Körper dieses Vitamin nicht aus Gemüsen gewinnen kann, stellt Joghurt ein wichtiges Element vegetarischer Lebensweise dar; es neutralisiert Säuren und fördert die Darmflora. *Panir* ist ein einfacher Käse, der aus saurer Milch zubereitet wird. Durch seinen geringen Fettgehalt ist *Panir* bekömmlicher als Weich- oder Hartkäse. *Ghee* ist Butterschmalz und das reinste Fett der indischen Küche. Es ist besonders nahrhaft und haltbar, kann stärker erhitzt werden als Butter, enthält weniger Cholesterol und besitzt doch einen reichen Geschmack. Auch ungekühlt ist *Ghee* wochenlang haltbar.

Gemüse. Die Hülsenfrüchte oder *Dhal,* wie sie in Indien genannt werden, umfassen Bohnen, Erbsen, Linsen usw. Sie fördern den Hämoglobingehalt des Blutes und bilden zusammen mit Reis, Weizen oder Mais leichtverdauliche Proteine.

Kräuter und Gewürze geben der indischen Küche ihren einmaligen Charakter. Fast jedes Kraut oder Gewürz besitzt heilkräftige Wirkungen. Einige häufig benutzte Gewürze verdienen besondere Erwähnung. Zwiebeln z. B. dienen der Blutreinigung und werden bei vielen Krankheiten verwendet, bei Erkältungen, Ohrenschmerzen, Schwindelgefühl und Magenbeschwerden. Knoblauch stellt ein natürliches Antibiotikum dar. Man nimmt ihn bei Krankheiten des Verdauungstrakts, bei Typhus, Cholera und bakteriellen Infektionen. Ingwer beruhigt und stärkt das Nervensystem, lindert Rückenschmerzen, hilft gegen Müdigkeit, Fieber und Bronchitis und regt die Verdauung an. Gelbwurz hält die Gliedmaßen und die Haut geschmeidig. Jüngste Forschung glaubt nachgewiesen zu haben, daß er Zuckerkrankheit und Krebs verhindern kann. Grüne und rote Chilis oder Peperoni, Cayenne und gemahlener roter Pfeffer besitzen einen hohen Gehalt an Vitamin C und A. Trotz ihrer Schärfe üben sie eine beruhigende Wirkung auf den Körper aus und fördern Blutzirkulation und Verdauung.

Mahatma Gandhi

Experimente mit der Wahrheit

Die Unberührbaren in meinem ersten Ashram

Als ich zufällig durch Ahmedabad kam, bestürmten mich viele von meinen Freunden, ich möchte mich dort ansiedeln, und erboten sich freiwillig, die Kosten für den Ashram zu bestreiten und auch für ein Haus zu sorgen. Ich hatte eine Vorliebe für Ahmedabad. Da ich ein Gujarati bin, dachte ich, ich könnte mich dem Lande am nützlichsten erweisen, dessen Sprache meine Muttersprache war. Und außerdem war Ahmedabad, als alter Mittelpunkt der Handweberei, wahrscheinlich das günstigste Feld für die Wiederbelebung dieses Gewerbes als Heimindustrie. Da es ferner die Hauptstadt von Gujarat war, stand zu hoffen, daß hier leichter als anderswo Geldhilfe von den wohlhabenden Bürgern zu beschaffen sein würde. Unter anderem wurde natürlich mit den Freunden aus Ahmedabad auch die Frage der »Unberührbarkeit« besprochen. Ich ließ ihnen keinen Zweifel darüber, daß ich die erste Gelegenheit ergreifen würde, einem unberührbaren Bewerber Zutritt zu dem Ashram zu gewähren, wenn er sonst würdig war.

So wurde der Ashram gegründet. Alle nahmen ihre Mahlzeiten in einer gemeinsamen Küche ein und trachteten wie eine Familie zu leben. Es waren erst ein paar Monate vergangen, als wir auf eine Probe gestellt wurden, wie wir sie kaum erwartet hatten. Ich erhielt einen Brief folgenden Inhalts von Amritlal Thakkar: »Eine bescheidene und ehrliche unberührbare Familie wünscht in Ihren Ashram einzutreten. Wollen Sie sie aufnehmen?«

Ich war betroffen, da ich nicht erwartet hatte, daß eine unberührbare Familie so bald um Aufnahme bitten würde. Ich las den Brief sofort meinen Freunden vor, und sie willigten ein. So schrieb ich an Amritlal Thakkar, wir seien bereit, die Familie aufzunehmen, vorausgesetzt, daß alle Mitglieder bereit wären, sich an die Vorschriften des Ashrams zu halten. Die Familie bestand aus Dadubhai, seiner Frau Dhanibehn, ihrer Tochter Lakshmi und einem ganz kleinen Kind. Dadubhai war Lehrer in Bombay gewesen. Alle versprachen, sich an die Vorschriften zu halten, und wurden aufgenommen. Aber bald stellten sich allerhand Mißhelligkeiten ein. Zum ersten Zwist kam es bei der Benutzung des Brunnens, der zum Teil dem Besitzer des Bungalows unterstand. Der Pumpenaufseher behauptete, er sei durch Wassertropfen aus unserem Eimer verunreinigt worden. Er fing an, auf uns zu schimpfen und Dadubhai zu belästigen. Ich sagte allen, sie sollten die Beschimpfung ruhig hinnehmen und weiter Wasser pumpen. Als er sah, daß wir ihm nicht erwiderten, schämte er sich und gab es auf, uns zu behelligen. Aber auch bei den Freunden, die uns geholfen hatten, rief die Aufnahme der Unberührbaren große Entrüstung hervor. Alle Geldhilfe wurde eingestellt. Gleichzeitig kamen Gerüchte auf, daß wir in gesellschaftliche Acht getan werden sollten. Wir waren auf alles vorbereitet. Ich hatte meinen Gefährten gesagt, daß wir, falls man uns in die Acht erklären und uns die üblichen Vergünstigungen verweigern sollte, Ahmedabad trotzdem nicht verlassen würden. Wir würden vielmehr in das Viertel der Unberührbaren ziehen und dort wohnen und von dem leben, was wir durch unserer Hände Arbeit verdienen könnten.

Es kam soweit, daß Maganlal Gandhi eines Tages zu mir sagte: »Wir sind ohne Mittel und haben nichts für den nächsten Monat.«

Ich erwiderte ruhig: »Dann werden wir in das Viertel der Unberührbaren ziehen.«

Es war nicht das erste Mal, daß ich auf eine solche Probe gestellt wurde, aber jedesmal hat Gott mir im letzten Augenblick Hilfe geschickt. Gleich nachdem Maganlal mich auf unsere Geldnot aufmerksam gemacht hatte, kam eins von den Kindern und sagte, daß ein Geschäftsmann in einem Auto draußen warte und mich sprechen wolle. Ich ging zu ihm hinaus.

»Ich möchte dem Ashram einige Hilfe leisten. Wollen Sie sie annehmen?«

»Ganz gewiß«, sagte ich. »Und ich gestehe, ich bin im Augenblick mit meinen Mitteln am Ende.«

»Ich werde morgen um diese Zeit wiederkommen«, versetzte er. »Werden Sie da sein?«

»Ja«, sagte ich. Und er fuhr davon. Am nächsten Tag, genau zu der verabredeten Stunde, hielt das Auto vor unserer Behausung und hupte. Die Kinder kamen mit der Kunde, der Geschäftsmann wolle nicht hereinkommen, und ich ging zu ihm hinaus. Er drückte mir Banknoten im Wert von dreizehntausend Rupien in die Hand und fuhr davon. So viel hatte ich nicht erwartet; und was für eine ungewohnte Art zu helfen! Der Herr hatte den Ashram vorher nie besucht. Soviel ich mich erinnern konnte, war ich ihm nur einmal begegnet. Kein Besuch, keine Fragen – einfach helfen und davonfahren! Das war ein einzigartiges Erlebnis für mich. Nun brauchten wir nicht in das Viertel der Unberührbaren auszuwandern. Auf ein Jahr waren wir gesichert.

Unruhe draußen – Unruhe drinnen. Obgleich in Südafrika mehr als einmal unberührbare Freunde in mein Haus gekommen waren und bei mir gewohnt und gegessen hatten, schienen meine Frau und einige andere Frauen die Aufnahme der Familie in den Ashram nicht eben gern zu sehen. Meine Augen und Ohren gewahrten sehr bald die Gleichgültigkeit, wenn nicht Abneigung gegen Dhanibehn. Die Geldnot hatte mir keine Sorge gemacht, aber dieser Widerstand im eigenen Haus war mir unerträglich. Dhanibehn war eine gewöhnliche Frau; Dadubhai war ein Mann mit wenig Bildung, aber von guter Auffassungsgabe. Ich schätzte seine Geduld. Manchmal brauste er auf, aber im großen und ganzen hatte ich einen guten Eindruck von seiner Langmut. Ich redete ihm zu, geringfügige Kränkungen ruhig einzustecken. Er befolgte das nicht nur, sondern redete auch seiner Frau gut zu, es ebenso zu machen.

Die Aufnahme der Familie erwies sich als sehr nützlich für den Ashram. Wir gaben damit der Welt von Anfang an zu erkennen, daß der Ashram gegen den Grundsatz der Unberührbarkeit sei. Wer dem Ashram helfen wollte, war somit gewarnt, und unser Wirken in dieser Richtung war beträchtlich erleichtert. Die Tatsache, daß trotzdem zumeist die wirklich strenggläubigen Hindus die täglich größer werdenden Unkosten des Ashrams bestritten, ist vielleicht ein deutliches Zeichen dafür, daß die Lehre von der Unberührbarkeit bereits in ihrer Grundlage erschüttert ist. Es gibt noch viele andere Beweise dafür; aber daß gute Hindus keine Bedenken trugen, einem Ashram zu helfen, wo die Unberührbaren sogar mit bei Tische aßen, will viel sagen.

Spinnrad und Handwebstuhl

Ich glaube nicht, daß ich jemals einen Handwebstuhl oder ein Spinnrad gesehen hatte, als ich die beiden 1908 als Allheilmittel gegen den wachsenden Pauperismus beschrieb. In diesem Buch war mir alles, was Indien von der schindenden Armut befreien konnte, gleichzeitig ein Mittel auf dem Weg zur Unabhängigkeit. Sogar 1915, als ich aus Südafrika zurückkam, hatte ich noch kein Spinnrad gesehen. Als der *Satyagraha*-Ashram in Sabarmati gegründet wurde, richteten wir ein paar Handwebstühle ein. Aber sofort standen wir vor erheblichen Schwierigkeiten. Wir alle stammten entweder aus freien Berufen oder aus der Geschäftswelt, es war kein einziger Handwerker unter uns. Wir brauchten einen Webexperten, bevor wir an den Webstühlen arbeiten konnten. Schließlich fanden wir einen aus Palanpur, aber er weihte uns nur in einen Teil seiner Kunst ein. Doch Maganlal Gandhi gab sich nicht so leicht geschlagen. Mit seinem angeborenen technischen Talent beherrschte er bald diese Kunst, und einer nach dem andern wurde im Ashram als Weber ausgebildet.

Wir hatten uns zum Ziel gesetzt, uns mit selbstgewobenen Stoffen zu kleiden. Wir verschmähten also die Stoffe aus den Baumwollfabriken und waren fest entschlossen, nur selbstgemachte Stoffe aus indischem Garn zu tragen. Dies eröffnete uns ganz neue Erfahrungswelten. Aus dem direkten Kontakt lernten wir die

Lebensbedingungen der Weber kennen, den Umfang ihrer Produktion, ihre Schwierigkeiten beim Einkauf von Garn, die Art und Weise, wie sie betrogen wurden, und schließlich ihre unaufhaltsam wachsende Verschuldung. Wir konnten noch nicht unseren ganzen Stoffbedarf selbst herstellen. Als Alternative kam nur der Einkauf bei Handwebern in Frage. Aber fertiger Stoff aus indischem Garn war nicht leicht erhältlich, weder von den Stoffhändlern noch von den Webern selbst. Feinen Stoff woben die Weber immer aus ausländischem Garn, denn die indischen Spinnereien produzierten keine feine Qualität. Bis heute gibt es kaum bessere Sorten aus indischen Spinnereien, und die feinste Qualität können sie überhaupt nicht herstellen.

Nur mit größter Mühe konnten wir einige Weber finden, die sich herabließen, einheimisches Garn für uns zu verweben, und auch das nur unter der Bedingung, daß der Ashram ihnen die ganze Produktion abnahm. Durch die Entscheidung, nur indisches Garn zu tragen, und indem wir uns unter unseren Freunden dafür einsetzten, wurden wir zu freiwilligen Agenten der indischen Spinnereien. Das wiederum führte uns in Kontakt mit den Spinnereien und lehrte uns einiges über ihr Management und ihre Schwierigkeiten. Wir sahen, daß die Spinnereien mehr und mehr darauf auswaren, das produzierte Garn selbst zu weben; ihre Zusammenarbeit mit den Webern war nicht freiwillig, sondern nur vorübergehend unumgänglich. In uns wuchs der Wunsch, selbst eigenes Garn zu spinnen, denn offensichtlich waren wir erst dann von den Spinnereien unabhängig. Wir kamen zu der Ansicht, daß wir als Vertreter der indischen Spinnerei-Industrie dem Land keinen Dienst taten.

Wieder schienen die Schwierigkeiten unüberwindlich. Weder konnten wir uns ein Spinnrad beschaffen noch einen Lehrer, der uns einführte. Wir benutzten im Ashram schon einige Räder, um Garnrollen aufzuspulen, aber wir hatten keine Ahnung, wie man sie als Spinnräder verwenden konnte. Eines Tages entdeckte Jhaveri eine Frau, die, wie er sagte, uns das Spinnen vorführen würde. Wir schickten ein Mitglied des Ashrams zu ihr, das als sehr geschickt im Lernen neuer Dinge galt. Aber sogar er kehrte zurück, ohne das Geheimnis dieser Kunst entschlüsselt zu haben.

So verrann die Zeit, und mit ihr wuchs meine Ungeduld. Ich bestürmte jeden Besucher des Ashrams, der vielleicht eine Ahnung haben könnte, mit Fragen zur Kunst des Handspinnens. Aber es war eine Kunst, die in den Händen der Frauen gelegen hatte und nun fast zur Gänze ausgerottet worden war. Und wenn in irgendeinem verlorenen Winkel noch eine vergessene Spinnerin überlebt hatte, dann konnte wohl nur eine Frau sie aufspüren.

Satyagraha, der gewaltlose Widerstand

In meinem ersten Rundschreiben gab ich den Hinweis, daß ich in einem späteren Schreiben die Bedeutung von *Satyagraha* erläutern würde. Ich glaube, daß nun die Zeit dafür gekommen ist. Das Wort wurde vor einigen Jahren frisch geprägt, aber das zugrundeliegende Prinzip ist so alt wie die Zeit. Dies ist die wörtliche Bedeutung von *Satyagraha:* Bestehen auf der Wahrheit und die Kraft, die aus diesem Beharren entsteht.

Eine der Grundwahrheiten der Religion ist, daß es keine Religion gibt außer der Wahrheit. Eine andere ist: Religion ist Liebe. Und weil es nur eine einzige Religion gibt, folgt daraus, daß Wahrheit Liebe und Liebe Wahrheit ist. Wir stellen weiter fest, daß auf Wahrheit gegründetes Verhalten ohne Liebe unmöglich ist. Wahrheits-Kraft ist also Liebes-Kraft. Wir können das Übel nicht heilen, wenn wir bösen Willen gegen den Übeltäter hegen. Das ist nicht schwer zu begreifen. Bei Tausenden unserer Handlungen ist Wahrheit oder Liebe unsere Antriebskraft. Die Beziehungen zwischen Vater und Sohn, zwischen Gatte und Gattin, unsere Familienbeziehungen überhaupt werden weitgehend von Wahrheit und Liebe geleitet. Ob bewußt oder unbewußt – in diesen Beziehungen wenden wir *Satyagraha* an.

Wenn wir auf unser bisheriges Leben zurückblicken, stellen wir fest, daß wir in den Handlungen gegenüber der Familie in 999 von tausend Fällen von der Wahrheit geleitet wurden und daß man bestimmt nicht sagen kann, daß unsere Handlungen auf Unwahrheit und bösen Willen zurückgehen. Nur wenn ein Interessenkonflikt entsteht, dann tauchen die Keime von Unwahrheit, Kaltherzigkeit, Groll, bösem Willen auf, und wir sehen bald nur noch Gift zwischen uns. Wenn wir nur ein wenig scharf nachdenken, dann sehen wir, daß die Prinzipien des häuslichen Zusammenlebens auf die Beziehungen zwischen Herrschern und Beherrschten, zwischen den Menschen überhaupt übertragen werden sollten. Menschen, die die familiären Bindungen mißachten, werden als wilde Tiere und Rohlinge angesehen, selbst wenn sie in Menschengestalt daherkommen. Sie haben das Gesetz von *Satyagraha* nie kennengelernt. Jene, die zumindest die häuslichen Bindungen und Verpflichtungen anerkennen, stehen in gewisser Hinsicht bereits eine Stufe höher. Aber wenn es zu einer Herausforderung kommt, würden sie sagen: »Was kümmert uns das, mag das ganze Universum untergehen, wir wahren das Interesse der Familie.« Ihr Maß an *Satyagraha* ist also geringer als ein Tropfen im Ozean.

Wenn Männer und Frauen eine höhere Stufe erreichen, weiten sie das Gesetz der Liebe, also *Satyagraha,* über die Familie auf das Dorf aus. Noch weiter von der Stufe rohen Lebens entfernen sie sich, wenn das Gesetz von *Satyagraha* auf das Leben der Provinz übertragen wird und die Bewohner ihre Beziehung in Liebe und nicht in Haß regeln. Und wenn wir in Indien *Satyagraha* als verbindende Kraft sogar von Provinz zu Provinz anerkennen, und wenn die Millionen von Indern einander als Brüder und Schwestern behandeln, dann haben wir uns noch einen Schritt weiter von der rohen Natur entfernt.

In moderner Zeit hat kein einziges Volk *Satyagraha* höher als bis an die Grenzen seiner Nation entwickelt. Im Grunde aber muß es keine Interessenkonflikte zwischen verschiedenen Nationen geben, darf das große Gesetz nirgends zum Stillstand kommen. Wenn wir im täglichen Verhalten nicht so gedankenlos wären, wenn wir die Sitten und Gewohnheiten unserer Umgebung nicht als so selbstverständlich ansehen würden wie das

Aussehen der Münzen in unserer Tasche – dann würde uns schnell klar: Wenn wir anderen Nationen mit schlechtem Willen begegnen, wenn wir überhaupt das Leben mißachten, dann mißachten wir das Gesetz von *Satyagraha* oder Liebe und sind immer noch nicht frei von der rohen Natur.

Aber es gibt daneben keine andere Religion, die es uns ermöglichen würde, uns von der rohen Natur völlig zu befreien. Alle religiösen Sekten und Gruppierungen, alle Kirchen und Tempel sind nur so lange sinnvoll, als sie uns helfen, die universale Gültigkeit von *Satyagraha* zu erkennen.

In Indien besitzen wir dieses Wissen seit langem, und so wurde uns gelehrt, daß das ganze Universum eine Familie ist. Ich möchte aus Erfahrung sagen, daß man im Geist von *Satyagraha* die Nation mit Leben erfüllen kann – mehr noch: daß der Reichtum des Lebens einer Nation unmöglich ist ohne *Satyagraha,* also ohne ein Leben in der wahren Religion. Wenn eine Nation gegen eine andere Krieg führt, hat sie das große Gesetz des Lebens mißachtet. Ich werde nie den Glauben aufgeben, daß Indien fähig ist, diese Wahrheit der ganzen Welt aufzuzeigen, und ich hoffe, daß alle Inder, ob Hindus oder Moslems, Parsen, Christen oder Juden, mit mir diesen unauslöschlichen Glauben teilen werden.

Über Gewaltlosigkeit

In der Rede nach dem Gebet kam Gandhi auf einen Brief zu sprechen, der ihn vor kurzem erreicht hatte. Als Antwort auf diesen Brief wollte er sagen, daß, wenn ein Mensch ihn beschimpfen würde, es für ihn nicht in Frage käme, den anderen wiederum zu beschimpfen. Übles mit Üblem zu vergelten führe nur zu dessen Vervielfachung statt zu dessen Minderung. Es sei ein universelles Gesetz, sagte er, daß Gewalt nie durch Gegengewalt ausgelöscht werden könne, sondern nur durch Gewaltlosigkeit und gewaltfreien Widerstand. Aber die wahre Bedeutung von Gewaltlosigkeit sei oft mißverstanden oder gar verzerrt worden. Sie bedeute nie, daß ein gewaltloser Mensch sich vor einem

Aggressor beugen solle. Während er auf die Gewalt des anderen nicht mit Gegengewalt reagieren solle, dürfe er sich gleichzeitig dem ungerechtfertigten Begehren des anderen nicht beugen, sogar wenn es den Tod bedeute.

Wenn, so fuhr Gandhi fort, jemand unter Gewaltandrohung ein Zugeständnis fordere, wie zum Beispiel Pakistan, solle man nicht sogleich mit Gewalt antworten. In aller Bescheidenheit würde er den Aggressor fragen, was er mit seinem Anliegen meine. Und wenn er selbst zur Ansicht käme, es handle sich um ein gerechtfertigtes Ziel, dann würde er nicht zögern, von allen Dächern zu rufen, das Anliegen sei gerecht und müsse von jedermann unterstützt werden. Aber wenn der Anspruch mit Gewalt durchgesetzt werde, dann bleibe dem Gewaltlosen nur ein einziger Weg: gewaltloser Widerstand, solange er nicht vom Recht des anderen überzeugt sei. Er würde nicht mit Gewalt antworten, aber sie neutralisieren, die eigene Hand im Zügel halten und sich gleichzeitig nicht beugen. Das sei die einzige zivilisierte Methode in der Welt. Jeder andere Weg führe nur zu einem Wettrüsten, unterbrochen durch Perioden des Friedens. Letztere entstünden notwendigerweise aus Erschöpfung und zur Vorbereitung für weitere Gewalt auf höherer Ebene. Friede aufgrund von Überlegenheit durch Gewalt führe unvermeidlich zur Atombombe und zu all ihren Folgen. Diese sei die völlige Negierung der Gewaltlosigkeit und der Demokratie, welche wiederum ohne Gewaltlosigkeit nicht bestehen könne.

Der gewaltlose Widerstand brauche Mut auf höherer Ebene als in einem Krieg. Vergebung sei die Eigenschaft des Starken, nicht des Dummkopfs. Gandhi erwähnte eine Geschichte aus dem Mahabharata-Epos, in der einer der Pandava-Brüder beschimpft wurde, während er unerkannt beim König Virata lebte. Die Brüder verschwiegen nicht nur das Ereignis, sondern sie fürchteten auch, der Gast könne Schaden nehmen, wenn ein Blutstropfen den Boden berühre. Also verhinderten sie all dies mit einer goldenen Schale. Es war diese Art von Nachgiebigkeit, die Gandhi meinte. Jeder Inder müsse sie entwickeln, ob Hindu,

Moslem, Christ, Parse oder Sikh. Dies allein könne sie aus der jetzigen schwierigen Lage befreien.

Die Lehre der Gewaltlosigkeit gebe es in jeder Religion. Aber Gandhi glaubte, daß sie hier in Indien eigentlich von einer Praxis auf eine Wissenschaft reduziert worden sei. Zahllose Heilige hätten ihr Leben in Einkehr zugebracht, bis die Dichter fühlten, daß deren Opfer den Himalaja so gereinigt hätten, daß er schneeweiß wurde. Aber die Praxis der Gewaltlosigkeit sei heute beinahe tot. Es sei nötig, dieses ewige Gesetz zu beleben: Groll durch Liebe und Gewalt durch Gewaltlosigkeit zu beantworten. Und wo sollte dies eher geschehen als im Land von König Janaka und Ramachandra?

Jawaharlal Nehru
Gandhi, der politische Idealist

»Indiens Rettung liegt«, schrieb Gandhi 1909, »im Verlernen all dessen, was es in den letzten fünfzig Jahren gelernt hat. Eisenbahn, Telegraph, Krankenhäuser, Advokaten, Doktoren, all dies muß verschwinden; und die sogenannt besseren Kreise müssen bewußt, gläubig und gezielt das einfache Bauernleben lernen, im Wissen, daß dieses Leben das wahre Glück bringt.« Und weiter: »Jedesmal, wenn ich in einen Eisenbahnwagen oder einen Autobus steige, tue ich meiner Überzeugung Gewalt an. Jeder Versuch, die Welt mit Hilfe der völlig unnatürlichen und rasenden Maschinenkraft zu verbessern, ist ein Griff nach dem Unmöglichen.«

All dies scheint mir eine völlig falsche, gefährliche und unrealisierbare Theorie. Hinter ihr stehen Gandhis Liebe und Lobgesänge für Armut, Leiden und das asketische Leben. Für ihn liegen Fortschritt und Zivilisation nicht in der Erweiterung der Bedürfnisse, in der Erhöhung des Lebensstandards, »sondern in der bewußten und freiwilligen Einschränkung der Bedürfnisse, woraus Zufriedenheit und wirkliches Glück entstehen und wodurch die Fähigkeit zu dienen wächst«. Wenn man diese Prämissen akzeptiert, kann man allen anderen Gedanken von Gandhi leicht folgen und seine Aktivitäten begreifen. Aber die meisten von uns akzeptieren sie nicht, und doch beklagen wir uns dann, weil seine Aktivitäten uns nicht passen.

Mir persönlich gefallen diese Lobgesänge auf Armut und Leiden nicht. Mir scheint das gar nicht wünschenswert, man sollte es abschaffen. Ebenso ist für mich das asketische Leben kein gesellschaftliches Ideal, auch wenn es vielleicht dem einzelnen entsprechen kann. Ich begreife und schätze Einfachheit, Gleichheit, Selbstbeherrschung, aber nicht die Abtötung des Leibes. Gewiß, genauso wie ein Athlet seinen Körper trainieren muß, so müssen auch der Geist und das Verhalten trainiert und unter Kontrolle gebracht werden. Aber das bedeutet ganz bestimmt nicht Askese oder Abtötung des Ichs.

Auch mit der Idealisierung des »einfachen Bauernlebens« bin ich keineswegs einverstanden. Ich habe keinerlei Sympathie dafür, und statt mich ihm zu unterwerfen, möchte ich sogar die Bauern da herausholen, nicht im Sinn von Verstädterung, sondern als Ausbreitung städtischer Errungenschaften in den ländlichen Gebieten. Keine Rede davon, daß mich dieses Leben glücklich machen würde, es wäre für mich sogar so schlimm wie ein Gefängnis.

Die heutige Zivilisation ist voll von Übeln, aber sie ist auch voll von Gutem; und sie trägt in sich die Möglichkeit, die üblen Seiten abzustreifen. Die Zivilisation mit ihren Zweigen und Wurzeln auszurotten heißt, auch ihre guten Möglichkeiten zu verwerfen und zu einem dumpfen, düsteren und elenden Leben zurückzukehren. Sogar wenn man das wollte, wäre es ein unmögliches Unterfangen. Wir können den Strom der Veränderung nicht anhalten, nicht abseits stehen; und psychologisch gesehen können wir, wenn wir einmal vom Apfel des Paradieses gekostet haben, den Geschmack nicht vergessen und in die Primitivität zurückkehren.

Es ist schwierig, darüber zu diskutieren, denn die beiden Standpunkte sind kraß verschieden. Gandhi denkt immer in Kategorien von persönlichem Heil und Sünde, während in unserem Denken das Wohl der Gesellschaft zuoberst steht. Ich kann mit dem Begriff der Sünde nicht viel anfangen, und vielleicht kann ich darum Gandhis Weltanschauung nicht teilen. Ihm geht es nicht darum, die Gesellschaft und ihre Struktur zu ändern. Er widmet sich der Ausrottung der Sünde im Individuum. »Der Anhänger von *Swadeshi* (Eigenständigkeit)«, schrieb er, »läßt die Hände vom vergeblichen Versuch, die Welt zu verändern, denn er glaubt, daß die Welt heute und in alle Zukunft sich nach dem Plan Gottes bewegt.« Er ist zwar aggressiv genug bei seinen Versuchen, die Welt zu verbessern; aber sein Ziel ist die individuelle Besserung, die Herrschaft über die Sinne und ihre ungehemmte Befriedigung, was er als Sünde versteht.

Seit Jahren rätsle ich über diesem Problem. Bei all seiner Liebe und Verbundenheit mit dem Benachteiligten – warum unterstützt er ein System, das diesen unweigerlich erdrückt? Warum, bei all seiner Leidenschaft für Gewaltlosigkeit, warum unterstützt er ein System, das völlig auf Zwang und Gewalt aufgebaut ist? Vielleicht ist es nicht richtig zu sagen, er sei ein Anhänger dieses Systems, er ist mehr oder weniger ein philosophischer Anarchist. Weil aber der ideale anarchische Staat noch in weiter Ferne verborgen liegt und schwer erreichbar ist, akzeptiert er die gegebenen Verhältnisse. Seit seinen erschütternden Erfahrungen in Südafrika sind all seine Ideen fest ausgeformt, und man kann ihn kaum als einen offenen Geist bezeichnen. Er hört den Vorschlägen der Leute mit größter Geduld und Aufmerksamkeit zu, aber man hat das Gefühl, hinter diesem freundlichen Interesse rede man gegen eine Wand. Seine Auffassungen sind so fest verankert, daß ihm alles andere unwichtig erscheint. Auf Kleinigkeiten oder Nebensachen einzugehen, würde die großen Ziele nur aufsplittern und verzerren. Wenn die Mittel gut sind, ist das Ziel bestimmt gut.

Das ist meiner Meinung nach der Hintergrund seiner Auffassungen. Er mißtraut auch dem Sozialismus, besonders dem Marxismus, wegen dessen Verknüpfung mit der Gewalt. Nur schon der Begriff »Klassenkrieg« riecht nach Konflikten und Gewalt und ist ihm deshalb zuwider. Er möchte auch das Niveau der Massen nicht über ein sehr bescheidenes Maß heben, denn höheres Niveau und Muße führen zur Nachlässigkeit und Sünde. Es ist schon schlimm genug, daß die wenigen Wohlhabenden sich so gehenlassen. Mit sozialistischer Auffassung hat dies nicht das geringste zu tun, nicht einmal mit kapitalistischer. Daß Wissenschaft und Industrie heute ganz offensichtlich dazu beitragen können, den Menschen zu ernähren, zu kleiden und seinen Lebensstandard zu erhöhen, falls nur die herrschenden Kreise das nicht verhindern würden – das interessiert ihn nur beschränkt. Also interessieren ihn die Ideale des Sozialismus nicht. Und der Kapitalismus ist nur teilweise akzeptabel, weil er für »das Böse« steht. Beides mißfällt ihm, und dann findet er sich lieber mit dem kleineren, unvermeidbaren Übel ab.

Mit all seinem Geist und seiner Leidenschaft für die Geschundenen und Unterdrückten sucht er einen Ausweg. Aber ist nicht sein Weg in die Vergangenheit versperrt und verriegelt? Und doch segnet er all diese Ruinen der alten Ordnung, die dem Fortschritt im Wege stehen – die Feudalstaaten, die großen *Zamindaris* (Landbesitzer) und *Talukdaris* (Großgrundbesitzer), den heutigen Kapitalismus. Ist der Gedanke der »trusteeship«, der treuhänderisch vergebenen Macht, vernünftig, soll ein Individuum unkontrollierte Macht erhalten, darf man einfach erwarten, daß er sie zum Wohle der Allgemeinheit ausüben wird? Sogar die Besten unter uns – sind sie so vollkommen, daß sie dieses Vertrauen verdienen?

Zu meiner Überraschung habe ich kürzlich festgestellt, daß Gandhi das *Talukdari*-System grundsätzlich gutheißt und es weiterführen will. Im Juli 1934 sagte er: »Die Beziehungen zwischen Grundherren und Pächtern könnten durch einen Wandel des Herzens auf beiden Seiten verändert werden. Wenn dies geschähe, könnten beide in Frieden und Harmonie leben.« Er war »nie für die Abschaffung des *Talukdari*- und *Zamindari*-Systems. Und wer für die Abschaffung eintrat, ist sich über seine eigenen Ideen nicht im klaren.« (Dieser letzte Vorwurf ist eher unfreundlich.) Vor dieser Delegation großer *Zamindaris* sagte er außerdem: »Ich werde nicht dafür eintreten, das private Eigentum der besitzenden Klassen zu enteignen, sofern nicht ein gerechter Grund dafür besteht. Ich will zu den Herzen sprechen und Euch dazu bringen, daß Ihr all Euren Besitz treuhänderisch zum Wohle Eurer Pächter verwaltet. Aber bei einem ungerechten Angriff auf Euer Eigentum werde ich auf Eurer Seite kämpfen … Der westliche Sozialismus und Kommunismus beruht auf gewissen Konzeptionen, die grundsätzlich verschieden von den unseren sind. Eine dieser Konzeptionen ist deren grundsätzlicher Glaube an den grundsätzlichen Egoismus der menschlichen Natur … Unser Sozialismus und Kommunismus sollte deshalb auf Gewaltlosigkeit und harmonischer Kooperation von Arbeit und Kapital, von Grundherr und Pächter beruhen.«

Ich weiß nicht, ob diese Konzeptionen in Ost und West wirklich unterschiedlich sind. Vielleicht ist das so. Einen Unterschied gibt es aber ganz gewiß: Die indischen Kapitalisten und Grundbesitzer haben in jüngster Vergangenheit die Interessen ihrer Arbeiter und Bauern weit mehr mit Füßen getreten als ihre westlichen Prototypen. Interesse am Wohlergehen ihrer Arbeiter ist praktisch nicht festzustellen. Ökonomische Untersuchung, Abklärung der Bedürfnisse des Volkes, Verbesserung der gegenwärtigen Lage – das zählt nicht bei Gandhi. Es genügt, die Herzen zu verändern. Das ist eine rein religiöse Haltung zum Leben und zu seinen Problemen. Mit Politik, Ökonomie und Soziologie hat das nichts zu tun. Aber im Rahmen seiner nationalen Politik kümmert das Gandhi nicht.

Dies sind einige der Paradoxe im heutigen Indien. Wir haben uns in mancherlei Widersprüchen verstrickt, und bevor wir sie nicht auseinanderfädeln, werden wir nicht vorankommen. Für diese Befreiung braucht es mehr als nur Emotionen. Was ist besser, fragte Spinoza vor langer Zeit: Freiheit durch Wissen und Begreifen oder Gefangensein im Gefühl? Er zog das erstere vor.

Arthur Lall

Nehrus Ära

In einer Zeit, da viele Regierungen autokratisch waren oder wurden, leitete Nehru während siebzehneinhalb Jahren das Geschick der indischen Politik. Vom September 1946 bis zu seinem Tod Ende Mai 1964 war er Vorsitzender der Kongreßpartei und gewählter Regierungschef. Er überlebte mit seiner Partei drei allgemeine Wahlen – 1952, 1957 und 1962, Wahlen, die in die Geschichte eingingen als die mit Abstand größten freien Wahlen, die die Welt je gekannt hatte. Der Prozentsatz der Wahlberechtigten, die zur Urne gingen, nahm dabei von Wahl zu Wahl zu. 1962 machten 55,42 Prozent der 220 Millionen Wahlberechtigten von ihrem Recht Gebrauch und beteiligten sich an der Wahl.

Nehrus größtes Verdienst war, die demokratische Tradition in Indien zu einem Zeitpunkt konsolidiert zu haben, da so viele Länder andere, weniger auf das Volk abgestützte Regierungssysteme wählten. Schon allein durch diese Leistung ragt Nehru als einmalige politische Persönlichkeit aus der Gegenwartsgeschichte der Entwicklungsländer heraus, und seine entschlossene Zurückweisung aller Tendenzen, die in Indien eine Willkürherrschaft anvisierten, fand weltweite Anerkennung. Es gab damals genug Stimmen, nicht nur in Indien, die die Meinung vertraten, die Probleme der Entwicklungsländer könnten nur von autoritären Regimes gelöst werden. Nehru wies solche Thesen weit von sich.

Während seiner ganzen Amtszeit blieb er skeptisch gegenüber Erfolgsmeldungen des Totalitarismus; und Tatsachen, die erst viel später ans Licht kamen, machen klar, wie begründet diese Skepsis war. Es ist kein Zufall, daß sich bestimmte Gesellschaften abgeschlossen haben und Besuchern nur das zu sehen erlauben, was die Regierungen sie sehen lassen wollen. Speziell für den Besucher zurechtgemachte »Schaufenster«, seien es Kooperativen, Industrieeinheiten oder kulturelle Unternehmen, sollen ideale Gesellschaftsstrukturen vorgaukeln. In Indien gab es keine Schönfärberei, keine Vorzeigefassade. Besucher konnten sowohl die krasse Armut als auch die Größe indischer Skulpturen, die Pracht indischer Tempel oder anderer architektonischer Meisterwerke sehen; sie sahen auch Fabriken, Dämme und Bewässerungskanäle, wenn sie wollten – was selten der Fall war. Sie sahen Demokratie, die funktionierte, und Demokratie, die nicht all das erreichte, was das Volk von ihr erwartete ... Die wirtschaftlichen Projekte während der Ära Nehrus waren nicht spektakulär, aber sie waren immerhin gut über das ganze Land verteilt. Es waren nicht nur ein paar Vorzeigeprojekte in ausgewählten Gegenden, die das Ausland beeindrucken sollten. Vielmehr wurden große Anstrengungen unternommen, um zu gewährleisten, daß alle Gebiete des Landes Anteil am Fortschritt der nationalen Entwicklung erhielten.

Nehrus zweite große Leistung war sein persönliches Beispiel absoluter Aufrichtigkeit und Unbestechlichkeit in Regierungsgeschäften. Nehru kam nie auch nur in den Verdacht der Korruption. Es gab zwar von Zeit zu Zeit Entgleisungen in seinem näheren Umfeld, er selbst war aber nie in Korruptionsskandale verwickelt.

Eine dritte hervorragende Leistung Nehrus war, stets darüber zu wachen, daß die Verwaltung kontinuierlich und effizient arbeitete. Allerdings schränkte diese anstrengende Aufgabe den vollen Einsatz seiner eigenen Fähigkeiten zur Entwicklung dringend notwendiger politischer Programme für Indien erheblich ein. Zu Beginn der Ära Nehru vertrat ein amerikanischer Verwaltungsexperte, Dr. Paul Appleby, die Ansicht, Indiens Verwaltung gehöre zu den zehn weltbesten. Das ist zum größten Teil Nehrus Verdienst, weil er ein Beispiel setzte für unglaublich harte Arbeit – Tag für Tag, Monat für Monat, Jahr für Jahr. Er zeigte dem Verwaltungsapparat mit seinem persönlichen Vorbild, daß ein Regierungsamt Berufung und Hingabe sein mußte und daß ein Regierungsbeamter es dem Volk schuldig war, seine Aufgabe ernst zu nehmen und so hart zu arbeiten, wie er konnte. Bei Nehru gab es keine Schlamperei, weder in seinem persönlichen Arbeits- und Lebensstil noch in seinem Pflichtbewußtsein. Er wählte nie den einfachsten Weg, nur um Arbeit zu sparen. Er scheute keine Mühe, auch die schwierigsten Ziele anzupacken, gegen die hart- näckigsten Hindernisse anzurennen, um das Land weiterzubringen. Leider fand sein großartiges und anspornendes Beispiel viel zuwe- nig Nachfolger im Land.

Alle vierzehn Tage schrieb Nehru einen Brief an die Minister- präsidenten aller Bundesstaaten, der auch an die Kabinettsmit- glieder und Staatssekretäre ging. In Delhi gehörte ich zu den Empfängern dieser Briefe, aber auch später, als leitender Botschaf- ter. Erst in den letzten Regierungsjahren verzichtete Nehru mehr und mehr auf diese Briefe. Sie trugen den Vermerk »Höchst geheim« und wurden nie veröffentlicht. Das ist eigentlich sehr schade, denn diese Schriftstücke sind Zeugnisse größter Einfühl- samkeit und vermitteln tiefe Einblicke in die Probleme Indiens, die Bedürfnisse des Volkes, die Aufgaben der Verwaltung und in die ganze politische und soziale Szene.

Die Aktionen Gandhis überschatteten die Ära Nehru und beeinflußten wichtige Entscheidungen. Die Erinnerung an die langjährige Zusammenarbeit mit Gandhi blieb nicht ohne Wir- kung auf Nehru; und die außerordentliche Leistung Gandhis, der es verstanden hatte, Indien durch eine gewaltfreie Massenbewe- gung in die Freiheit zu führen und dem indischen Unabhängig- keitskampf damit eine einzigartige humane und ethische Integrität zu verleihen, die ihn gegenüber anderen Revolutionen auszeich- net, war eine schwere Hypothek für die Regierung. Dazu gehört auch das Fehlen eines Konsenses über die Richtung, in der sich die indische Gesellschaft entwickeln sollte. Auf der einen Seite war da die große Anziehungskraft der Weltanschauung Gandhis: einfachste Verpflegung und Kleidung, ländliche Kleinindustrie, Gewaltlosigkeit – und keine Waffen. Auf der anderen Seite die Realität, daß »diese Welt grausam ist«, was Nehru allerdings erst am Ende seines Lebens einsah. Da war aber auch die ins Auge springende Notwendigkeit, gewisse Bereiche zu modernisieren, die Landwirtschaft beispielsweise durch Düngemittel und Landmaschinen, damit das Volk ernährt werden konnte; für die elementare Gesundheitsvorsorge mußte die erforderliche Ausrüstung hergestellt werden; eine allen zugängliche Schulbildung setzte eine entsprechende Infrastruktur voraus; Verkehrsmittel und Kommunikationssysteme mußten ausgebaut werden und so vieles andere, was heute zu einer gesunden und lebensfähigen Gesellschaft gehört. Indien befand sich unter Nehru zwischen zwei Stühlen, hin und her gerissen zwischen zwei Extremen: der Weltanschauung Gandhis und der rationalistischen Moderne. In gewissem Sinne lastete das Erbe Gandhis so schwer auf dem Land, daß das Volk und Nehru den Boden unter den Füßen verloren.

Trotz dieser Zerrissenheit wurden auf wirtschaftlichem Gebiet einige nicht zu unterschätzende Erfolge erzielt. Außerdem gelang es Nehru, selbst von Geburt Brahmane, den Widerstand gegen die Modernisierung einiger Hindu-Sitten in die Schranken zu weisen. Unter seiner Regierung wurden Gesetze erlassen, die den Hindus erlaubten, Angehörige anderer Kasten zu heiraten. Hindu-Frauen erhielten das Recht auf Scheidung, und ein umfassendes Scheidungsrecht wurde ausgearbeitet. Ein weiteres Gesetz, das das indische Parlament verabschiedete, garantierte den Mädchen gleiche Rechte wie den männlichen Nachkommen am ererbten Familienbesitz. Diskriminierungen im Zusammenhang mit sogenannter »Unberührbarkeit« wurden verboten. In Nehrus Kabinett saßen immer Leute aus gesellschaftlichen Schichten, die vorher als »unberührbar« gegolten hatten. Auch der Prozentsatz von Frauen im indischen Parlament war höher als in den meisten Parlamenten der Welt.

Der Krieg mit China erschütterte Nehru bis ins Innerste und leitete Indiens internationalen Niedergang ein. Vor dem Krieg hatte Indien in vielen weltweiten Organisationen Bedeutung erlangt und sich verdient gemacht um die internationale Anerkennung der Blockfreien. Nach dem Krieg ließen sich sogar befreundete blockfreie Länder von der vorherrschenden Einschätzung Indiens als eines geschwächten und somit bedeutungslosen Landes beeinflussen. Nehru starb als abgehärmter Mann im Bewußtsein, seine Mission weder im eigenen Land noch international erfüllt zu haben.

Ashis Nandy

Der »Hindu«

Ursprünglich wurde der Begriff »Hindu« von den Moslems eingeführt. Sie bezeichneten damit jene Inder, die nicht zum Islam übergetreten waren. Erst in jüngster Zeit begannen sich die Hindus selbst so zu bezeichnen. Aus diesem Grund ist der Begriff in sich widersprüchlich: Benützt man den Begriff Hindu zur Selbstdefinition, so setzt man sich über die traditionelle Selbstdefinition der Hindus hinweg, indem man also versucht, die eigene Hindu-Identität mit diesem Begriff auf aggressive Weise zu beteuern, verneint man diese gleichzeitig ungewollt.

Glücklicherweise haben die meisten Hindus über die Jahrhunderte hinweg ohne diese Befangenheit gelebt. Sie benötigten auch kein allgemeingültiges Hinduismusmodell, bis einige modernistische Hindu-Reformer dies im 19. Jahrhundert plötzlich für nötig hielten. Diese Reformer empfanden den Hinduismus als entkräftet und versuchten ihn indirekt zu christianisieren, wobei sich ihr Verhalten als Reaktion auf den Glauben ihrer gewaltsamen, fremden Herrscher interpretieren läßt. Dementsprechend waren diese modernen Hindus der Meinung, der Hinduismus ihrer Zeit sei den semitischen Glaubensrichtungen nicht grundsätzlich unterlegen. Vielmehr hielten sie den Hinduismus für eine einstmals mächtige Religion, die ihre großen Zeiten zwar hinter sich habe, in der aber noch immer großes Potential schlummere. So setzten sie sich dafür ein, das Bewußtsein der Hindus zu heben und ihren Glauben zu modernisieren. Ihr Ziel war es, Gemeinschaftssinn zu vermitteln und der hinduistischen Gemeinschaft ein Geschichtsbewußtsein zu geben.

Unabhängig davon hat die vorherrschende indische Kultur gelernt, mit politischen Niederlagen und Instabilität auf andere Art und Weise umzugehen. Im indischen Selbstverständnis spielte jenes Gemeinschaftsgefühl oder Geschichtsbewußtsein, welches sich aus der Überlappung von Religion und nationaler Einheit ergibt, nie eine allzuwichtige Rolle. Die indische Kultur hat das nationale Selbstbewußtsein, welches der moderne Westen ihr oftmals durch die Stimme ihrer eigenen Vertreter aufzudrängen versuchte, weitgehend zurückgewiesen. Statt dessen schützt sich die Kultur vor diesen Beeinflussungsversuchen, indem sie die Vorstellung vermittelt, Inder seien kompromißbereit, hätten eine fließende Selbstdefinition und seien bereit, die Lebensweise ihrer zivilisierten Brüder vorbehaltlos kennenzulernen, vorausgesetzt, man kann von dem Gelernten profitieren.

Die Alternative zum hinduistischen Nationalismus ist jene seltsame Mischung aus klassischem, folkloristischem und unbefangenem Hinduismus, an dem sich die meisten Inder, seien sie Hindus oder nicht, orientieren. Es ist diese Unbestimmtheit, die Kipling zurückwies. Genau auf dieser Unbestimmtheit bauten jedoch die wichtigsten sozialen und politischen Wegbereiter Indiens über die letzten zwei Jahrhunderte ihre Selbstdefinition als Inder auf.

Dafür gibt es kein besseres Beispiel als jene komische und absurde Mischung aus volkstümlichen und anerkannten Elementen und jene scheinheilige Mischung aus effektivem Protest und minimaler Geste des Protestes im politischen Stil Ghandis, eines Mannes, der manchmal, nicht so ernsthaft, wie man sich das wünschte, mit Charlie Chaplin und Mickey Mouse verglichen wird.

Gurcharan Das

Die Neureichen sind da!

Haben Sie sich etwa schon gewundert, weshalb Sie auf einem Flug mit der Indian Airlines Ihren Sitznachbarn nicht mehr kennen? Wissen Sie, weshalb? Weil Sie von der neuen Klasse umgeben sind! In der guten alten Zeit war die Flugzeugkabine ein vertrauter Raum, voll vertrauter Gesichter – eine kleine Welt für sich, mit Leuten, mit denen Sie zur Schule gingen, Ihre Eltern kannten sich schon, und Sie machten ihren Schwestern in den Ferien in Mahableshwar oder Simla den Hof ... Der College-Abschluß machte Sie zum Anwärter auf eine Stelle im öffentlichen Dienst, an der Universität, in der Industrie oder auf sonst irgendeine der angenehmen und einträglichen Pfründe, mit denen die indische Bourgeoisie ihren Nachwuchs versorgte.

Nachdem Sie sich bequem in einem Job eingerichtet hatten, heirateten Sie das richtige Mädchen – Sie mußten nur Ihre Mutter dazu bringen, zu glauben, es sei die Richtige – und gehörten nun zum Establishment und zur Elite des Landes. Bald einmal erwachte in Ihnen der Gedanke, in Süd-Delhi oder auf den Banjara-Hügeln in Hyderabad ein Haus zu bauen, und Ihre Eltern durften hoffen, daß Sie auch Ihren eigenen Nachwuchs auf die gleiche Bahn schicken würden. Das war das Erfolgsrezept für das beneidenswert glückliche Leben der indischen Bourgeoisie.

Indiens Ökonomie wuchs von 1950 bis zu den frühen siebziger Jahren um etwas mehr als 3 Prozent pro Jahr. Es schien, als ob wir immer innerhalb der Grenzen bleiben würden, die freundliche Ökonomen verächtlich die »Hindu-Wachstumsgrenze« nannten, während die Nachbarstaaten Indiens, vor allem in Südostasien, Wachstumsraten zwischen 5 und 8 Prozent verzeichneten. Aber zwischen den frühen siebziger bis zu Beginn der achtziger Jahre sprang die indische Wachstumsrate auf 4 Prozent. Resultat dieser

Entwicklung war ein neuer Wohlstand, der in erster Linie drei Bevölkerungsgruppen zugute kam: den Nutznießern der sogenannten »grünen Revolution«, Auslandsindern, die eine Verbindung mit Indien aufrechterhalten hatten, und einem neuen Typ von Geschäftsleuten, Kleinproduzenten, Unternehmern und Maklern, die die Vergabe von staatlichen Lizenzen zu ihren Gunsten zu manipulieren verstanden.

Aus diesen drei Gruppen setzt sich die neureiche Klasse zusammen. 1975 kann als ihr Geburtsjahr angesehen werden, weil die »grüne Revolution«, die zwar in den späten sechziger Jahren lanciert worden war, erst jetzt greifbare und dauerhafte Resultate zeitigte. Dasselbe gilt für die Entwicklung am Arabischen Golf: Obwohl er bereits zu Beginn der siebziger Jahre verkehrstechnisch erschlossen wurde, strömte das Geld erst ab 1975 regelmäßig herein, was umwälzende Veränderungen in den Gesellschaften Keralas, der Küste Karnatakas und anderer Gebiete auslöste. Eine neue Clique gewann Mitte der siebziger Jahre die Kontrolle über Handel und Politik – nach dem Niedergang der Kongreßpartei und der neuen Zentralisierungspolitik, die 1975 nicht nur im Ausnahmezustand gipfelte, sondern auch zur Entstehung einer breiten Parallelökonomie führte.

All diese Gruppen wurden wohlhabend, weil sie keine oder nur sehr wenig Steuern bezahlten. Bauern bezahlen ohnehin keine Einkommenssteuer, Auslandsinder ebensowenig, wenn sie Geld aus dem Ausland überweisen. Wenn sie in Dollaranlagen in Indien investieren, bezahlen sie minimale Steuern. Die neuen Geschäfts- und Politikergruppen operieren weitgehend in der Parallelwirtschaft.

Die neue Klasse ist nicht zu übersehen. Die Männer erkennt man von weitem an ihrem Safari-Anzug, die VIP-Aktenmappe in der einen, ein paar Zeitschriften in Glanzpapier in der andern Hand. Die Frau, im Polyester-Sari der Marke Ruby Queen, steigt aus dem neusten *Maruti* (Automarke), um bei Niky-Tasha das Neueste vom Neuen einzukaufen. Ihre Kinder sind normalerweise – in Charagh-Din-Hemden und FU-Jeans – am neusten

Hamburger- oder Pizza-Stand zu finden – oder im Video-Salon an der Ecke. Wenn die kleinen Kinder von der Schule kommen, werden ihnen großzügig mit Tomatenketchup übergossene 2-Minuten-Maggi-Nudeln vorgesetzt, die sie mit Rasna hinunterspülen. Der Erfolg der Maggi-Nudeln im Eßsaal der Iyengar-Brahmanen von Madras, die als Bastion des Konservativismus gelten und früher nur gedünstete Reisbällchen, Linsenkrapfen und Reismehlgebäck gegessen hatten, gibt eine Vorstellung von der Revolution im Konsumverhalten, die die Neureichen zustande gebracht haben.

Statt ihre Ersparnisse in Gold und Juwelen anzulegen, geben die Neureichen ihr Geld aus: Sie verbringen ihre Ferien in den neuen Ferienzentren, die wie Pilze überall im Land aus dem Boden schießen, ein farblich abgestimmtes Set von Flugreisetaschen in der Hand. In Kulu sieht man sie nicht zu den schneebedeckten Gipfeln trekken, sie sitzen eingepfercht im Video-Salon. Neureiche gibt es nicht nur in der Stadt, sondern überall im ganzen Land. In Dibrugarh, Cuttack, Trichur und Vijayawada – überall springen einem Fassaden von Hotels und Restaurants ins Auge, die für die Bedürfnisse dieser Neureichen aus dem Boden gestampft wurden. Das Zynische an der ganzen Sache ist, daß einerseits Knappheit herrscht, wo es um elementare alltägliche Bedürfnisse wie Unterkunft, öffentlichen Verkehr und Elektrizität geht, andererseits aber Güter für die Neureichen auf blühenden Absatz zählen können.

1975 ist auch vom politischen Gesichtspunkt aus eine gute Trennlinie. In diesem Jahr wurde der Ausnahmezustand erklärt, als eine neue Welle der politischen Gewalt ausbrach. Der Funke wurde gelegt, als Frau Gandhi es durchsetzte, die Kongreßpartei von der alten Garde zu säubern, und damit das durch die alten politischen Kräfte ausgeglichene Machtverhältnis aus den Fugen warf. Nachdem die Kongreßpartei zurechtgestutzt worden war, schlitterte das ganze System unweigerlich in Richtung eines autoritären Obrigkeitssystems.

Eine Demokratie funktioniert dann am besten, wenn sie von

bescheidenen Leuten geleitet wird, die Normen und Institutionen respektieren. Sie hält sich selbst aufrecht durch eine Politik, die den Traditionen und Normen treu bleibt. In Indien ging es aber mehr und mehr in Richtung großartiger, aber unaufrichtiger Versprechen, hohler Slogans, des Stimmenkaufs und des Rechts des Stärkeren. Indien war auf dem Weg zu einem Unterdrückerstaat, der dem Amt des Premierministers ungeheure Macht verlieh, drakonische Gesetze erließ, die bürgerlichen Freiheiten drastisch beschnitt, und der gekennzeichnet war durch die Korrumpierung und Kriminalisierung der Politik.

Mit Sanjay Gandhi betrat eine neue Klasse von Politikern ohne Moral die politische Bühne. Sie verfolgten kurzfristige Ziele, hatten andere Wertvorstellungen und wurden ganz offensichtlich von Gönnern in der Privatwirtschaft portiert. In Zusammenarbeit mit der neuen Geschäftsklasse verfolgten sie skrupellos private Ziele, während sie öffentlich mit großer Rhetorik für Sozialismus und Populismus eintraten. Es war eine Zeit, in der sich die Moral von Politikern, Polizisten und Verbrechern nicht mehr unterschied. Bei all diesen Vorbehalten muß man aber auch die historischen Leistungen Frau Gandhis anerkennen. Durch die Stärkung des Zentrums bewahrte sie die Stabilität Indiens und schuf so die Voraussetzungen für Indiens landwirtschaftliche und industrielle Revolution. Sie hat ein starkes, großes und unabhängiges Indien hinterlassen: Die Wirtschaft wächst, Polizei und Armee sind einigermaßen unter Kontrolle, und es gibt ein gewisses Maß an intellektueller Autonomie.

Das Auffallendste an den Werten, dem Verhalten und der Weltanschauung der neureichen Klasse ist ihr Unternehmungsgeist. Diese Leute bringen die Dinge ins Rollen. Daß sie dabei pragmatisch, rücksichtslos und unmoralisch vorgehen, stimmt ebenfalls. Sie mußten sich den Weg nach oben freiboxen und haben gelernt, maximalen Profit aus dem System der staatlichen Lizenzen und Bewilligungen zu schöpfen. Sie haben gelernt, sich mit ihren Geschäften durch die Schlupfwinkel unseres Bürokratielabyrinths hindurchzuwinden. Es ist einfach, über die neureiche

Vulgarität und den Mangel an Bildung der neuen Klasse zu jammern. Wir sollten uns aber bewußt sein, daß Indiens Zukunft von der Energie dieser neuen Klasse abhängt. In ihrem eingleisigen Streben nach Geld und Macht verzichtet diese neue Klasse auf alle Umwege, was zu einer Flut von Firmenübernahmen führte. Dabei blieb es nicht bei den von der Presse vielbeachteten Versuchen Swaraj Pauls, DCM und Escorts zu übernehmen, oder bei der Übernahme Dunlops durch Chabria. Ohne viel Aufhebens übernahmen die Modis Firestone, die Goenkas Bakelite Hylam & Hertillia Chemikalien. Statt langsam durch harte Arbeit zu Wohlstand zu gelangen, statt bedachtsam Verteilersysteme und Produktionsstätten aufzubauen, zieht die neue Klasse den schnellen Weg vor, weil sie es eilig hat, ganz oben zu sein.

Im landwirtschaftlichen Bereich setzte die neue Klasse auf den Ausbau von Maschinen und Material, mobilisierte Arbeitskräfte und erreichte so eine drastische Ertragssteigerung zuerst beim Weizen, dann beim Reis. Sie erkannte schnell das Potential der Zuchtsorten und brachte die Distriktbehörden dazu, für bessere Bewässerung und Dünger zu sorgen. Da Hilfsarbeiter im Nordwesten rar wurden, heuerten sie Arbeitsequipen aus Bihar und den östlichen Staaten an.

Ein wichtiges Merkmal der neuen Klasse ist, daß sie sich nicht aufhalten läßt durch die Hemmungen, die den Freiraum der älteren Bourgeoisie einengten. Sie ist nicht angewiesen auf Beifall und Rückenstärkung aus dem Westen: Was funktioniert, ist gut, alles andere zählt nicht. Die neue Klasse ist unideologisch, pragmatisch, zielorientiert.

Ein Blick zurück

Wir können die neue Klasse besser verstehen, wenn wir uns die alte etwas näher anschauen. Dabei möchte ich gleich vorwegnehmen, was die alte Klasse nicht ist. Die alte Klasse – das sind nicht die *Zamindaris* (Landbesitzer), die Maharajas oder die traditionelle Aristokratie. Es ist nicht die *Banja,* die alte Handels- und Industriellenklasse. Die alte Klasse entstand vielmehr mit der Einführung der englischen Sprache und dem Einfluß westlich geprägter Erziehung im 19. Jahrhundert. Macaulays berühmte »minute« war ein epochemachender Schritt in der Entstehung dieser westlich gebildeten Bourgeoisie. Es war der Auftakt zum dramatischsten Wandel des indischen Denkens im ganzen Jahrtausend. Für den gebildeten Inder der damaligen Zeit war die englische Sprache ein sorgsam gehüteter Schatz. Sie war – und ist wahrscheinlich immer noch – sein Fenster zur Welt. Wir machen uns oft die falsche Vorstellung, die Briten hätten die englische Erziehung in Indien aus eigenem Antrieb und zu ihrem eigenen verwaltungstechnischen Vorteil eingeführt. In Wahrheit taten sie es unter dem Druck von Indern wie Rammohan Roy.

Die alte Bourgeoisie bestand aus einem zusammengewürfelten Haufen von Stenotypisten, Anwälten in schwarzem Talar, höheren Bürokraten in der Provinz, Posthaltern, Gesundheitsinspektoren, Bewässerungsingenieuren, Eisenbahn-Superintendanten und aus der wachsenden Klasse der Kaufleute. Da die englische Sprache und Erziehung die einzige Hürde für den Zugang zu dieser Klasse bildete, setzte sie sich aus den verschiedensten Kasten und unterschiedlichster sozialer Herkunft zusammen. Im großen und ganzen konnte jeder dazugehören. Erst als sich die neue Elite konsolidiert hatte, neigte sie dazu, ihre Ränge zu schließen.

Die alte Klasse vertrat eine liberale, humanistische Auffassung, war tolerant gegenüber Zweideutigkeiten und zurückhaltend in der Propagierung unumstößlicher »Wahrheiten«. Selbstverwaltung und wirtschaftliche Freiheit waren ihre klaren politischen Ziele. Als die britische Regierung mehr und mehr bereit war, den Forderungen nach der Besetzung höherer Stellen mit Indern nachzugehen, war es diese Mittelklasse, die die Gunst der Stunde zu nutzen wußte. Die Großgrundbesitzer-Aristokratie und die ehemals herrschenden Klassen konnten nicht mithalten, weil sie die intellektuelle Revolution verschlafen hatten.

Das Leben in Indien wird mehr als in irgendeinem andern Land von religiösen Ideen beherrscht. Diese Klasse erreichte eine bedeutende Umwandlung der hinduistischen Gesellschaft und Religion. Sie verurteilte die rituelle Selbstverbrennung der Hindu-Frauen, die Polygamie, die Kraßheiten des Kastensystems und den Aberglauben und schuf die Voraussetzungen für die spätere Annahme des »Hindu-Code Bill«. Die alte Klasse trug durch einheitliche Landessprache und einheitliches Schulsystem zur Schaffung einer Einheit bei. Sie vermittelte Indien allgemeine Kategorien politischen Denkens und Handelns und half mit bei der Herausbildung eines indischen Nationalgefühls.

Die alte Klasse hatte zahllose Schwächen, die vor allem nach der Unabhängigkeit an den Tag kamen. Erstens mißtraute sie den Massen, dem Mann auf der Straße. Die Demokratie, die sie im Auge hatte, war ein Regierungssystem der gebildeten Oberklasse. Dieser Klasse war ein Mann wie Gandhi nie richtig geheuer. Sie konnte sich mit seiner Doktrin der Massenbewegung und der Volksnähe nie befreunden. Eine noch grundlegendere Schwäche war ihre Isolation. Die Angehörigen dieser Klasse waren Fremde im eigenen Land (eigentlich ist es fehl am Platz, von »ihnen« zu sprechen. Eigentlich sollte es heißen: »wir«, denn ich spreche von Ihnen und mir). Viele hatten sich so sehr dem Westen assimiliert, daß sie sich ihrer eigenen Vergangenheit schämten und, in den meisten Fällen, völlig unbedarft waren in indischen Angelegenheiten. Sie konnten zwar fließend und kompetent über literarische Entwicklungen in Europa parlieren, interessierten sich aber im allgemeinen überhaupt nicht für das, was in Indien vor sich ging. Diese Haltung entfremdete sie den Massen noch mehr.

Die alte Klasse besaß eine Dr.-Jekyll-Mr.-Hyde-Persönlichkeit, die am besten in einer Anekdote ausgedrückt wird, die man über Rammohan Roy erzählt. Roy besaß zwei Häuser in Kalkutta, ein europäisches und ein bengalisches. Im europäischen Haus kleidete sich Rammohan westlich und war umgeben von modernem Mobilar und Bücherschränken voller westlicher Bücher. Hier empfing er seine europäischen Freunde. In seinem bengalischen Haus aber trug er einen *Dhoti,* aß Reisgerichte mit Soße und benahm sich wie ein bengalischer Ehrenmann. Einer seiner Freunde bemerkte ironisch, im europäischen Haus sei alles europäisch außer Roy und im bengalischen Haus sei alles bengalisch außer Roy.

Diese alte Bourgeoisie verschwand 1947 nicht einfach von der Bildfläche, ganz im Gegenteil! Sie trat hübsch in die Fußstapfen der abziehenden Kolonialherren und ließ es sich bis Mitte der siebziger Jahre dort wohl ergehen.

Es versteht sich von selbst, daß sie mit der Zeit erstarrte und ihre Machtstellung zu bröckeln begann: Manieren wurden wichtiger als Kompetenz, die Form wichtiger als der Inhalt. Was man trug und wie man sprach, war entscheidender als das, was man sagte; Schönschrift wichtiger als Gedanken, Rollen wichtiger als Aufgaben. Heute sind sowohl die besten als auch die schlimmsten Vertreter dieser Klasse in der Bürokratie zu finden. Da ihre Löhne aber nicht Schritt hielten mit der Inflation, befanden sie sich bald auf der untersten Sprosse der Einkommensleiter. Und als die neuen politischen Herren begannen, ihre Muskeln spielen zu lassen, erkannten sie, wie verletzlich sie in Wirklichkeit waren. Als die unteren Kasten nach oben drängten, hatten sie sich der Tatsache zu stellen, daß andere Anspruch erhoben auf die Macht und auf die Privilegien, die sie bis jetzt für sich allein reserviert hatten.

In die Defensive gedrängt, verurteilte die alte Klasse den langsamen Aufschwung der Demokratie als Kastenbegünstigung.

Geld hatte in der indischen Gesellschaft nie einen hohen Stellenwert. Nach der Unabhängigkeit kämpften die neuen Geschäftskreise beharrlich darum, aufgrund ihrer finanziellen Macht respektiert zu werden. Noch in den fünfziger und sechziger Jahren wies die Regierung solche Bestrebungen in die Schranken durch ein einschneidendes Steuer- und Gesetzessystem. Diese Situation änderte sich aber grundlegend in den siebziger Jahren, als eine nie dagewesene Parallelwirtschaft zu florieren begann, deren Exponenten Verbindungen zur politischen Macht hatten.

Ein anderer Grund für den Niedergang der alten Bourgeoisie

ist ihre Arbeitshaltung. Technische Fähigkeiten und manuelle Arbeit wurden nicht gebührend bewertet. Als die Nachfrage nach solchen Qualifikationen am Golf wuchs, stiegen Techniker und qualifizierte Arbeiter auf der gesellschaftlichen Stufenleiter höher. Eine neue untere Mittelklasse entstand aus organisierten Arbeitern, deren Löhne dank der von den unabhängigen Gewerkschaften mit Brachialgewalt durchgesetzten Indexierung mit der Inflation Schritt halten konnten, und aus schlauen Regierungsangestellten der dritten und vierten Klasse, die sich zusätzliche Einkommensquellen erschließen konnten. Die Statistik hält fest, daß organisierte Arbeiter über ein Einkommen verfügen, das zu den obersten 10 Prozent des Landes zählt. Da ihre Löhne mit der Inflation Schritt halten konnten, legen sich diese Arbeiter die sichtbaren Statussymbole der Mittelklasse zu. So tragen heute auch sie Safari-Anzüge, laufen mit Aktenmappen umher und tragen Armbanduhren. Obwohl sie immer noch in den Slums leben, ziert eine TV-Antenne ihr Dach. Sie manifestieren all die Gier und Gewalttätigkeit der neuen Klasse, und ab und zu bringen sie ihre Braut um, wenn sie nicht genug Mitgift erhält. Vielleicht bedauern wir den Untergang der alten Bourgeoisie – sie war insofern einzigartig, als ihre Zugehörigkeit nur von Fähigkeiten und Bildung abhing. Vielleicht fühlen wir uns unbehaglich, weil sie durch eine neue Klasse abgelöst wurde, in der nur Geld zählt. Das ist aber nichts Neues, und es hat es immer wieder in allen Gesellschaften gegeben, vor allem zu Beginn einer industriellen Revolution.

Shalini Randeria

Hindutva

Hindutva (Hindutum), die Bewegung zur Selbstbehauptung der Hindus, existiert seit Beginn dieses Jahrhunderts in Indien und hat während des letzten Jahrzehnts schnell an Bedeutung und Popularität gewonnen. Man sollte sie eher als »Hindu-Nationalismus« denn als »Hindu-Fundamentalismus« bezeichnen, weil sich Hindutva zwar religiös definiert, aber hauptsächlich politische Ziele verfolgt. Ihre Autorität beruht nicht auf einem Kanon religiöser Texte, sondern auf einer bestimmten Interpretation der indischen Geschichte, Religion und Kultur. Der folgende Beitrag analysiert einige Aspekte der Konstruktion, mit der Hindutva ihren Anspruch begründet, eine Mehrheit zu repräsentieren, die sie in Wirklichkeit erst zu schaffen sucht. Zwar behauptet die Bewegung, sie repräsentiere eine ursprüngliche »Hindu«-Identität auf der Grundlage einer uralten, unveränderlichen »Hindu«-Tradition, die daher das Fundament einer neuen Hindu-Nation bilden solle, aber dieses Bild des Hinduismus und der indischen Vergangenheit stammt aus unserem Jahrhundert.

Der militante Hinduismus wurde erst nach 1980 zu einer Massenbewegung. In seinen Anfängen, in den zwanziger Jahren, war er am Rand des politischen Systems angesiedelt und besetzte erst während der letzten Jahre das Zentrum der politischen Bühne. Ferner ist es ihm gelungen, den Ton und den Stil der politischen Debatte auf eine aggressive, gewaltbereite und populistische Richtung umzulenken. Die Hindutva-Welle wurde von wachsender organisierter Gewalt gegen Minderheiten wie Moslems, Sikhs und Dalits begleitet, die von den extremistischen Hindus als Ausdruck des »gerechten Zornes« einer »unterprivilegierten Mehrheit« dargestellt wird. Der Staat und seine Ordnungsmacht sind passiv geblieben, ja haben die Ausschreitungen häufig begünstigt.

Einen Höhepunkt erreichte die Hindutva-Politik mit der Forderung, in der nordindischen Stadt Ayodhya eine etwa 500 Jahre alte Moschee abzureißen, um an ihrer Stelle einen Tempel für die Hindu-Gottheit Ram zu erbauen, der angeblich hier geboren wurde. Die Zerstörung der Moschee durch einen gewalttätigen Hindu-Mob im Dezember 1992 war ein Meilenstein innerhalb der Bestrebung, eine »Hindu Rashtra«, das heißt eine Hindu-Nation, zu errichten, und stellt den säkularen Charakter des indischen Staates grundsätzlich in Frage.

Eine Untersuchung von Ideologie, Zielen, Strukturen und Strategien von der Bewegung zeigt, daß ihr beispielloser Erfolg keineswegs auf einer spontanen Massenbewegung gründet, sondern das Resultat jahrzehntelanger, systematischer Bemühungen der sogenannten »Sangh-Familie« ist. Zu diesem Familienverband gehören Parteien, Gewerkschaften, Studentenverbände, Frauenorganisationen, Schulen und Colleges. Die »Kulturorganisation« RSS *(Rashtriya Swayamsevak Sangh,* »Nationale Freiwilligen-Assoziation«) ist eine militante rechte Organisation mit faschistischem Charakter. Seit ihrer Gründung im Jahre 1925 bildet sie Kader aus, die langfristig auf eine »Hindu-Nation« hinarbeiten. Viele ihrer Mitglieder bekleiden Schlüsselpositionen in der Regierungspartei BJP *(Bharatiya Janata Party,* »Indische Volkspartei«), dem parteipolitischen Flügel der Bewegung, und in der VHP *(Vishwa Hindu Parishad,* »Internationale Hindu-Föderation«), die 1964 gegründet wurde und dafür verantwortlich ist, daß sich der »Kommunalismus« zu einem Massenphänomen entwickelte. Die ganz Indien erfassende Unterstützung für den Ram-Tempel unterstreicht den Erfolg der vielseitigen und langfristigen Strategie der »Sangh-Familie«.

Sowohl Befürworter wie auch Kritiker von *Hindutva* sind sich darin einig, daß der Hinduismus über keinen Kanon autoritativer Texte sowie über eine feste Doktrin verfügt, die wortgetreu ausgelegt werden könnten. Ein die Vergangenheit romantisierender Chauvinismus ist oft charakteristisch für beide Seiten, wenn sie auf die Vielgestaltigkeit und Offenheit der Hindu-Tradition verweisen. Beide erwähnen nicht, daß diese Toleranz keineswegs Gewalt, Ausbeutung und Erniedrigung ausschließt, die zu der sozialen Hierarchie des Kastensystems gehören. Für die Befürworter ist der Hinduismus die *einzige* tolerante Weltreligion und damit dem Islam und dem Christentum überlegen. Neben seiner Rolle als Mehrheitsreligion wäre dies somit auch ein immanenter Grund dafür, »den Hinduismus« zur Grundlage einer erneuerten Nation zu erheben. Die Gegner von Hindutva dagegen kritisieren die Vorstellung eines monolithischen Mehrheits-Hinduismus und einer darauf aufbauenden historischen Hindu-Identität gerade wegen der reichen Vielfalt lokaler Traditionen, innerhalb deren eine Vielzahl von Glaubensvorstellungen und -praktiken anzutreffen sind (vom Atheismus bis zum Animismus) sowie aufgrund der Koexistenz zahlreicher Konfessionen und philosophischer Schulen.

Es ist kein Zufall, daß ein Großteil der materiellen und ideellen Unterstützung für die Hindutva-Organisationen von wohlhabenden Indern kommt, die im Ausland leben und bei ihrer Suche nach einer authentischen Identität in ihrer Wahlheimat häufig auf Gleichgültigkeit und Verachtung ihrer Kultur stoßen. Ihre Unterstützung für das Projekt eines Hindu-Nationalismus, das rund um die Dämonisierung der indischen Moslems aufgebaut ist, ist nicht zuletzt auch ein Echo auf die gegenwärtige westliche Hysterie gegenüber dem islamischen Fundamentalismus und der Furcht vor dessen weltumspannenden Zielen. Oft leben diese Inder als Bürger zweiter Klasse in westlichen Demokratien, wo sie weder politische Rechte genießen noch staatliche Unterstützung für ihre eigenen kulturellen und religiösen Organisationen empfangen. Aus diesen Erfahrungen entsteht dann die Forderung, die Moslems in Indien zu entrechten, die hernach ihren »Minderheiten-Status« akzeptieren sollen. Solche Extrapolationen geschehen jedoch sehr selektiv. So tritt beispielsweise die indische Minderheit, die selbst in den USA von Quotenregelungen zugunsten von Minderheiten profitiert, entschieden gegen vergleichbare Maßnahmen zugunsten von Minderheiten in Indien ein.

Shashi Tharoor

Der Kampf um Indiens Seele

Als ich von der *New York Times* um meine Meinung zur gegenwärtigen Krise in Indien gebeten wurde, mußte ich darum kämpfen, die richtigen Worte zu finden, mit denen ich der Leserschaft in einer anderen Nation eine Tragödie beschreiben könnte, die für alle Inder auch eine persönliche ist. In wenigen Tagen werden unsere beiden achtjährigen Zwillinge Ishaan und Kanishk mit uns nach Indien zurückkehren. Mit diesem Indien haben sie sich immer identifiziert, auch wenn sie aufgrund meiner Lebensumstände ihre Kindheit nacheinander in Singapur, in der Schweiz und jetzt in den USA verbracht haben. Auf die Frage, wer sie seien, haben sie immer »Inder« geantwortet, nicht »Hindus« oder *Malayalis*, auch nicht *Nair* und nicht »aus Kalkutta«, selbst wenn alle diese Angaben in gleichem Maße auf sie zutreffen. Einfach »Inder«.

Aber jetzt kehren sie in ein Indien zurück, für das diese Antwort nicht mehr zuzutreffen scheint. Eine Moschee wurde zerstört, Vertrauen mißbraucht, und die Flammen kommunaler Auseinandersetzungen lodern im ganzen Land. Die Schlagzeilen berichten von Aufruhr und Mord, Hindus gegen Moslems, Menschen werden aufgrund ihrer Religionszugehörigkeit abgeschlachtet. Dies ist nicht das Indien, das meine Frau und ich an unsere Söhne weitergeben wollten.

Sind wir doch in einem Indien aufgewachsen, in dem das Nationalgefühl davon geprägt war, daß man Indien aufgrund der Pluralität einzigartig nennen mußte. Es gab keinen einheitlichen Standard, nur zahllose Variablen. Der Pluralismus unseres Landes war naturgegeben; er entstand aus den geographischen Gegebenheiten und wurde durch die Geschichte festgeschrieben. Beides brachte so viele Einflüsse, daß ein singulärer, vom Ausschließungsgedanken geprägter Nationalismus gar nicht möglich war.

Wie für die meisten Leser des *Indian Express* war dies für uns immer eine Selbstverständlichkeit gewesen, und wir widersetzten uns dem Sektierertum, das unsere Nation beim Abzug der Engländer geteilt hatte. Als Heranwachsender war ich mir weder meiner eigenen Kastenzugehörigkeit noch der Religionszugehörigkeit meiner Klassenkameraden und Freunde bewußt gewesen. (Ich denke, ich wußte schon, daß »Mammu«, mein Freund aus der 5. Klasse, offiziell Mohammed hieß, aber der Grund, warum er einer Minderheit zugerechnet wurde, war sein Reichtum.) In St. Stephen's, meinem College, waren von den Studentenvertretern in dem Jahrzehnt vor mir die Hälfte Nicht-Hindus gewesen. Religion hatte hier keinen Platz, man gestattete ihr weder die Gesinnung noch das Verhalten zu beeinflussen. Wir waren Inder: Wir wurden ständig ermahnt, daß unsere Vorstellung von Nation umfassender war als kommunale Unterschiede. Das unabhängige Indien war ja gerade aus einem Freiheitskampf entstanden, dessen erklärtes Kernstück Säkularismus als nationaler Konsens war.

Wie sollte ich dies den Amerikanern klarmachen? In ihren Lexika wird »Säkularismus« als das Nicht-Vorhandensein von Religion definiert, während sich in unseren indischen Ohren der klagende Ruf des Muezzin, der die moslemischen Gläubigen zum Gebet ruft, mit dem Klang der Mantras aus dem Hindutempel und den aus kreischenden Lautsprechern tönenden »Granth Sahib«-Zitaten von den Schulen *(Gurudwaras)* der Sikhs zu einer Einheit verbindet. Religion ist Teil unseres Lebensgefüges, auch für den Ungläubigen – darum ist es verständlich, wenn die Göttin Durga während des *Pujah*-Festes in Kalkutta von Jugendlichen der kommunistischen Partei Indiens CPI(M) begeistert gefeiert wird.

Religion ist schon immer Bestandteil des allgegenwärtigen Pluralismus gewesen. Wie viele der englischsprechenden indischen Leser des *Express* wurden doch in christlichen Missionsschulen erzogen und von Lehrern jeden Glaubens (oder auch solchen ohne jeglichen Glauben) unterrichtet! In den Kinofilmen, die wir sahen, spielten Stars von Waheeda Rahman bis Saira Banu, Feroze Khan bis Danny Denzongapa. Wir lauschten den alten hinduistischen *Ragas,* von Ustad Ali Akbar Khan und Amjad Ali Khan gespielt. Für unsere Cricket-Nationalmannschaft mit ihren Captains wie Ghulam Ahmed, Nari Contractor, dem Nawab von Pataudi, Bishen Singh Bedi – und jetzt Mohammed Azharuddin – schlugen unsere Herzen. Die politischen Führer unseres Landes und sogar unsere Kriegshelden waren Moslems, Parsen, Sikhs, Christen, Juden und Hindus. Als meine Schwiegermutter, die Brahmanin ist, uns in Genf besuchte, war es ihr ein großes Anliegen, in Lourdes eine Kerze zu entzünden. Für Menschen, die in Indien leben, ist eines natürlich und selbstverständlich: der Respekt für alle Religionen.

Aber die heutige Politik des Niedermachens hat unsere Kultur ihrer Sicherheit beraubt. Hinduistischer Chauvinismus ist das Ergebnis des Verteilungskampfes in einer streitsüchtigen Demokratie. Politiker mobilisieren Wähler, indem sie auf einschränkende Identifikationsmuster setzen: Religion, Kaste, Region. Dies ist eine traurige Entwicklung der letzten Zeit, daß stärker als jemals zuvor in den Vordergrund gerückt wird, was Inder trennt. Wichtiger als »Inder« zu sein, ist es geworden, Moslem oder Angehöriger eines Stammes oder Angehöriger einer der unteren Kasten zu sein.

Ich versuche, meinen Lesern zu erklären, daß es die zentrale Herausforderung Indiens ist, in einem nationalen Traum die Hoffnungen und Erwartungen der unterschiedlichsten Gruppen zu vereinigen. Indiens säkulares Ethos – Anpassungsfähigkeit, Ekklektizismus, Aufnahmebereitschaft – hat dem Land bisher geholfen, dieser Herausforderung gerecht zu werden. Es bekümmert mich sehr, daß dieses Ethos heute bedroht ist. Der Kampf, der entbrannt ist, ist ein Kampf um Indiens Seele. Für Ishaan und Kanishk ist das Bild von Indien, mit dem ihre Eltern aufgewachsen sind, das einzig mögliche: eine Nation – größer als die Summe ihrer Teile. Dies ist das einzige Indien, auf das sich meine Söhne weiterhin als »Inder« berufen können.

Dileep Padgaonkar

Dies ist nicht Bombay

»Dies ist nicht Bombay«. Die Worte des Fahrers weckten in mir die Erinnerungen an jenes Bombay, das ich als Kind und Jugendlicher in den fünfziger und sechziger Jahren gekannt hatte. Ich hatte einen großen Teil meiner Schulferien in dieser Stadt verbracht. Einer meiner Onkel, er war nicht verheiratet, arbeitete in einer Gujarati-Schule. Er wohnte auf dem Schulgelände, und sein Zimmer war so klein, daß er das angrenzende wissenschaftliche Labor als Schlafzimmer benutzte. Seinen morgendlichen Tee ließ er sich von einem iranischen Restaurant kommen. Von Zeit zu Zeit gingen wir in dieses Restaurant, um die Kuchen durchzuprobieren – rosafarbene, violette, grüne – oder den Brotpudding oder das *bun-maska* (Törtchen mit einem üppigen Überzug aus Butter).

Zum Mittagessen bestellte Onkel bei einer »Dame aus Maharashtra« ein »Tiffin«, und zu Abend aß er immer im *Gomantak,* einer Konkani-Kantine in Girgaum. Nach dem Abendessen legte Onkel ab und zu in einem *bhaiyyas*-Milchladen einen Zwischenhalt ein, um ein *lassi* oder ein *kulfi-faluda* zu trinken, und dann kaufte er in einem Laden, den ein Moslem führte, ein *paan* und ein Päckchen Capstan-Zigaretten. Ich war in den Genuß all dieser Delikatessen eingeweiht, mit Ausnahme der Zigaretten und der ein oder zwei Gläser, die die Stammgäste des *Gomantak* in Mr. Lobos Mondscheinkneipe in sich hineinschütteten. Es waren dies die Tage der Prohibition in Bombay.

Mit diesem Onkel fuhr ich auch in Straßenbahnen, sammelte Eintrittskarten zum Pferderennen, sah *Scaramouche,* die *Drei Musketiere* und *Ivanhoe* im Kino Regal oder Metro und *Jhanak Jhanak Payal Baje* in der Oper, in der Pause aß ich Eiscreme aus der Waffel oder nach der Veranstaltung *bhelpuri* in Chowpatty, kaufte

Yoyos, hörte mir aus der Jukebox Pat Boone oder Elvis Presley an, kaufte mir auf dem Weg nach Churchgate oder Girgaum Bücher, suchte einen Parsi-Zahnarzt auf und einen Sindhi-Uhrenverkäufer (mein Onkel sammelte Uhren und Füllfederhalter) und war mitten in den Menschenmengen, die sich versammelten, um Filmstars oder Staatsmännern, die zu Besuch kamen, zuzuwinken. Jene internationale Atmosphäre im Alltagsleben machte für mich als Kind und Jugendlichen Bombays mächtige Ausstrahlung aus.

Nach den gewaltsamen Unruhen und den Bombenexplosionen ist diese Ausstrahlung dahingeschmolzen. Früher waren die Einwohner von Bombay stolz darauf, daß alles, was im indischen Leben wirklich innovativ war, den Stempel dieser Stadt trug, nun begannen sie anders zu denken. Bislang hatten sie gewisse Trends oder Entwicklungen wie die Korruption der Politiker oder die Verderbtheit der Geschäftsmänner verteufelt. Nun verteufelten sie einzelne Bevölkerungsgruppen. Denn irgendwann im Zuge dieser Entwicklung hat Bombay zu seinem großen Schrecken festgestellt, daß es seinen Glanz fast vollständig dem Schneid jener verdankte, die die Kurven schneiden, Normen überschreiten, das Gesetz brechen und dabei so tun, als spiele das keine Rolle: Alles in Bombay ist mit einem Preisschild versehen, das Rechtssystem miteingeschlossen.

Konnte Bombay sich tatsächlich selbst als die Zukunft Indiens, als die Verkörperung von Indiens ureigenem Projekt der Moderne, als einen erfolgreichen Abkömmling der »Globalisierung« und des »Postnationalismus« verstehen? Bombay sah sich als Vorzeigestück des indischen Kapitalismus. Im Dezember 1992, im Januar 1993 und noch einmal am 12. März 1993 zeigte es seine Kehrseite: Und diese Kehrseite bestand aus Gesetzlosigkeit, Gier und Haß.

Für einen Teil Bombays waren die Moslems die Wurzel allen Übels, ein anderer Teil fand seinen Sündenbock in den Hindus. Beide Seiten waren sich in ihrer Haltung einig, daß vernünftiges Denken und das Streben nach Gleichgewicht, Kompromißfähigkeit, Dialogbereitschaft und bloßer Menschlichkeit Synonyme waren für Schwäche oder fehlenden Patriotismus. Sie standen für Opportunismus, Elitedenken, kulturelle Entwurzelung oder spirituelle Abweichung und was der Pauschalurteile mehr sind. Beide Seiten sorgten dafür, daß jeder Vorbehalt, jede Einschränkung, jede Differenzierung oder jede Doppelbödigkeit – alles, was man benötigt, um Komplexität auszudrücken – nur mehr als Kriegslist dienten, mit Hilfe deren man verhinderte, sich für eine Seite zu entscheiden, aufzustehen, wahrgenommen zu werden. Sie sorgten dafür, daß die Menschen die Komplexität scheuten, die Ambivalenz verpönten. Du bist für uns, oder du bist gegen uns. Jede andere Position wurde mit dem Vorwurf der Feigheit oder des Verrats beantwortet.

Bombay gibt nicht viel Anlaß zum Optimismus, wenn man an die Zukunft denkt. Die Stadt wußte nun, daß sie verletzlich war, anfällig für einen plötzlichen Schlag von seiten der Kräfte der Bigotterie und des Antinationalismus. Und Bombay wußte auch, daß die Stadt dazu verdammt war, falls der religiöse Extremismus und der moderne Terrorismus sich gegenseitig in die Hände spielten, ständig am Rande des Abgrunds zu leben.

B. M. Bhatia

Zeit der Prüfung

Wirtschaftliche Reformen beschränkten sich bisher auf die industriellen, städtischen und Handelssektoren, in denen ungefähr 50 Prozent des nationalen Einkommens erarbeitet werden, die aber lediglich einen Fünftel der Bevölkerung umfassen. Genau diese Bevölkerungsgruppe hat in den letzten vier Jahrzehnten am meisten von den durch die Planwirtschaft in Gang gesetzten Entwicklungen profitiert. Dabei wurde die Landwirtschaft und ihr Umfeld fast vollständig vernachlässigt. Bis vor kurzem wurde landwirtschaftliche Entwicklung mit der Förderung der Weizenproduktion gleichgesetzt. Das Ziel war, bei der Nahrungsmittelproduktion Selbstversorgung zu erreichen. Diese Vorgabe wurde erreicht, indem die Politiker die Entwicklungsanstrengungen auf die wenigen fruchtbaren Regionen des Landes konzentrierten, während der Rest des Landes beinahe vollständig vernachlässigt wurde. Die wirtschaftlichen Reformen, die neuerdings eingeführt werden, steuern genau den gleichen Kurs. Dabei könnte gerade die Stärkung der Landwirtschaft und die Dynamik der ländlichen Ökonomie eine gesunde Basis für die indische Wirtschaft darstellen. Auf diese Weise könnten auch die ländliche Arbeitslosigkeit und die Armut angepackt werden, denn diese Probleme sind die Ursache für das weitverbreitete Unbehagen und die fehlende Begeisterung der Menschen gegenüber den aktuellen Konzepten.

Der achte Fünfjahresplan wurde am 1. April 1992 offiziell lanciert. Er hätte ein neues Kapitel eröffnen und entscheidende Weichen stellen können, hätte er die Aufmerksamkeit vom industriellen auf das landwirtschaftliche Wachstum gelenkt. Dies wäre eigentlich das Gebot der Stunde gewesen, doch leider hat der achte Plan diese Chance verpaßt.

Der Plan unterscheidet sich in Inhalt und Methode nicht von den vorangegangenen. So wurde die angestrebte Wachstumsrate für die Landwirtschaft bei 3 Prozent pro Jahr festgelegt. Die Zahlen haben sich also im Vergleich mit der realen Wachstumsrate von 2,9 Prozent, die während des sechsten und siebten Plans erreicht wurde, praktisch nicht verändert.

Indien befindet sich heute in einer revolutionären Situation. Sowohl die politischen wie die wirtschaftlichen Entwicklungen in diesem Land lassen die Menschen kalt, sie sind desillusioniert, gleichgültig und voller Widerstände. Die wirtschaftliche Krise des Jahres 1991 und die Ayodhya-Tragödie im Dezember 1992, gefolgt vom Aufruhr im ganzen Land, sollte man nicht als isolierte Ereignisse betrachten. Sie sind nur die Spitze eines Eisbergs und stehen für den Zusammenbruch der wirtschaftlichen und politischen Ordnung, welche die indische Elite in den letzten 45 Jahren aufgebaut hat. Diese Ereignisse sind in ihrem Kern die Revolte gegen die Entwicklungen im politischen und wirtschaftlichen Bereich. Nur kann man nicht mehr wie einst Naipaul von »tausendfachen Aufständen« sprechen, die immer wieder isolierte Teile des Landes erfassen. Vielmehr fließen sie zu einer einzigen großen Welle zusammen, die das ganze Land zu überfluten droht. Die weiter um sich greifende Arbeitslosigkeit, Hunger und Armut haben überall ein tiefsitzendes Gefühl der Frustration und Verzweiflung geschaffen, vor allem unter den arbeitslosen Jugendlichen. Dieses Unruhepotential ist ein wandelnder Sprengsatz, und ein kleiner Funke genügt, um ihn in einer landesweiten Revolte explodieren zu lassen, wenn die Zeit gekommen ist. Noch könnten sich die Politiker aller Schattierungen dieser Flut entgegenstemmen, würden sie sich über ihre persönlichen Interessen und die ihrer Gruppen hinwegsetzen und im Interesse des Landes handeln. So könnten sie Indien vor jener Katastrophe bewahren, die auf seinem Weg lauert. Es ist eine Zeit der Prüfungen für die Mittelschicht, die einst den Kampf um die Freiheit angeführt und das Land seit der Unabhängigkeit regiert hat. Ob sie sich in dieser Zeit der Prüfungen bewährt, wird über das Schicksal unserer Nation entscheiden.

II INDIEN – EIN QUERSCHNITT

Leela Gulyati

Kalyani – ein Tag im Leben einer Landarbeiterin

Kalyani steht ziemlich früh auf, gegen fünf, geht den Hügel hinunter und benutzt irgendeine Ecke hinter einem Busch als Toilette. Das Buschgelände in der Nähe der Hüttensiedlung ist zu ungefähr gleichen Teilen in männliche und weibliche Zonen aufgeteilt. Sie muß sich also keine Sorgen machen, daß ein Mann sie bei ihren intimen Verrichtungen stört. Trotzdem bevorzugt sie die frühen Stunden im Dunkeln, um mit dieser täglichen Routine fertig zu werden. Nach ungefähr einer halben Stunde ist sie wieder in der Hütte. Dann säubert sie ihre Zähne mit einem Pulver aus Reisschalen. Sofort danach nimmt Kalyani sich einen *Paan* (Betelblatt, gefüllt mit Gewürzen) – ihre spezielle Sorte, die innen mit Kalk bestrichen ist und Bröckchen Arekanuß und Tabak enthält –, es heißt in der Gegend Murukkan. Einen davon verwahrt sie immer vom Vortag auf. Mit einem kleinen Holzkamm kämmt sie ihr gut geöltes Haar vor dem zerbrochenen Spiegel an der Wand. Den Kamm benutzt die ganze Familie, aber das Haar der anderen ist nicht so gut geölt wie ihres. Kalyani hat einen falschen Zopf, den sie vor einiger Zeit für fünfzig Paise kaufte. Sie braucht ihn, um ihrem Knoten Halt zu geben. Sonst müßte sie ihr Haar beim Pflanzen mehrmals am Tag neu machen. Dann geht sie zur städtischen Wasserstelle, um Wasser fürs Haus zu holen. Bevor sie geht, weckt sie Nirmala auf.

Nachdem sie zwei Töpfe Wasser gebracht hat, zieht sie ihre Arbeitskleider an. Das ist gewöhnlich ein rot-weiß karierter *Lungi,* ein Lendentuch, das über einen knielangen Unterrock gewickelt ist, und darüber eine kleine Bluse. Die Bluse ist im gängigen Stil genäht, mit einem tiefgezogenen Halsausschnitt. Anstatt mit Haken sichert sie die Bluse mit drei Sicherheitsnadeln. Die meisten Arbeiterinnen in der Nachbarschaft schließen ihre Blusen mit Nadeln anstatt mit Haken oder Knöpfen. Eine Bluse ohne Knöpfe ist um fünfzig Paise billiger. Kalyani bedeckt Brust und Schultern mit einem Handtuch. Sie trägt keine Schuhe und hat auch keine. Einen Schirm hat sie auch nicht. Letztes Jahr hatte sie eine Plastiktüte gekauft, um ihren Kopf in der Regenzeit bei der Feldarbeit zu schützen, doch die Kinder zerrissen sie. Dieses Jahr hat sie erst gar keine neue gekauft.

Gegen halb sieben ist sie an der Imbißbude, die eine Frau aus der Nair-Kaste mitten in der Hüttensiedlung führt. Sie kauft eine Tasse Tee und zwei *Puttus,* ein Gericht aus gedämpftem Reispulver, gemischt mit Kokosnuß und grünen Chilis (Peperoni), serviert mit ganzen, grünen Mungobohnen und *Pappadams,* einer Art einheimischer Linsenwaffel. Oft kommt auch Nirren vorbei und besteht auf demselben Frühstück, anstatt zu Hause mit seinen jüngeren Brüdern und Schwestern übriggebliebene Reisgrütze zu essen. Obwohl Kalyani sich das nicht leisten kann, ist es ihr peinlich, ihm nein zu sagen.

Um sieben Uhr findet sie sich zur Arbeit ein. Gewöhnlich weiß sie am Abend zuvor, wo sie gebraucht wird, und geht direkt zur Pflanzstätte, wo sie die Setzlinge ausziehen muß. Dort gesellen sich andere Frauen zu Kalyani. Normalerweise verrichten drei bis vier Frauen die Arbeit mit ihr.

Bevor sie mit der Arbeit beginnt, muß Kalyani ihre Kleidung richten. Sie faltet den *Lungi* so, daß er gerade Knielänge hat. Das Handtuch, das sie sonst als Brusttuch trägt, wickelt sie um den Kopf, um ihn vor der Sonne zu schützen. Den Vorrat an Betelblättern steckt sie in den kleinen Beutel, den sie an der Taille faltet. Die Füße auseinandergestellt, beugt Kalyani sich vor und zieht die Reissetzlinge aus. Sie braucht beide Hände, die eine zum Ausziehen und die andere, um die ausgezogenen Setzlinge zu halten. Wenn das Feld gut bewässert worden ist, gehen die Setzlinge leicht heraus. Alle zwei Minuten hat sie genug Setzlinge ausgezogen, um ein Bündel zu machen. Bevor sie ein Bündel macht, muß sie die Ferse in die Erde stemmen, den Zeh strecken und die Wurzeln darauf ein paarmal ausschlagen, um den Schlamm loszuwerden. Manchmal nimmt sie den Stengel eines Kokospalmwedels mit, um die Wurzeln darauf auszuschlagen. Bevor sie das Bündel mit einer Faser von einem Kokospalmwedel zusammenbindet, muß sie Gras und andere Unkrautpflanzen herauspflücken. So vergeht die erste Tageshälfte mit dem Ausreißen und Zusammenbündeln von Setzlingen.

Um ungefähr elf Uhr ist Pause; bis dahin soll jede Frau hundert Bündel haben. Diese Bündel werden in einer Reihe am Damm der Pflanzstätte gestapelt. Die Pause dauert ungefähr eine Stunde, in der Kalyani und die anderen Frauen zur nahe gelegenen Imbißbude gehen. Zu den Umpflanzzeiten schenken diese Buden mit Ingwer aufgebrühten Kaffee aus, der angeblich gut gegen Erkältungen ist. Er wird mit Palmzucker gesüßt. Kalyani nimmt keine Reismahlzeit, sondern kommt mit ein paar gebackenen Linsenkrapfen aus. Sie hat das Gefühl, daß sie keine Reismahlzeit verträgt, wenn sie mit Verpflanzen beschäftigt ist. An anderen Arbeitstagen kauft sie sich eine volle Reismahlzeit, die eine Rupie kostet. Fleisch- oder Fischcurry kauft sie nicht, damit sie mehr Geld mit nach Hause nehmen kann.

Gegen Mittag beginnt das eigentliche Umpflanzen der Setzlinge. Kalyani hält das Bündel in der einen Hand und pflanzt mit der anderen, bückt sich in einem fort. Drei oder vier Setzlinge werden zusammengenommen und in ein Loch gesetzt. Nach jedem Einpflanzen tritt sie einen Schritt zurück. Wenn sie alle Setzlinge in ihren hundert Bündeln umgepflanzt hat, ist das Tagewerk verrichtet.

Die Zeit vergeht schnell, weil die Frauen sich ständig unterhalten oder sogar mit Vorbeigehenden reden, die sie meistens kennen. Untereinander dreht das Gespräch sich meistens um Heiratsanträge, den Tempelpriester und die Kinder. Wenn sie sich zwischendurch erleichtern müssen, tun sie es an Ort und Stelle beim Arbeiten, so daß es noch nicht einmal jemandem auffällt, außer vielleicht der Frau, die direkt daneben arbeitet. Da die meisten das so machen, ist die Praxis allgemein akzeptiert. Kalyani aber muß jede halbe Stunde etwas Zeit abzweigen, um sich einen frischen *Paan* zu nehmen. Falls ihr Vorrat zu Ende ist, bittet sie einen Vorüberkommenden, neue für sie zu kaufen. Sie muß ihre volle Ration *Paan* haben, wenn sie pflanzt.

Wenn ein Feld einigermaßen gut unter Wasser steht, ist das Verpflanzen gegen vier Uhr nachmittags zu Ende. Gegen Ende der Umpflanzzeit jedoch, wenn die Arbeit drängt und nicht genügend Frauen eingestellt sind, dauert es manchmal bis sechs Uhr abends. Normalerweise aber kann Kalyani an Umpflanztagen lange vor Sonnenuntergang von der Arbeit zurück sein.

Der tägliche Einkauf

Kalyani holt ihren Lohn in bar ab. Dieses Jahr (1976/77) beträgt er täglich sieben Rupien. Seit ein paar Jahren ist der Lohn in der Landwirtschaft der gleiche wie für ungelernte Bauarbeit. Kalyani bekommt also immer die gleichen sieben Rupien, ob sie nun auf dem Feld oder am Bau arbeitet. Sie erledigt alle größeren Einkäufe auf dem Rückweg von der Arbeit. Gewöhnlich wissen die Kinder, wo sie arbeitet, und vermuten, wann sie zurück sein wird. Wenn sie zum Umpflanzen oder Unkrautjäten geht, kommt sie gegen fünf Uhr wieder, wenn sie zur Baustelle geht, wird es sechs Uhr. Vani, die zweite Tochter, wartet gewöhnlich an der Straßenkreuzung bei der Hüttensiedlung, wo ein kleiner Markt ist. Sie trägt einen kleinen Korb für Reis und Sachen des täglichen Bedarfs bei sich und zwei Flaschen, eine für Kerosin und eine für Kokosnußöl.

Der Markt besteht aus ein paar Tee- und *Beedi*-Läden, mehreren Gemischtwarenläden und ein oder zwei Gemüseständen. Abends zwischen fünf und sieben versammeln sich gut zehn bis zwölf Gemüse- und Fischverkäuferinnen auf dem offenen Platz vor den Geschäften, um ihre Waren zu verkaufen. Auch Tontöpfe werden auf dem abendlichen Basar feilgehalten, der eine rein weibliche Angelegenheit ist, denn gewöhnlich sind Frauen die Käufer und Verkäufer. Arbeiterinnen wie Kalyani erledigen hier ihren täglichen Einkauf.

Kalyanis Haushalt wird von Tag zu Tag organisiert. Sie kauft nicht nur täglich Gemüse und Fisch, sondern auch Gemischtwaren, insbesondere Reis, Öl und Kerosin. Da sie keine Lebensmittelkarte mehr hat, muß sie ihren ganzen Reisbedarf auf dem freien Markt decken, wo der Preis (2,50 Rupien für ein Kilo) gegenwärtig um über die Hälfte höher ist als in den Läden mit staatlicher Preiskontrolle (1,62 Rupien für ein Kilo der mittleren Qualität). Vor zwei Jahren betrug der Aufschlag auf dem freien Markt 100 Prozent. Da Kalyani jeden Tag dreieinhalb Pfund Reis kauft, kostet das alleine vier Rupien und 45 Paise. In ihren täglichen Einkaufskorb gehören auch Fisch für eine bis anderthalb Rupien, Kokosnußöl für 25 Paise, frische Kokosnuß für vierzig, Zwiebeln und Gewürze wie Tamarinde, Koriander und Chilis für fünfzig und Kerosin für 25 Paise. Der Gesamtbetrag, den sie jeden Tag ausgibt, beläuft sich auf sieben bis acht Rupien, je nachdem, ob sie auch Seife kauft oder nicht. Eine Stange Seife kauft sie jeden dritten Tag. An den Tagen, an denen sie und Mosha keine Arbeit haben, kauft sie keinen Fisch. Während der Gemischtwarenhändler und das Kaffeegeschäft ihr Kredit geben, kann sie bei der Fischverkäuferin nicht anschreiben lassen.

Das meiste von dem, was sie kauft, reicht gerade für die Abendmahlzeit der gesamten Familie. Es bleiben immer etwas gekochter Reis und Reisgrütze übrig, die die Kinder zum Frühstück und Mittagessen verzehren. Wenn es über Nacht in einem Tontopf bleibt, fermentiert es leicht und ist deshalb nicht nur reicher an Nährstoffen, sondern auch leichter zu verdauen. Mit dem *Kanji* werden die beiden kleinen Jungen, Vani und Nirmala und auch Nirren versorgt, wenn er nicht früh genug aufwacht, um Kalyani an der Imbißbude einzuholen. Die beiden kleinen Jungen, die noch nicht fünf sind, erhalten im Bezirksbüro eine

Mittagsmahlzeit vom CARE-unterstützten Praktischen Ernährungsprogramm der Staatsregierung. Vani begleitet die beiden kleinen Jungen, die jeder mit einer Schüssel bewaffnet sind. In sie kommt *Upma,* aus Maismehl gemacht, das erst in Öl geröstet und dann in Wasser gekocht wird. Siebzig weitere Kinder der Nachbarschaft versammeln sich im Bezirksbüro für ihr Mittagsmahl. Kalyani meint, ihr kleiner Sohn Vijayan habe einen Blähbauch, weil das Maismehl nicht in genügend Öl geröstet werde. Überhaupt herrscht die Meinung vor, daß die für das Programm verantwortliche Beamtin mit dem Öl Pfusch treibt. Auch glaubt man, daß Kinder eine Weile brauchen, bis sie sich an das *Upma* aus Maismehl gewöhnen. Anfangs leiden sie deshalb kurze Zeit an Durchfall.

Tapioka kauft Kalyani nur an Tagen, an denen sie nicht arbeitet, obwohl es eine Ergänzung zum täglichen Reismahl oder auch zur Mittagsmahlzeit ist. Dafür gibt es vielfältige Gründe. Erstens meint Mosha, daß er Tapioka nicht vertrage und sich danach unwohl fühle. Zweitens meint Kalyani, daß Nirmala zu klein sei, um Tapioka zu kaufen. Tapioka muß in Wasser gekocht und dann vollkommen ausgepreßt werden, um die Bitterkeit herauszuziehen. Manchmal, wenn die Knolle von minderwertiger Qualität ist, muß das mehr als einmal gemacht werden. Man kann sich nicht darauf verlassen, daß Nirmala das sorgfältig macht. Außerdem ist sie zu jung und schwach und kann sich beim Auspressen des heißen Wassers verletzen. Daß die Familie so wenig Tapioka verwendet, das für die Hälfte des offiziellen Preises genauso viele Kalorien wie Reis bietet, trägt zur Unterernährung der Familie und besonders der Kinder bei.

Das Kokosnußöl, das Kalyani kauft, dient fast ausschließlich zum Ölen des Haares. Alle Familienmitglieder ölen sich das Haar vor dem täglichen Bad. Zum Essenkochen benutzt sie kein Öl. Das Kerosin ist natürlich für die Beleuchtung.

Interessant ist, wie die Kalorienzufuhr in Kalyanis Haushalt verteilt wird. Bei praktisch niemandem wird der durchschnittliche tägliche Bedarf erfüllt. An Arbeitstagen jedoch fehlt jedem weniger als an Tagen, an denen sowohl Kalyani als auch Mosha keine Arbeit haben. Auch mangelt es den Kindern an mehr als den Erwachsenen, wenn sie an Arbeitstagen auswärts essen. Bei den Kindern scheinen die beiden Mädchen schlechter abzuschneiden; das fällt jedem, der sie anschaut, auf.

Verwendung des Lohns

Von den sieben Rupien, die sie am Tag verdient, muß Kalyani sechzig Paise für ihr Frühstück und fünfzig für den Imbiß und Tee am Mittag bezahlen. An Arbeitstagen, an denen sie nicht umpflanzt, ißt sie zu Mittag eine volle Reismahlzeit, für die sie eine Rupie bezahlen muß. Da sie jeden Tag eine gewisse Menge *Paans* verzehren muß, erhöhen sich die Ausgaben weiter. An den Umpflanztagen sind sie deshalb doppelt so hoch wie sonst, wenn sie fünfzig Paise für ihr Quantum ausgibt. So bleiben ihr gewöhnlich nur fünf Rupien von ihrem Lohn für den täglichen Einkauf. An dem Tag, an dem sie Seife oder Puder kaufen muß – letzteres ist selbst in den bescheidensten Hütten eine absolute Notwendigkeit in diesem Teil des Landes, in dem Männer, Frauen und Kinder sich nach dem Bad freizügig damit einstäuben –, muß sie an den Lebensmitteln sparen. Irgend etwas muß weggelassen werden. Wenn Mosha jedoch auch Arbeit hat und Kalyani fünf Rupien oder mehr gibt, hat sie keine Probleme. Tatsächlich ist das Haus gut versorgt, wenn beide jeden Tag Arbeit haben. Die Probleme entstehen, weil es nicht jeden Tag Arbeit für Kalyani und Mosha gibt. Für jeden Arbeitstag bleibt sie mindestens einen ohne Arbeit, ganz gleich, wie sehr sie sich anstrengt. Als Mosha gesund war, ging es ihm besser. Für jeden Tag ohne Arbeit hatte er zwei Tage Arbeit. Im Durchschnitt gesehen, arbeitete also zumindest immer einer der beiden. In der Praxis gibt es immer wieder Ausnahmen, so gab es Tage, an denen beide arbeiteten oder nicht arbeiteten, und das schuf Probleme in der Haushaltsführung, mit denen Kalyani anscheinend nicht gut zu Rande kam.

Seit über einem Jahr aber gibt es große Schwierigkeiten, weil

Mosha erst monatelang krank war und dann nur ab und zu zur Arbeit gehen konnte, vielleicht alle drei oder vier Tage einmal. Jetzt ist das Ende des Engpasses in Sicht, weil Mosha wieder häufiger zur Arbeit geht. Wenn Kalyani zurückschaut, hält sie es für ein Wunder, daß die Familie diese Zeit überstanden hat. Doch die Lebensmittelkarte bleibt verpfändet, und die Familie lebt unter fremdem Obdach. Sie muß die Hütte mit den Nachbarn teilen, weil die eigene schon seit fast zwei Monaten ohne Dach ist.

Asoka Raina

Chhabiram, der Räuber

Chhabiram hatte oft stolz erklärt: »Solange die Bauern hungern, wird es immer einen Chhabiram geben.«

Als ein Mitarbeiter von *India Today* kurz nach Chhabirams Tod Hagarnapur aufsuchte, weigerten sich die Dorfbewohner, über den Mann zu sprechen, der eine Art »Pate« für an die sechzig Dörfer in der Gegend gewesen war. Menschen strömten zu Hunderten nach Mainpuri, um die Leichen zu sehen, die man aufrecht an Stangen gebunden hatte. Die meisten Schaulustigen waren von weit her gekommen, um dem Mann, den sie »Netaji« nannten, die letzte Ehre zu erweisen. Einige wenige, sehr wenige, kamen, um seinen Tod zu feiern. Die Polizei war mit sich zufrieden, war ihr doch eine brillante Operation gelungen, die ihre nachlassende Kampfmoral wieder gestärkt hatte. Wenige Kilometer von dem Ort entfernt, wo Chhabirams Leichnam hing, trauerte Seya Devi um ihren toten Geliebten. Durch diese 25jährige Frau, die auch Jhalkania genannt wurde und aus dem Dorf Faizpur stammte, war Chhabiram im Jahre 1978 zum Polizistenmörder geworden – davor, etwa sieben Jahre lang, war er nur ein einfacher Viehdieb gewesen. Nachdem er Jhalkania bei einem seiner

Überfälle auf Faizpur kennengelernt hatte, hatte sich zwischen den beiden eine bleibende Freundschaft entwickelt. »Sie ist wirklich eine schöne Frau«, meint der Dorfvorsteher. Eines Tages wurde Chhabiram vom Polizisten Mahinder Singh in Jhalkanias Haus entdeckt; der Räuber entriß dem Polizisten das Gewehr, erschoß ihn und entfloh mit der Waffe und vierzig Patronen. An diesem Tag begründete er seinen Ruf als berühmt-berüchtigter Räuber.

Nachdem er sich zusammen mit anderen aus der Gegend seine Sporen verdient hatte, bildete er seine eigene Bande. Er legte ein ansehnliches Waffenlager an. Chaudhry sagt: »Er griff junge Männer auf und gab ihnen Waffen, die er nach jedem Überfall wieder einsammelte. Einige standen bei ihm in Lohn und Brot und verdienten zwischen 300 und 600 Rupien. Die anderen bekamen jeweils ihren Anteil, der nach den Waffen berechnet wurde, die sie beim Überfall benutzten. An erster Stelle stand das Bren-Gewehr, dann kamen Selbstlader, 303er und Halbautomatische. Der Zwölfkaliber brachte seinem Benutzer keinen Anteil.«

Chhabiram erwarb sich den Respekt der Dorfbewohner, weil er die Reichen schröpfte, und so konnte er sich das Image eines Robin Hood aufbauen. Im August 1981 überfiel er neun Polizisten im Dorf Ghurata, 25 km von Mainpuri, und unter den erbeuteten Waffen befand sich auch das begehrte Bren-Gewehr. Einen Monat später festigte er endgültig seinen Ruf als fürstlicher Wohltäter, als er nämlich Anar Singhs zwölfköpfiger Bande zu Hilfe kam, die von der Polizei in die Enge getrieben worden war. Nachdem er sechs Polizisten getötet hatte, geleitete Chhabiram seinen Räuberbruder zum Dorf, wo er sich versteckt hielt. In weiteren Gefechten erhöhte sich die Zahl der getöteten Polizisten auf 24. Die Legende von der Unbesiegbarkeit wuchs, die Kampfmoral der Polizei sank, und Chhabiram konnte unbehelligt die Gegend durchstreifen.

1981 begann man ihm wieder zuzusetzen. Er war unbemerkt mit Jhalkania in Gwalior untergeschlüpft und hatte sich dort ein Haus gekauft. Er nannte sich Major Ranbir Singh. Als die Polizei ihm auf die Spur kam, mußte Chhabiram gegen Ende des Jahres sein Refugium in Madhya Pradesh verlassen. Jhalkania wurde wegen Beherbergung eines steckbrieflich gesuchten Mannes verhaftet, aber im folgenden Jahr wieder freigelassen, nachdem sie ihm im Gefängnis einen Sohn geboren hatte. Während seiner Abwesenheit hatte Chhabiram in seinem Revier an Autorität verloren: Vier vom harten Kern der Bande, Doorbin, Rajvir, Kailash und Mahavir, machten gegen ihn Front, als es zu einem Streit über die bei einem Überfall gemachte Beute kam. Chhabiram stellte seine Vorherrschaft unzweideutig wieder her, indem er die vier töten ließ.

»Der Mann ließ sich nicht mehr unter Druck setzen. Ob jemand Einfluß hatte, ließ ihn kalt. Die Zeiten waren vorbei, wo er vor denen, die politische Beziehungen besaßen, klein beigab. Es war offensichtlich, daß er all das verabscheute«, sagte der Kommandant eines Polizeipostens. Die Behörden wollten die Chhabiram-Episode als Einzelfall hinstellen, und doch prahlten sie weiterhin mit Rekordzahlen von Getöteten. Wenn man der Statistik glauben darf, wurden im Jahre 1981 1391 berüchtigte Räuber in 3397 Gefechten getötet. Chhabirams Bande sei, so behaupteten die Behörden, von 90 auf 36 Mitglieder zusammengeschrumpft; 37 seien getötet und 16 verhaftet worden, und einer habe sich ergeben.

Die Empörung über die Massaker von Dehuli und Sadhupur brachte den Räubern unerwünschte Aufmerksamkeit aus allen Teilen Indiens ein. Der Ministerpräsident von Madhya Pradesh, Vishwanath Pratap Singh, fühlte sich persönlich angegriffen, und Massen von Polizisten strömten in die ländlichen Regionen. Chhabiram bekam eine unerwartete Chance, als am 23. Januar der Generalsekretär der Jugendorganisation der Kongreßpartei, Sanjai Singh, der Parlamentsabgeordnete Satish Ajmani, Anwalt Khushi Ram Yadhav und der Bundesstaats-Innenminister Ram Chandar Thakur mit ihm zusammentrafen, um über die Bedingungen einer Kapitulation zu verhandeln. Doch Chhabiram zog sich zurück, und unmittelbar danach mußte der Ministerpräsident einer aufgebrachten Versammlung klarmachen, wie der Räuberhäuptling am

7. und 8. Februar ein Treffen in Harnagarpur abhalten und dem von 17 Polizeikompanien ausgelegten Netz scheinbar wie durch ein Wunder entkommen konnte. Wie es ihm möglich war, durch dieses Netz zu schlüpfen, bleibt immer noch ein Rätsel. Ein Hilfspolizist erklärte: »Wir hätten ihn am 16. Februar getötet, wenn die örtlichen Polizeifunktionäre ihn nicht durch den Abschnitt, den sie kontrollierten, hinausgelassen hätten.« Es wurde sogar unterstellt, daß vor der Flucht ein größerer Geldbetrag den Besitzer gewechselt habe. Doch Polizeifunktionäre behaupteten, daß die Flucht durch »Anweisungen von oben« ermöglicht worden war. Die Kapitulationsverhandlungen hatten zumindest eins gebracht: Während die Gespräche geführt wurden, observierten Polizeibeamte in Zivil die Räuber. Bis dahin hatte man nur sehr wenige von ihnen identifizieren können. Und dieses Wissen spielte dann eine entscheidende Rolle bei den Ereignissen, die zum letzten Gefecht am 3. März führten.

Der tote Chhabiram ist schon fast so etwas wie eine Legende in Uttar Pradesh. Während die Dorfbewohner Geschichten über seine Heldentaten erzählen, warten sie schon auf den nächsten Paten. Ein Polizeifunktionär bemerkte trocken: »Tötet man heute einen, taucht schon morgen ein anderer auf. Der Distrikt Mainpuri ist eine Brutstätte für Räuber.« Doch vor zwei Wochen wurde er zum Friedhof für sie.

Die Banjaras

Das junge Mädchen, kaum älter als fünfzehn Jahre, stand mit hocherhobenen Armen auf dem Rücken der Kuh. Tränen strömten über ihr Gesicht. Familienmitglieder und Freunde versuchten ihr Mut zu machen, während sie die uralte Litanei intonierte, die man ihr speziell für diesen Anlaß beigebracht hatte. Reife aus Elfenbein und Knochen schmückten ihre Arme von den Schultern bis zu den Handgelenken, das Zeichen, daß sie verheiratet war. Ihre Hochzeit hatte vor kurzem stattgefunden, und jetzt war es soweit, daß sie ihr Dorflager verlassen und in das Haus ihres Mannes gehen mußte.

Mit dem klagenden, monotonen Weinen befolgt sie einen uralten Brauch ihres Volkes, der Banjaras. Für verschiedene Anlässe gibt es unterschiedliche Liedstile und Gesänge, aber das verheiratete Mädchen muß die Worte des Abschiedslieds wieder und immer wieder rezitieren. Zuerst muß sie das Gesicht gen Westen, auf ihr Zuhause richten und weinen, weil sie ihre Eltern nicht verlassen möchte. Dann muß sie sich nach Osten wenden und wieder weinen, diesmal weil sie das Dorf und die Menschen, mit denen zusammen sie aufwuchs, nicht verlassen möchte. Gewöhnlich herrscht bei solchen Ritualen große Aufregung, und andere Frauen beginnen auch zu weinen, und wenn alles vorbei ist, bleibt der einsamen und zweifellos verängstigten Braut keine andere Wahl, als zu gehen.

Die Banjaras oder Gors, wie sie sich selber lieber nennen, sind die größte Roma-Gruppe in Indien. Nach vorsichtigen Schätzungen sind es 15 Millionen, und sie leben in fast allen Bundesstaaten des Landes. Man sieht sie nicht selten auch in den Städten. Weit entfernt von ihren traditionellen Dorflagern bemühen sie sich, ein Leben im modernen Stil des 20. Jahrhunderts zu fristen. Mit ihren auffallenden Gesichtszügen und ihrer bunten Kleidung sind sie in den heißen Straßen der Städte leicht auszumachen, wo sie Rikshas ziehen, auf Baustellen arbeiten oder am Straßenrand Perlen verkaufen.

Aufgrund linguistischer Untersuchungen gilt es heute als erwiesen, daß die Roma Europas und Amerikas von den indischen Roma abstammen. Man hat festgestellt, daß Romani, die Sprache der europäischen »Zigeuner«, ihre Ursprünge im Sanskrit hat. Viele Hindi-Wörter – zum Beispiel *pani* (Wasser) und *bal* (Haar) – kann ein europäischer Roma verstehen.

In einem Buch mit dem Titel *Zigeuner, Wanderer der Welt* erzählt der Autor Bart McDowell, wie er den Spuren der ursprünglichen Karawanenroute der Roma, die vor etwa tausend Jahren Indien verlassen hatten, gefolgt ist. Er wurde damals von einem englischen Roma, Clifford Lee, begleitet, der darauf brannte, nach Indien zu reisen, um seine »geistige Heimat« zu sehen. Lee erinnerte sich, wie er einmal einige indische Hafenarbeiter hatte Hindi sprechen hören und wie erstaunt er gewesen war, daß er einiges von dem, was gesagt wurde, verstehen konnte. Bevor er zu seiner Reise aufbrach, hatte ein berühmter britischer Roma-Forscher ihn aufgefordert, in Indien nach den Banjaras zu suchen. Er würde feststellen, daß »diese Menschen seinem Volk am verwandtesten sind«.

Im vorkolonialen Indien, als die Banjaras ein uneingeschränktes Nomadenleben führen konnten und somit für sie keine Notwendigkeit bestand, sich in den Städten niederzulassen, hatten sie bessere Zeiten erlebt. Sie waren *Ladenis,* Händler, und hatten die lebenswichtige Funktion, Waren über die weiten, unerschlossenen Gebiete Indiens zu transportieren. Sie leiteten riesige Karawanen von Büffeln, Kamelen, Pferden und Maultieren und trugen auf diese Weise dazu bei, entlegene und normalerweise unzugängliche Regionen des Subkontinents mit wichtigen Gütern wie Getreide und Salz zu versorgen. In Kriegszeiten belieferten sie Armeen mit Nahrungsmitteln und Waffen. Schon im Jahre 326 v. Chr., als Alexander der Große in Indien einfiel, sollen Banjara-Karawanen ihn zurück nach Griechenland begleitet haben. Sie zogen mit allen kämpfenden Heeren Indiens, mit den Mogulen wie mit den Rajputen.

Die Ankunft der Briten und der beginnende Aufbau des Eisenbahnnetzes hatte für die Banjaras verheerende Folgen. Als reisende Händler wurden sie nun überflüssig. Um möglichen Widerstand gegen den Bau der Eisenbahnstrecken zu verhindern, erklärten die Briten die Banjaras zu einem »kriminellen Stamm«. Sie wurden in ihrer Bewegungsfreiheit eingeschränkt und mußten Ausweispapiere bei sich tragen, die in einem Metallröhrchen zusammengerollt waren. Überall, wo sie hinkamen, wurden sie verspottet. Da sie der einzigen Möglichkeit, ihren Lebensunterhalt zu verdienen, beraubt waren, wurden viele kriminell, womit sie sich noch mehr von der ohnehin schon feindseligen Gesellschaft entfremdeten. Allmählich und gezwungenermaßen wurden die Banjaras seßhaft und gingen anderen Berufen nach, wurden etwa Bauern oder Jäger. Einige zogen in die Städte. Die Unabhängigkeit im Jahre 1947 brachte neue Bürgerrechte und gesetzlichen Schutz. Quoten wurden aufgestellt, und zum ersten Mal wurden Banjara-Kinder zur Schule geschickt; viele gingen weiter aufs College und wurden Ärzte, Rechtsanwälte und Lehrer. Als Parlamentsmitglieder ihres Bundesstaates sind sie auch politisch aktiv geworden.

In Indien wurde ein *Roma-Banjara Brotherhood and Cultural Research Centre* eingerichtet – ein dringend benötigtes Verbindungsglied zwischen den Roma Indiens und Europas. Bei den Banjaras hat sich wirklich einiges getan seit der Zeit, in der man sie als »kriminellen Stamm« einstufte. Ein älterer Mann, der sich noch an die Zeiten erinnern kann, als sie ständig Ausweispapiere bei sich tragen mußten, faßte dies für alle mit den Worten zusammen: »Wir sind für Modernisierung; jetzt wird vieles anders.«

Wenn auch die Realitäten des Lebens bei den Banjaras notgedrungen einige Veränderungen hervorrufen mögen, so gibt es doch etwas, was sich nie ändern wird: immer werden sie das Bedürfnis haben, zusammenzutreffen, um ihr gemeinsames Erbe mit Tanz und Gesang zu feiern. Ein solches Treffen findet einmal im Jahr statt, in Pohra Devi, in der Nähe von Hyderabad. Mindestens 100 000 Banjaras aus ganz Maharashtra und Andhra Pradesh reisen zu Fuß oder per Bus an, um am Pilgerfest teilzunehmen. Den größten Teil des Tages verbringen sie im Tempel, wo sie ihrem Guru, Sri Rama Rao Maharaj, Verehrung bekunden.

In diesem Jahr ist es sehr heiß am Festtag. Riesige rote Staubwolken steigen fast meterhoch vom Boden auf und breiten sich wie eine Decke über das flache Land. Menschen finden sich in kleinen Gruppen zusammen, begrüßen alte Freunde und tauschen Neuigkeiten aus. Unter denen, die zu den Festlichkeiten angereist sind, ist auch der Präsident der Bombay-Ortsgruppe der *Banjara*

Seva Sangh Service Organization. »Seit meiner Jugend bin ich nicht mehr auf so einem Fest gewesen«, erklärt er. »Es weckt alte Kindheitserinnerungen an mein Dorf in Andhra Pradesh.« Gemeinsam mit den anderen singt er die Andachtslieder und sieht zu, wie zur Besänftigung der Götter Ziegen geschlachtet werden.

Wenn die Sonne am orangeroten Himmel sinkt und eine sanfte Brise die Nacht begrüßt, beginnen die weltlicheren Vergnügungen des Festes. Männer setzen sich an ihre Trommeln und beginnen sie langsam und rhythmisch zu schlagen. Das ist die unausgesprochene Aufforderung an die Frauen, sich zu den Männern zu gesellen und zu tanzen. Das Klingen der Glöckchen, die die unverheirateten Frauen um die Fußgelenke tragen, vermischt sich mit dem Klang der Trommeln. Jeder wird von der Stimmung eingefangen, und bald singen und tanzen alle, jung und alt, Männer wie Frauen. Wenigstens eine Zeitlang sind die Zwänge der modernen Welt vergessen.

Die Adivasi

Der Anthropologe Verrier Elwin schrieb 1942 eine polemische Abhandlung, basierend auf einer zehnjährigen Feldstudie unter den Ureinwohnern in Zentralindien. Betitelt *Verlust von Nerven*, analysiert der Traktat die Ursachen für die ökonomische und kulturelle Verarmung der Adivasi. Die wichtigsten Gründe waren der Verlust von Land und Bewegungsfreiheit in den Forsten einschließlich des Rechts auf Jagd für den Eigenbedarf. Hinzu kommen die Unterdrückung von Heimbrauereien durch den Staat, Konflikte mit Gesetzen, die auf ihre Sitten und Bräuche nicht abgestimmt sind, und ein von Grund auf verfehltes Erziehungssystem.

Elwin und andere Anthropologen hatten gehofft, daß die Unabhängigkeit eine Art »New Deal« für die Adivasi herbeiführen würde – einen »New Deal«, der Elemente beinhaltet wie Reformen in der Landwirtschaft, so daß die Adivasi von Großgrundbesitzern und Geldverleihern befreit werden, eine gerechtere Forstverwaltung, die die Rechte der Adivasi anerkennt, und die Entstehung einer sachkundigen Führung, um die Interessen der Unterdrückten in den demokratischen Institutionen zu vertreten.

Neuere Studien aber zeigen, daß die wirtschaftliche Lage und der soziale Status dieser Menschen sich seit 1947 kaum verbessert haben. Der letzte Bericht des Beauftragten für die Förderung der untersten Kasten war ungewöhnlich offen in seiner Kritik an der offiziellen Politik, insbesondere an den staatlichen Angriffen auf die Rechte der Adivasi auf Naturschätze. Der Beauftragte trat aus Protest zurück, weil seine Empfehlungen bei der Regierung keine Aufmerksamkeit fanden. Nun ist ein Untersuchungsbericht der »People's Union for Democratic Rights« (PUDR) über die Lage der niedrigen Kasten und der Adivasi im Verwaltungsbezirk Hoshangabad in Madhya Pradesh erschienen. Fünfzig Jahre nach Elwins *Verlust von Nerven* findet sie die gleichen strukturellen Gründe für die anhaltende Unterdrückung der Adivasi.

Der Bericht untersuchte drei Fälle von Unterdrückungsmaßnahmen durch den Staat in verschiedenen Gebieten des Distrikts. In einem Fall machte die Polizei gemeinsame Sache mit den Händlern, indem sie die Dorfbewohner bei der Brauereiarbeit in ihren Hütten überfiel und niederknüppelte. Im zweiten Fall stellte die Polizei sich auf die Seite der höheren Kasten bei der Unterdrückung einer Bewegung der niedrigeren Kasten gegen die Diskriminierung, die sie in Läden und an Speisestätten ertragen müssen. Im dritten Fall griffen Forstaufsichtsbeamten die Dorfbewohner an unter dem Vorwand, daß sie die Forstordnung verletzten. In allen Fällen hatten linksgerichtete Gruppen eng mit den Unterprivilegierten zusammengearbeitet, während der Staat sich auf die Seite der Reichen und Mächtigen stellte.

Die Adivasi und die Angehörigen der niedrigeren Kasten verfügen nicht über viel Land, wobei der Boden, auf dem sie Ackerbau betreiben, zudem weniger fruchtbar und ohne verläßliche Bewässerung ist. Folglich sind sie auf das Sammeln und den Verkauf von Gegenständen aus dem Forst angewiesen – sowohl Holz- als auch Nicht-Holzprodukte wie »tendu«-Blätter. Weil jedoch der Holz- und Tendublätterhandel von einigen reichen Familien kontrolliert wird, können die Adivasi mit diesen Aktivitäten nur einen Hungerlohn verdienen. Inzwischen haben die Familien einer Kaste, die vom Korbflechten lebt, erhebliche Schwierigkeiten, von der Forstaufsicht genug Bambus zu erhalten.

Elwin zitierte schon 1942 einen Forstbeamten, der ihm sagte: »Unseren Dorfbewohnern bleibt nichts anderes übrig, als jeden Tag mindestens ein Gesetz zu brechen.« Die von den Wäldern lebenden Kasten unterliegen noch den Paragraphen und Absätzen eines Gesetzes, das 1878 verabschiedet wurde und bis jetzt unverändert geblieben ist. Der Bericht zeigt eindeutig, warum die Landbevölkerung dazu gezwungen wird, ihr Einkommen aus der Landwirtschaft durch das illegale Sammeln von Forstprodukten aufzubessern. Der Bericht kommentiert: »Gesetzesverstöße wurden auf diese Weise ein unausweichlicher struktureller Teil ihres Lebens.«

H. Hanumanthappa

Die Dalit

In der von Kasten geprägten indischen Gesellschaft bezeichnet der Begriff »Dalit« jene Gruppe Menschen, die Opfer jener sozio-ökonomischen Diskriminierungen werden, welche sich aus dem Kastensystem ergeben. Im Hindi-Sprachgebrauch werden die Dalits als unterentwickelte oder rückständige Gruppe bezeichnet. Ein Beispiel sind die Unberührbaren *(achut)*. In Marathi bezieht sich der Begriff auf jene Menschen, die in Armut leben und gesellschaftlich am schlechtesten gestellt sind.

Der Begriff Dalit wurde als erstes von Mahatma Jotirao Phule, einem Reformer des 19. Jahrhunderts, und von Dr. B. R. Ambedkar eingeführt, der sich für die Emanzipation der Dalits einsetzte. Die Unberührbaren werden als Ausgeschlossene behandelt, da sie nicht in der vierschichtigen Kastenstruktur der Hindu-Gesellschaft integriert sind. Der Begriff wurde dann von den Dalit-Panthern und den Schriftstellern von Maharashtra verbreitet. Eine Gruppe der Dalit-Panther schließt in ihrer Definition der Dalits auch Angehörige der registrierten Kasten, der indigenen Ethnien, Neobuddhisten, Frauen und Angehörige der religiösen und ethnischen Minderheiten ein, die Opfer von sozialen, ökonomischen und anderen Formen der Ausbeutung sind, während andere den Begriff nur auf die Unberührbaren beschränken. Man sagt, daß Ambedkar den Begriff Dalit einst prägte, um die registrierten Kasten zu bezeichnen. In diesem Sinne wird er heute meist verwendet.

Die registrierten Kasten (Dalits) sind über das ganze Land verstreut und haben sich mit der Bevölkerung vermischt. Aufgrund der Volkszählung aus dem Jahre 1991 wird ihre Zahl auf 138,2 Millionen geschätzt, was bedeutet, daß sie 16,48 Prozent der gesamten Bevölkerung des Landes ausmachen. Ihr Anteil an der Gesamtbevölkerung variiert von Staat zu Staat, alleine in Uttar Pradesh stellen sie 21,1 Prozent der Bevölkerung, gefolgt von Andhra Pradesh (11,6 Prozent), West-Bengalen (11,6 Prozent) und Bihar (9,1 Prozent). Die Dalits dieser vier Staaten bilden 53 Prozent der gesamten Dalit-Bevölkerung Indiens.

Die Dalits sind in ihrer sozioökonomischen Entwicklung unterschiedlich weit fortgeschritten und bestreiten ihren Lebensunterhalt in verschiedenen Arbeitsbereichen. Im traditionellen Kastensystem wurde ihre niedere Position aufgrund traditionell »unreiner« Arbeiten wie Betteln, Straßenkehren, Beseitigung toter Tiere, Lederarbeiten, Trommeln usw. definiert, man betrachtete sie als das unterste Glied auf der sozialen Leiter. Die große Mehrheit besitzt kein Land und arbeitet als Tagelöhner in der Landwirtschaft. Ihre Abhängigkeit von den Landbesitzern der hohen Kasten macht viele faktisch zu Leibeigenen. Anders als die indigenen Ethnien sind die meisten registrierten Kasten ohne Landbesitz. Nur 25,44 Prozent ihrer arbeitenden Bevölkerung (1994) bebauen eigenen Boden, während 49,06 Prozent als landwirtschaftliche Arbeiter angestellt sind.

Auch im Bildungswesen liegen sie weit zurück. Insgesamt konnten in Indien im Jahre 1991 52,19 Prozent der Bevölkerung lesen und schreiben, während dieser Anteil bei den registrierten Kasten nur bei 37,41 Prozent lag. In Staaten wie Bihar, Rajasthan und Uttar Pradesh liegt diese Quote sogar nur bei 19,49, 26,29 bzw. 26,85 Prozent.

Ber Zustand der Dalit-Frauen ist besonders beklagenswert. Sie werden doppelt diskriminiert. Der Anteil derer, die lesen und schreiben können, liegt in Bihar bei 7,07 Prozent, in Rajasthan bei 8,31 Prozent, in Uttar Pradesh bei 10,69 Prozent und in Madhya Pradesh bei 18,11 Prozent. Sie stellen den größten Anteil jener, die harte körperliche Arbeit in der Landwirtschaft verrichten.

Die uralte Praxis der Unberührbarkeit und die damit verbundenen zahlreichen Formen sozialer Benachteiligung werden in den ländlichen Regionen des Landesinneren noch immer konsequent praktiziert, wo das Bildungsniveau noch tief ist. Die Dalits müssen abseits des Dorfes in separaten Hütten leben. Der Zugang zu den Tempeln und anderen religiösen Orten, den Brunnen, den Hotels und Teestuben, den Friseursalons, Lebensmittelläden usw. wird ihnen verwehrt. Es ist ihnen nicht erlaubt, die Dienste des Priesters, des Verantwortlichen für rituelle Waschungen oder des Barbiers in Anspruch zu nehmen. Sogar die Prozession einer Dalit-Heirat würde Widerstand wecken, führte sie durch das Dorf hindurch.

Die soziale Diskriminierung zählt gleichzeitig zu jenen Faktoren, die zu zahlreichen Grausamkeiten gegen die Dalits führen. Sie fallen häufig Gewalttaten zum Opfer wie Mord, schwerer Körperverletzung, Vergewaltigung, Brandstiftung usw. Im Jahre 1995 lag die Zahl der landesweit gemeldeten Fälle bei 35 262, dabei handelte es sich in 688 Fällen um Mord, in 2156 Fällen um schwere Körperverletzung, in 1143 Fällen um Vergewaltigung und in 729 Fällen um Brandstiftung.

Diese Gewalttaten bringen körperliches und seelisches Leid mit sich. Die Opfer haben mit akuten finanziellen Problemen zu kämpfen, die durch den Verlust von Vermögenswerten und/oder den Tod oder die bleibende Behinderung der verdienenden Familienmitglieder entstehen. Hinter den Gewalttaten an Dalits stehen meist Streitigkeiten um Landbesitz, die Nichtbezahlung der Minimallöhne, die Verweigerung von Riten, die Praxis der Unberührbarkeit. Entwicklungsprogramme für Dalits stoßen bei höheren Kasten oft auf Ablehnung und haben die Hemmschwelle für Verbrechen an den Dalits noch herabgesetzt.

Die Gründerväter der Verfassung haben erkannt, wie wichtig eine soziale Ordnung ist, die allen Teilen der Gesellschaft Gleichheit bringt. Aus diesem Grund haben sie gewisse Garantien für die Förderung der schwächeren Teile der Gesellschaft, zu denen auch die registrierten Kasten gehören, eingerichtet. Artikel 46 der Leitlinien der Staatspolitik schreibt vor: »Der Staat hat die Bildungs- und Wirtschaftsinteressen der ärmeren Bevölkerungsschichten vorrangig zu vertreten, insbesondere die der registrierten Kasten und der indigenen Ethnien, und sie vor sozialer Ungerechtigkeit und allen Formen der sozialen Ausbeutung zu schützen.«

Die Unberührbarkeit wurde unter Artikel 17 in jeder Form verboten. Artikel 330 garantiert den registrierten Kasten und den indigenen Ethnien Sitze im Parlament, und Artikel 332 garantiert das gleiche für die Bundesstaaten. Andere Artikel regeln ihre angemessene Vertretung im Staatsdienst. In den Unternehmen der öffentlichen Hand, den staatlichen Banken und anderen Finanzinstitutionen sind 15 Prozent der Stellen für die registrierten Kasten reserviert. Die Zahl dieser Stellen wird in den einzelnen Bundesstaaten entsprechend dem Bevölkerungsanteil der Dalits festgelegt. Auch ihr Zugang zum Bildungswesen oder die Zuteilung von Wohnraum wird den Dalits verfassungsmäßig zugesichert.

Eine integrierte Entwicklungspolitik wäre nötig, um den Lebensstandard langfristig zu verbessern. Beispielsweise eine Politik, die die materielle Basis der Dalit-Haushalte verbessert, um sie aus der Armut herauszubringen; eine Politik, die dazu beiträgt, die Dalits zu schützen, wenn ihre menschlichen und verfassungsmäßig garantierten Rechte verletzt werden oder wenn die lokale Rechtsprechung und Polizei darin versagt, sie vor der Gewalt der höheren Kasten zu schützen; eine Politik, welche den Status der Dalit-Frauen verbessert. Schließlich eine Politik, die den Dalit-Kindern dabei hilft, ihren Gesundheitszustand und ihre Chancen im Bildungswesen zu verbessern. Die Politik hat noch einen langen Weg vor sich, bis die Sterblichkeitsrate bei den Kindern gesenkt werden kann und die Resultate der Entwicklungen für die Dalits in Indien spürbar werden.

»Chipko«

In den letzten Jahren hat die Waldfläche in Indien stetig abgenommen. Die Zerstörung der Wälder ist eine Folge des Bevölkerungswachstums und der Industrialisierung. Seit Erlangung der Unabhängigkeit sind auf Regierungsebene alle erdenklichen Anstrengungen unternommen worden, um diese Entwicklung umzukehren und so viele neue Bäume wie möglich zu pflanzen. Diese Maßnahmen haben in der Tat einigen Erfolg gezeigt, aber wirklich ermutigend ist, daß einfache Menschen in verschiedenen Landesteilen die lebenswichtige Bedeutung der Wälder erkannt haben. Sie vermeiden nicht nur das unnötige Fällen von Bäumen, sondern legen auch aus eigener Initiative systematisch umfangreiche Pflanzungen an. Nachstehend wird an einigen Beispielen beschrieben, wie solche Gruppen mit ihren Anstrengungen greifbare Erfolge erzielten.

Vor einem Jahrzehnt war die Umgegend eines Tangsa-Dorfes

am Fuße des Himalajas meilenweit entwaldet. Heute ist das Dorf dank des freiwilligen Einsatzes seiner Einwohner von Wäldern umgeben. Diese Selbsthilfebewegung heißt »Chipko«, was »Umarmung« bedeutet und auf eine Protestbewegung zurückgeht, bei der Dorfbewohner Bäume umarmten, um sie vor dem Fällen zu bewahren. *Chipko* veranstaltet regelmäßige Lehrgänge, die der Landbevölkerung Informationen und Kenntnisse über die Erhaltung des Waldes vermitteln. Die Menschen in dieser Region haben selbst die Gefahren erkannt, die das wahllose Fällen von Bäumen darstellt. Die Wälder sind ihre Hauptlebensgrundlage, und sie wissen sehr wohl, daß ihren wirtschaftlichen Interessen am besten gedient ist, wenn die Wälder schonend genutzt werden. Neue Bäume werden gepflanzt, und die Menschen sorgen selbst dafür, daß die Pflänzlinge nicht verdorren oder vom Vieh gefressen werden. Wer nicht auf seine Jungbäume achtet, wird von der Gemeinschaft bestraft und geächtet; das bedeutet, daß etwa einen Monat lang niemand mit ihm redet, ißt oder arbeitet.

Die Stadt Nagpur in Zentralindien liegt in einer der heißesten Regionen, und noch vor wenigen Jahren gab es dort kaum Bäume und Sträucher, bis sich eines Tages eine Anzahl von Einwohnern aus eigenem Antrieb zu Gruppen zusammenschloß und in der Stadt eine große Anzahl von Bäumen pflanzten. Heute gilt Nagpur als eine der baumreichsten Städte Indiens. Im Laufe der letzten Jahre sind auf jedem verfügbaren Fleckchen Erde in der Stadt und ihrer Umgebung Bäume gepflanzt worden. Die Überlebensrate dieser Bäume, die von freiwilligen Arbeitsgruppen gepflegt und betreut werden, beträgt 80 Prozent.

In Kerala wird die Wiederaufforstung durch das Pflanzen von Bäumen nahe den Grabstätten verstorbener Angehöriger gefördert. Diese Pflanzungen nennt man »Smrithivanam« – Wälder zum Gedenken an die Toten.

Die Wiederaufforstung ist kein neues Phänomen in Indien. In der Tat hoben schon die *Veden* die Notwendigkeit hervor, die Umwelt zu schützen und zu erhalten. Das Töten von wilden Tieren und die unnötige Zerstörung von Bäumen galten als schändliche Taten. In den Schriften heißt es: »O böser Mensch, wenn du einen Vogel brätst, dann sind dein Baden in heiligen Flüssen, deine Pilgerfahrten und Opfergaben nutzlos.« In einem anderen berühmten Buch – *Arthashastra* genannt –, das vor mehr als 2000 Jahren in Indien entstand, wird gesagt, daß Menschen, die Vögel töten, Luft und Wasser verschmutzen oder auf andere Weise der Umwelt Schaden zufügen, empfindlich bestraft werden sollten.

R. K. Narayan
Über den Lärm

Die Menschheit brauchte mehrere Jahrhunderte, um schmutzempfindlich zu werden. Wir kennen Zivilisationen, in denen Fliegen als Haustiere betrachtet wurden. Je mehr wir uns auf eine zivilisierte Welt zubewegen, desto mehr entwickeln wir ein Bewußtsein für antiseptische Sauberkeit und versuchen, jeden Sumpf und Stillstand, Fliegen und Flöhe und allerlei Übel zu vermeiden, die angeblich Krankheit und Tod verbreiten.

Wann wird sich eine ähnliche Haltung zu einem anderen Übel entwickeln – dem Lärm? Ich sehe keinen Unterschied zwischen Schmutz und Lärm. Schmutz beeinträchtigt den Körper, während Lärm den Geist beeinträchtigt. Er wird nur toleriert, weil man ihn nicht sieht. Ich wünschte, Wissenschaftler entdeckten ein fleckenverursachendes Mittel, das die Klangwellen sichtbar macht, wenn sie anschwellen und ans Trommelfell eines armen Sterblichen branden. Dann würden die Menschen die wahre Natur des Lärms erkennen und gemeinsame Anstrengungen unternehmen, dieses Übel zu beseitigen.

Unsere Denkgewohnheiten sind so sehr von alten Weisheiten geformt, daß ich wünschte, jemand hätte ganz am Anfang der Geschichte gesagt: »Wenn Sauberkeit gleich nach Göttlichkeit kommt, dann kommt Lärm gleich nach dem Teufel.« Oder falls eine positivere Verlautbarung gewünscht ist, hätte man sagen können: »Schweigen kommt gleich nach Göttlichkeit.« Wenn die Leute das in ihrem Leben genügend lange wiederholt hätten, hätten sie dem Teufel gegeben, was des Teufels ist, und ihn vermieden.

Der Lautsprecher ist zum größten Fluch geworden. Es ist eine Prestigefrage, ein Mikrophon am Rednerpult zu haben. Ganz gleich, wie groß eine Halle ist, ein Redner ist beleidigt, wenn er kein Mikrophon und ein paar Verstärker um sich sieht. Sie vermitteln ihm ein Gefühl des Wohlbefindens. Die erste Frage, die ein moderner Musiker stellt, ist: »Sind die Lautsprecher richtig angebracht?«

Man muß sich auch vor jedem Anzeichen eines freudigen Ereignisses fürchten. Ich kann keine mit Mangoblättern oder Fähnchen behangene Kordel hochgehen sehen, ohne mir zu sagen: »Der Nachbarschaft steht eine schlimme Zeit bevor.« Diese Prophezeiung hat sich selten als falsch erwiesen. Kürzlich sah ich eine enthusiastische Gruppe junger Männer, die auf einer Veranda in einer belebten Straße zehn Tage lang das Fest von Ganesha, dem elefantenköpfigen Gott, begingen. Obwohl ihre Zuhörerschaft selbst ein Flüstern ohne jede Verstärkung hören konnte, hatten sie vier Lautsprecher aufgestellt, um ihr Programm in alle Richtungen zu verbreiten. Die Feier fing um acht mit dem Abspielen von Filmaufzeichnungen an, die bis Mitternacht dauerten. Vor den Lautsprechern versammelten sich Kinder und Erwachsene und behinderten den Verkehr; in einem Nachbarhaus bekam ein Mann eine Bluttransfusion, sein Leben hing am seidenen Faden; in einem anderen Haus studierte eine Gruppe Studenten für die Examina im September; in einem weiteren war ein krankes Kind, das nicht einschlafen konnte. Um Mitternacht hörte die Musik auf, und dann erhob sich jemand, um vor der Versammlung über die Bedeutung von diesem oder jenem zu reden. All das konnte drei Meilen weit in der höchsten Lautstärke gehört werden, und es dauerte zehn Tage. Warum wurde das hingenommen? Worin unterschied es sich von Mordversuch, Giftanschlag und jedem anderen ordnungswidrigen Benehmen?

Der auf einem fahrbaren Untersatz angebrachte Lautsprecher hat die Rolle des alten Tom-Tom übernommen. Der Zirkus, der in die Stadt gekommen ist, die Theatertruppe, die ihr Programm wechselt, der *Beedi*-Hersteller, der plötzlich das Gefühl hat, er müsse den Verkauf ankurbeln – sie alle benützen bedenkenlos den Lautsprecher. Eine Schallplatte, die das tausendste Mal abläuft, bricht plötzlich über ein Viertel herein, und dann kommt mit dämonischer Stimme eine großartige Ankündigung, danach fährt der Wagen weiter und hinterläßt eine Spur von Handzetteln, um seine Ankunft und Abfahrt zu kennzeichnen. Sämtliche Kinder des Viertels rennen mit dem Wagen mit, um die Bekanntmachungen aufzuheben. Ich weiß von zumindest einem Kind, das von einem Auto mit *Beedi*-Musik umgefahren und zerquetscht wurde.

Ich bete, daß die Vereinten Nationen uns eine Anti-Lärm-Charta geben mögen, durch die wir uns verpflichten, alle Quellen unnötigen Krachs aus der menschlichen Gesellschaft zu eliminieren. Wir werden alle entsetzlichen und monströsen Klänge aus unserer Mitte verbannen. Wenn die Übeltäter keinen Verstand annehmen wollen, werden wir Sanktionen gegen sie verfügen. Wir werden keine Vorstellung besuchen, die von einem fahrenden Lautsprecher angekündigt wurde. Wir werden den Kopf abwenden, wenn fliegende Händler ihre Waren in den Straßen zu laut ausrufen. Wir werden den Lastkraftwagen, der um Mitternacht auf dem Bürgersteig repariert und getestet wurde, auf die schwarze Liste setzen. Wir werden in wohlerzogener Gesellschaft keine Personen empfangen, die ihre Ankunft durch Hupen vor dem Haus bekanntgeben. Und wir werden unser Eintrittsgeld zurückverlangen, wenn man sich bei Ausstellungen wegen der alles übertönenden Musik aus einem Dutzend Lautsprechern unmöglich mit einem Freund unterhalten kann, den man zufällig trifft. Wenn dies geschieht, entgeht unser Zeitalter dem Stigma, die lauteste Zeit in der Geschichte der Menschheit genannt zu werden.

Nandini Azad

Überleben im Stadtdschungel

Erinnern Sie sich an den Tag, als die Zwiebeln ausgingen und die Gemüsefrau nicht kam? Als die Kinder zum Sportfest mußten und die Waschfrau ihre Schuluniformen nicht ablieferte? Oder als Sie verzweifelt Zigaretten suchten und der Stand an der Ecke geschlossen war? Vielleicht erinnern Sie sich auch, daß Sie einmal die Waschfrau zwei Stunden warten ließen, als sie den Lohn abholen wollte? Daß Sie beim Gemüseeinkauf um fünf Paise feilschten?

Der normale Städter ist sich kaum je bewußt, wie vielfältig das Angebot und die Dienstleistungen jener Frauen sind, die im informellen Wirtschaftssektor arbeiten. Ihre Rolle wird sichtbar nur an den Tagen, wenn sie plötzlich fehlen.

Die Arbeiterinnen vertreiben lebensnotwendige Güter wie fertiges Essen, Kleider, Bettwäsche, Werkzeuge, Früchte, Gemüse, Fisch, Dachziegel und tausend andere Sachen. Sie montieren und produzieren Kartonschachteln, Couverts, Anhängeetiketten und so weiter für die großen Firmen und tragen so dazu bei, den Dienstleistungssektor in Gang zu halten. Aber abgesehen von einigen Schreibtischgelehrten haben die Politiker der Entwicklungsländer sich nie groß um sie gekümmert.

Man muß sich einmal vorstellen, wie sie leben und arbeiten. Sie haben kein Kapital, keine Ausbildung und keine Ausstattung – das macht sie abhängig vom Großhändler, Geldverleiher und Unternehmer. Ihre Arbeitszeit ist lang, bei der Arbeit haben sie keinerlei Schutz. Zu Hause leiden sie unter dem Mann: Alkoholismus, wenig finanzielle Unterstützung, Prügel, Bigamie, Verlassenwerden und die Unsicherheiten des Eherechts gehören zu ihrem Alltag. Die folgenden Beispiele zeigen die Lage von Arbeiterinnen im informellen Wirtschaftssektor in Madras.

Tirupura Sundamarial (genannt Sundari), 28 Jahre alt, ist Gemüseverkäuferin auf dem Pattalam-Markt. Ihr Mann arbeitet als Kehrer in einem Kuhstall. Jetzt hat sie nur zwei Kinder, zwei weitere starben als Säuglinge. Sie muß sich auch um die zwei Kinder ihres älteren Bruders kümmern. »Wie soll ich mit den 60 Rupien meines Mannes sechs Leute füttern?« sagt sie. Ihr eigenes Einkommen ist die Hauptstütze des Familienbudgets.

So beschreibt sie ihren täglichen Ablauf: »Um vier Uhr morgens gehe ich auf den Gemüse-Großmarkt. In dieser Gegend wimmelt es von Dieben und Messerstechern. Wegen der vielen Leute dort kann man kaum richtig einkaufen. Man wird herumgestoßen, getreten und gequetscht, bevor man irgend etwas gekauft hat. Wenn ich kein Bargeld habe, kann ich vom Großhändler, der mich kennt, auf Kredit kaufen. In diesem Fall bekomme ich Ware für 80 Rupien, und er berechnet mir 100. Dann muß ich an den Transport denken. Wenn ich meine Periode habe, will der Busfahrer meinen Sack nicht einladen. Manchmal verlangt der Fahrer zwei Rupien extra für den Sack. In den Spitzenzeiten kann ich sicher sein, daß die Tomaten zerquetscht sind und der Koriander zerstoßen ist.

Ich versuche, um sechs Uhr wieder zu Hause zu sein, um die Kinder zu waschen und für die Schule bereitzumachen. Um sieben Uhr gehe ich auf den Markt. Mein einjähriges Kind nehme ich mit auf die Straße, wo ich verkaufe, im Sommer und im Winter. Um halb zwölf oder halb eins bin ich wieder zu Hause und mache die anderen Haushaltsarbeiten. Mit dem Geld, das ich verdient habe, gehe ich um halb zwei wieder auf den Markt. Um sechs Uhr bin ich wieder zurück und koche die einzige warme Mahlzeit des Tages. An den übrigen Mahlzeiten wird übriggebliebener Reis mit Sauce vom Vortag oder mit Chilis oder Zwiebeln gegessen. Wie sollen wir satt werden, wenn ich nicht hart arbeite?«

Sorgen mit dem Alkohol

Kusala verkauft Blumen und Früchte auf dem Triplicane-Markt. Spöttisch sagt sie: »Mein Leben ist eine einzige Liebesgeschichte. Den ganzen Tag trinken, und wenn ich protestiere, zieht er das Messer. Weder im Haus noch draußen rührt mein Mann einen Finger. Und bei Nacht muß ich noch ganz anderes ertragen. Auch mein Bruder ist ein Alkoholiker. Gestern kam seine Frau von der Sterilisation, und ich gab ihr zu essen. Mein Bruder kam mit dem Stock und wollte mich prügeln: ›Warum kriegt sie zu essen und ich nicht?‹ Aber seine Frau ist in Ordnung. Ich habe ihr gezeigt, wie man Blumen verkauft, und ihr gesagt, sie soll das verdiente Geld verstecken. Aber mein Bruder kommt zum Laden und will aufpassen, wenn sie zum Essen geht. Dann stiehlt er sich Geld zum Trinken.

Früher gab mein Mann seinen Verdienst seiner ersten Frau und lebte bei ihr. Wenn er zu mir kam, wollte er Fleisch und Eier und Taschengeld. Darum spezialisierte ich mich auf Früchte, und ich habe die eine Tochter in eine gute Familie verheiratet. Mein Mann kündigte seine Stelle, und mit der Gratifikation verheiratete ich die zweite Tochter. Ob er eine Stelle hat oder nicht, ist mir egal. Er hat mir ohnehin nie einen Paisa gegeben. Solange ich eigenes Geld verdiene, bin ich der König. Ich habe vier Säufer in der Familie – sagen Sie mir, warum unternimmt der Gesundheitsdienst nichts gegen den Alkoholismus? Wir müssen dieses Problem lösen, und zwar ein für allemal.«

Sorgen mit der Polizei

Für die Polizei sind die Straßenverkäuferinnen ein öffentliches Ärgernis. Deshalb leben sie gefährlich. Zwei- oder dreimal im Monat, bei Straßenkontrollen, erhalten sie Bußen von zehn Rupien.

An den anderen Tagen müssen sie den Polizisten Zigaretten, Geld, Kaffee, Tee und Gratisgemüse geben. Die Frauen fürchten das Monatsende, wenn die Polizisten zu wenig Strafzettel gesammelt haben.

Aber die Frauen haben ihre unterirdischen Netze, Signale und gemeinsamen Strategien: »Ganz gleich, ob man eine Brahmanin, ein *Harijan* oder eine Moslem ist – sobald wir einen Polizisten sehen, geben wir uns Zeichen. Wir sind alles Geschäftsfrauen und stehen in Konkurrenz – aber sobald wir eine weiße Uniform sehen oder einen Polizeiwagen hören, sind wir Verbündete.«

Andal, eine von ihrem Mann verlassene Verkäuferin, erzählt eine Episode: »Eines Tages, als ich Ware für 800 Rupien bei mir hatte, veranstaltete die Polizei eine Razzia auf dem Markt. Ich flüchtete in das Haus eines Brahmanen. Der Polizist beschlagnahmte meine Ware, verfolgte mich in mein Versteck und hieb mir über den Kopf.

Ich wandte mich an einen Politiker, den ich kannte. Zu viert organisierten wir eine Unterschriftenkampagne und gingen mit etwa 50 Verkäuferinnen aufs Polizeikommissariat. Zwei Tage lang waren unsere Wagen samt aller Ware im Arrestlokal eingeschlossen. Der Kommissar rief mich. Er war ein guter Mensch und hörte mich an. Dann rief er den Polizisten an und sagte ihm: ›Du darfst ihnen das Geschäft nicht ruinieren, indem du ihre Ware einschließt und verfaulen läßt. Du darfst nur Strafzettel verteilen.‹ Nach einer Woche war der Polizist versetzt. Seither behandelt man uns korrekt.«

Suniti Namjoshi

Der Brahmane und seine Tochter

In der heiligen Stadt Benares lebte einst ein Brahmane. Während er am Flußufer wandelte und den Krähen zusah, die sich von den Leichenresten nährten, die halb verkohlt in der Strömung trieben, sagte er zu sich selber: »Nun ja, ich bin arm, aber ich bin ein Brahmane; nun ja, ich habe keine Söhne, aber ich, ich selbst, bin doch männlichen Geschlechts. Ich will in den Tempel zurückkehren und Gott Vishnu um einen Sohn bitten.« Er nahm den Weg zum Tempel, und Gott Vishnu hörte ihn an und erhörte ihn. Allerdings schenkte er ihm, ob aus Zerstreutheit oder aus anderen unerforschlichen Gründen, eine Tochter.

Der Brahmane war enttäuscht; doch als das Kind alt genug war, rief er es zu sich und sprach: »Ich bin Brahmane. Du bist meine Tochter. Ich hatte auf einen Sohn gehofft. Nun gut. Ich will dich alles lehren, was ich weiß, und wenn du verständig genug bist, wollen wir gemeinsam meditieren und nach Erleuchtung suchen.«

Obwohl nur ein Mädchen, war sie doch eine Brahmanin und lernte schnell. Da setzten sie sich zusammen nieder und meditierten angestrengt, und Gott Vishnu erschien ihnen schon nach kurzer Zeit. »Was wollt Ihr?« fragte er.

Der Brahmane konnte kaum an sich halten. Er redete gleich los: »Ich will einen Sohn.«

»Gut«, sagte der Gott, »in der nächsten Runde.« Im nächsten Leben wurde der Brahmane eine Frau und gebar acht Söhne.

»Und was ist dein Begehren?« fragte Vishnu das Mädchen.

»Ich möchte den Rang eines Menschen bekommen.«

»Oh, das ist viel schwieriger«, wich der Gott aus, und er setzte eine Kommission ein, um das Problem zu studieren.

Gail Omvedt

Devadasis – Dienerinnen der Gottheit

Die junge Lehrerin einer Urdu-Schule in Bijapur wurde von einem Regierungsbeamten gewaltsam entführt. Unter Androhung der Rache der Göttin Yellamma und des Verkaufs an ein Bordell in Bombay wollte man sie zum *Devadasi*-Dienst zwingen. Doch ihr gelang die Flucht, aber ihre Klage wurde weder vom Gerichtshof noch von der Regierung von Karnataka entgegengenommen.

Tausende von jungen Mädchen aus armen Familien niedriger Kaste in Belgaum, Bijapur und Teilen des Kolhapur-Bezirkes entgehen dem Schicksal, das der jungen Lehrerin bevorstand, nicht. Man schätzt, daß jährlich 200 Mädchen der Göttin Yellamma geweiht und später nach Bombay zur Prostitution verkauft werden. Nach grober Schätzung dürften sie 40 Prozent der dortigen Prostituierten ausmachen.

Die Meinungen über die Prostitution gehen auseinander. Manche verlangen, daß sie legalisiert und als Gewerbe unter behördlicher Aufsicht und Reglementierung betrieben werde, um die Verbreitung von Geschlechtskrankheiten unter Kontrolle zu halten. Andere fordern aus vorwiegend moralischen Gründen, daß sie abgeschafft oder zumindest aus ihrer Umgebung verbannt werde. Noch andere postulieren die Selbstorganisation der Prostituierten in einer Art Gewerkschaft, um minimales Einkommen, Zugang zu medizinischen Diensten und andere Vorteile sicherzustellen. Über Prostitutionszwang jedoch kann und darf es nur eine Ansicht geben. Frauen zu zwingen, ihren Körper zu verkaufen, ist das scheußlichste Verbrechen, das leider in vielen Ländern der dritten Welt durchaus verbreitet ist.

Das *Devadasi*-System stammt offensichtlich aus vorarischer Zeit. In den vedischen Schriften in Sanskrit wird es nicht erwähnt. Die tamilische Sangam-Literatur dagegen, die 200 bis 300 Jahre vor

Christi Geburt zurückreicht, beschreibt unter dem Namen *Parattaiyar* eine Klasse von Tänzerinnen. Es waren Kurtisanen, die auch gewisse rituelle Funktionen ausübten und in einem eigenen Stadtteil lebten. Schließlich wurden sie den Tempeln angeschlossen. In nach-vedischer und nach-buddhistischer Zeit verbreitete sich die Tradition über ganz Indien, blieb im Süden aber immer am ausgeprägtesten. Junge Mädchen wurden vor allem dann der Göttin, gelegentlich auch einem Gott, geweiht, wenn sich ihre Haare verfilzten. Filzknoten galten als Zeichen der Auserwählung durch die Gottheit. Das berufene Mädchen durfte nicht heiraten. Sobald es alt genug war, oblagen ihm die rituellen Tempeltänze, verschiedene Opferhandlungen für Göttinnen und Götter und die Teilnahme an religiösen Zeremonien. Es galt als Braut der Gottheit und stand jedem Mann, der zum Tempel kam, sexuell zur Verfügung. Die *Devadasis* gehörten ausnahmslos den niedrigsten Kasten, meist den Unberührbaren, an. Sie wurden tiefer eingestuft als andere Kurtisanenklassen oder Tempeltänzer und -sänger.

In der Feudalzeit wurden die *Devadasis* zu eigentlichen Sklavinnen der Feudalherren, vom Raja und Maharaja bis hinunter zum Dorfmagnaten. Das Sklavenverhältnis besteht immer noch. Reiche Kaufleute, Grundbesitzer, Großbauern bezahlen die Kosten für die religiöse Weihe eines Mädchens und erwerben sich damit das Recht des ersten sexuellen Verkehrs. Sie genießen auch weiterhin bestimmte Privilegien, obwohl das Mädchen nun auch für andere Männer verfügbar ist. Allerdings ist es heute weit öfter so, daß Zuhälter aus dem Milieu von Bombay für die Weihezeremonie aufkommen, auch eine Kleinigkeit darüber hinaus an die Eltern des Mädchens geben und es dann direkt einem kommerziellen Bordell überstellen.

Das Leben einer *Devadasi* war nicht nur ihrer sexuellen Funktion wegen, oder weil sie als gottgeweiht und oft auch von Gott besessen galt, außergewöhnlich. Ihr gesamter Lebensstil war völlig verschieden, ja weitgehend das genaue Gegenteil von dem anderer Frauen. Sie konnte sich inner- und außerhalb des Dorfes absolut frei bewegen, jeden beliebigen Beruf ausüben und ein Einkommen verdienen. Vor dem Gesetz galt sie als Mann. Sie war ebenso erbberechtigt wie ein Sohn und konnte wie er die Totenrituale für den Vater durchführen. Ihre Kinder trugen ihren Familiennamen, nicht den ihres Mannes, unabhängig davon, wie lange ihre Beziehung zu ihm dauerte. Sie fiel in keiner Weise unter die strikte Regel des Manu, daß die Frau unentwegt bevormundet sein müsse, durch den Vater, den Ehemann oder den Sohn. Deshalb sehen einige in der *Devadasi*-Tradition die Überreste einer matrilinearen und matriarchalen Gesellschaftsform.

Ist es jedoch möglich, daß innerhalb einer patriarchalen Ordnung einzelne Frauengruppen dem Patriarchat nicht unterliegen? Die *Devadasis* hatten wohl keinem Gatten zu gehorchen, doch konnte jeder Mann sexuelle Rechte über sie geltend machen, und viele waren Sklavinnen der Feudalherrscher. Obwohl die *Devadasis* gleiche gesellschaftliche und religiöse Rechte wie Männer hatten, zogen meist Männer den Nutzen aus diesen Rechten. Väter und Brüder lebten von den Einkünften der *Devadasi* aus Prostitution oder anderen Berufen. Gerade auffallend hübsche Mädchen wurden und werden heute noch der Göttin in der bewußten Absicht geweiht, den Eltern ein Einkommen zu sichern. Andere wurden in Ermangelung eines männlichen Erben zu *Devadasis* bestimmt, damit der Familienbesitz erhalten blieb. Obschon das Leben einer *Devadasi* also in radikalem Gegensatz zu dem der verheirateten Frau stand, unterlag sie den gleichen ausbeuterischen, patriarchalischen Mechanismen. Zudem beinhaltete das System eine Klassendiskriminierung. Es erlaubte den Männern hoher Kasten freie, religiös sanktionierte sexuelle Ausnützung der schönsten Mädchen der untersten Schichten.

Die Kastenausbeutung

Devadasis entstammen praktisch nur den Dalits, der kastenlosen Bevölkerung. Gelegentlich mag ein Brahmanenmädchen aufgrund seines Filzhaares der Göttin Yellamma geweiht werden und sein Leben ehelos im sakralen Tempeldienst verbringen. Doch es wird niemals *Devadasi* oder Prostituierte. Vilas Wagh fand in einer Untersuchung der Prostitution in Puna, daß über 60 Prozent aller Prostituierten und 90 Prozent der *Devadasi*-Prostituierten Kastenlose waren, während keine einzige der Gruppe der Brahmanen, Maratha, Jain oder Lingayat zugehörte. Natürlich üben auch hochkastige Mädchen aus der Mittel- und oberen Mittelklasse das Gewerbe aus, aber sie sind keinem Bordell unterstellt, sondern arbeiten als unabhängige Callgirls, oft mit eigener Wohnung. Sie mögen pro Kunde 400 Rupien verdienen, während man die andern mit vier Rupien bezahlt. So spielen Kaste und Gesellschaftsklasse auch hier ihre Rolle.

Die Institution der *Devadasi* hat längst nichts mehr mit dem Feudalsystem zu tun. Die überlieferte Form ist wohl geblieben, aber der Yellamma-Kult ist, wie so manche andere indische Tradition, von einem ungebremsten Kapitalismus vereinnahmt worden. Die Dörfer und Städte von Bijapur, Belgaum und anderen Distrikten rund um den Yellamma-Tempel von Soundatti bilden die Jagdgründe der Zuhälter der Bordelle von Bombay. Statt Tempeln und Feudalherren zu dienen, verkaufen die Töchter verelendeter Familien ihre Körper nun auf dem offenen Markt.

Das *Devadasi*-System versklavt Frauen und unterdrückt Dalit-Familien im Namen der Religion. Es erstaunt deshalb nicht, daß die erste Auflehnung dagegen aus der Dalit-Bewegung kam. 1910 analysierte S. J. Kamble aus Puna in seiner Zeitschrift *Somvanshiya Mitra* die Einrichtung und griff sie an. 1912 gründete der Dalit-Führer von Andhra Pradesh, Bhagyareddy Varma, in Hyderabad eine sozial engagierte Organisation, die *Manya Sangam*. Die Abschaffung der *Devadasi*-Tradition war eines ihrer Ziele. Schon dadurch wurden nicht wenige Mädchen vor einem *Devadasi*-Schicksal bewahrt. Später entstand dann das *Adi Hindu Murli Nivaran Mandal,* das sich ausschließlich dem Kampf gegen die *Devadasi*-Unsitte widmete. Doch es gibt nur spärliche Angaben über die Wirkung dieser Anstrengungen in den verschiedenen Teilen Indiens. Ein weiterer Beweis dafür, wie wenig bekannt hier die Bewegungen zur Aufhebung der Kastenschranken sind.

Die Anfänge des Kampfes

Von entscheidender Auswirkung waren die Aktionen von Babasaheb Ambedkar. Es bestehen Protokolle über verschiedene seiner Versammlungen, so in Nipani im Jahre 1925 und in Bombay 1929, wo für eine große Anzahl *Devadasis* die Ehe vermittelt wurde. Ambedkar rief die Frauen auf, die Familie zu schützen und ihre Kaste nicht zu entehren, wobei dieses konservative Postulat durchaus liberale, antifeudalistische Wirkung hatte.

Die Veränderung wurde nicht nur durch einige tüchtige Führer und engagierte kleine Gruppierungen bewirkt. Sie ist auch den Arbeitern der unteren Kasten zu verdanken, die allmählich für bessere Lebensbedingungen zu kämpfen begannen. Im Chikodi-Distrikt organisierte 1930 beispielsweise ein Dalit-Lehrer, Virappa Man, zusammen mit Freunden eine große Kundgebung und zog darauf demonstrierend durch die Dörfer. Er gab trotz Schlägereien von seiten der Anhänger der Göttin nicht auf. Ein Ergebnis dieser Anstrengungen ist die Verabschiedung des *Devadasi Abolition Act* durch die Provinzregierung von Bombay im Jahre 1934. 1960 führten junge Gonds der Region Soundatti einen sozialen Boykott gegen Familien durch, die ihre Töchter dem Tempel gaben. Auch ihnen gelang die Verhinderung zahlreicher Verschacherungen, und die Zahl der *Devadasis* in Soundatti ist relativ gering.

Auch Kaka Karkhanis, ein alter Gandhi-Anhänger, focht einen jahrzehntelangen Kampf. Ihm lag vor allem die Eingliederung Kastenloser am Herzen. Er gründete Schulen und Internate für *Harijan*-Kinder, mußte seine Institutionen 1972 aber wegen Geldmangels schließen, ohne das System merklich beeinflußt zu haben. »Die Regierung ist apathisch«, klagte er bitter. Korrekter wäre es zu sagen, daß die Regierung, und ganz bestimmt eine große Anzahl von Regierungsbeamten, ein immenses Interesse an der Aufrechterhaltung des Systems hatte und hat. Methoden, die einen Mentalitätswandel verlangen, können nichts ausrichten, solange nicht eine Bewußtseinsveränderung bei den Dalit-Arbeitern stattgefunden hat und sie selber für ihre Rechte kämpfen.

1975 fand in Gudhinglaz im Kolhapur-Distrikt eine Konferenz zum Problem der Rehabilitierung von *Devadasi*-Frauen statt. Rund 500 Frauen nahmen daran teil, und beinahe ebenso viele kamen zu einer zweiten Konferenz 1980 in Nipani. Die Anwesenheit zahlreicher militanter Tabakarbeiterinnen machte die Stimmung kämpferisch. Als Ergebnis von Studien, Pressekonferenzen, Mobilisierung von Organisationen und Einzelpersonen wurde schließlich auch von der Regierung von Karnataka ein Gesetz zur Abschaffung des *Devadasi*-Systems verabschiedet. Es sieht bedeutend härtere Strafen, jedoch keinerlei behördliche Kontrolle von Tempeln und Priesterschaft vor. Es schließt auch keine Bestrafung ein für Priester, Mittelsmänner und Geschäftsleute, die Profit aus dem *Devadasi*-Handel ziehen.

In jüngerer Zeit führen in den Städten Kolhapur, Gargoti und Nipani kleine Gruppen Kampagnen für Haarschneiden und das Entfernen der Filzflocken im Haarschopf durch, während zahlreiche Aktivisten ihre Anstrengungen gegen das *Nipani*-System in den größeren Zusammenhang des allgemeinen Kampfes der Dalits und der Arbeiterschaft um gerechtere Lebensbedingungen stellen.

Diese Anti-*Devadasi*-Kampagne ist deutlich verschieden von früheren Unternehmungen. Die führenden Köpfe sind Kasten-Hindus und Angehörige des Mittelstandes, die Aktivitäten bestehen vorwiegend in Zusammenkünften, Seminaren und Konferenzen, die wenig konkrete Resultate bringen. Einzelne, wie der Schulmeister von Bijapur, mögen wohl diesen Kampf ausfechten, aber Yellamma hat Hunderttausende von Anhängern. Noch sind die Arbeitermassen aus niedriger Kaste, die in der Landwirtschaft ausgebeuteten Tagelöhner und die verarmten Bauern der Grenzregion zwischen Karnataka und Maharashtra nicht vom Willen besessen, das jahrtausendealte, durch religiöse und patriarchalische Tradition abgestützte Joch abzuwerfen. Bis es soweit ist, wird das Unterdrückungssystem weiter funktionieren, und wir können nur feststellen, daß alle Bemühungen der letzten Jahre erst der Beginn des Kampfes gegen das *Devadasi*-Unwesen sind.

Indira Mahindra

Der Aufbruch der Frauen

Die Reformbewegung *Arya Samaj* brachte im 19. Jahrhundert eine merkliche Besserstellung der Hindu-Frau. Sie verfocht eine Rückkehr zum Urhinduismus der vedischen Zeiten, ehe er mit Riten und Ritualen vollgestopft und verfälscht wurde, und damit die Wiedergewinnung von Respekt und Hochachtung für den Stand der Frauen. *Arya Samaj* setzte sich für die Ausbildung der Mädchen und die Wiederheirat der Witwen ein. Sie betrieb die Wiedereingliederung jener Frauen, die entführt, vergewaltigt und dann zu Tempelprostitution gezwungen worden waren, was für die Betroffenen die einmalige Chance zur Aufnahme eines bürgerlichen Lebens bedeutete. Ein Sozialdienst gründete Heime für notleidende Frauen und schaffte die Diskriminierung der niedrigen Kasten ab. Die *Brahmo-Samaj*-Bewegung in Bengalen erarbeitete parallel dazu religiöse Alternativformen für jene Hindus, die von den Brahmanen unterdrückt wurden, womit sie wesentlich zur Aufweichung der starren Hindu-Orthodoxie beitrug.

Während der britischen Herrschaft machten die indischen Frauen rasche Fortschritte. Die Engländer setzten sich nicht nur für Mädchenerziehung ein, sie kämpften auch vehement für die Abschaffung grausamer sozialer Praktiken wie Tötung weiblicher Neugeborener, Kinderheirat, Witwenverbrennung und der diskriminierenden Behandlung der Witwen, vor allem der Kinder-Witwen. 1938 wurde erstmals in bescheidenem Maße das Recht der Frauen auf Eigentum gesetzlich festgeschrieben. Nicht wenige einflußreiche, fortschrittliche Inder unterstützten die erfolgreiche Durchführung der Reformen der britischen Verwaltung. Es ist unbestritten, daß die Anwesenheit der Frauen von Kolonialbeamten, »Memsahibs« genannt, zur Veränderung ihrer Mentalität beitrug und dazu inspirierte, die Stellung ihrer eigenen Frauen zu verbessern. Viele von ihnen hatten in Oxford und Cambridge studiert. Der Kontakt mit westlicher Kultur und westlichen Gesellschaftsstrukturen weckte in ihnen das Bedürfnis nach partnerschaftlichen Lebensgefährtinnen anstelle der indischen »besseren Hausdienerinnen«. Da gebildete einheimische Mädchen kaum zu finden waren, heirateten manche von ihnen Engländerinnen und brachten sie nach Indien mit. Für diese Frauen war es jedoch beinahe unmöglich, sich in das Leben der Großfamilie einzufügen, ohne zugleich in den traditionellen niedrigeren Stand der Frau zu fallen. Sehr oft führten solche gemischten Heiraten zu Familienspaltungen, und viele der Frauen kehrten schließlich nach England in die ihnen besser entsprechende Umwelt zurück.

So wurde der Hindu-Gemeinschaft der alarmierende Mangel an passenden Hindu-Bräuten für die im Ausland studierenden Söhne klar. Es wurden Prämien für die Ausbildung von Mädchen ausgesetzt, und die Eltern wurden ermuntert, die Töchter in englischsprachige Schulen zu schicken, damit ihre Chancen stiegen, einen der höchst begehrten, in England erzogenen jungen Männer zu heiraten. Allerdings waren unter diesen heimkehrenden Männern auch solche, die, wie Mahatma Gandhi, schon als Kinder verlobt worden waren. Sie hielten wohl das Eheversprechen ein, das ihre Eltern an ihrer Stelle gegeben hatten, suchten aber einen Ausweg aus dem Dilemma. Da sie der Tradition nicht mehr blindlings glaubten, wagten sie, damit zu brechen. Sie ermutigten ihre Frauen, die strenge Abschirmung *(Pardah)* aufzugeben, holten deren Schulbildung mit Hilfe von Privatunterricht, meist durch englische Missionarinnen, nach und verkehrten mit ihnen in westlich orientierten Gesellschaftskreisen, um sie westliches Benehmen zu lehren. Die Frauen reagierten mit Begeisterung. Sie legten Schleier und Strenggläubigkeit ab und lernten, mit ihren freidenkenden Ehemännern Schritt zu halten. Sie waren die Schrittmacher einer neuen Klasse indischer Frauen, indische Memsahibs.

Leider gab es nur eine Handvoll dieser fortschrittlichen Frauen, und sie waren isoliert voneinander. An der Schwelle zum 20. Jahrhundert hatte die erdrückende Mehrheit indischer Frauen noch immer keine eigene Identität. Mädchen bekamen bei der Geburt zwar einen Namen, doch der verlor sich schnell, und man nahm sie nur noch als Tochter, Frau, Mutter oder Großmutter des Soundso zur Kenntnis. Bei einer Volkszählung entdeckten viele, daß sie den Namen ihrer Mutter gar nicht kannten. Zur gleichen Zeit setzten sich Männer wie Mahatma Gandhi für die Sache der Frau ein, holten sie aus ihren vier Wänden heraus und motivierten sie für die Unabhängigkeitsbewegung.

Schließlich war es die Teilung Indiens, die eine dramatische Veränderung im Leben der Inderinnen bewirkte. Die entwurzelten Familien aus den geteilten Panjab und Bengalen wurden in Indien angesiedelt. Um die finanzielle Situation zu meistern, mußten dabei alle Erwachsenen mitverdienen. Die Männer allein konnten nicht mehr für die von ihnen abhängigen weiblichen Personen aufkommen, und die jungen Mädchen konnten nicht länger herumsitzen und warten, bis man ihre Aussteuer zusammengebracht hatte und sie verheiratete. Die konservative Mittelklasse mußte den Frauen die Ausübung passender bezahlter Arbeit erlauben; die Töchter wurden Stenotypistinnen, Telefonistinnen, Empfangsdamen, Krankenschwestern, Lehrerinnen und ähnliches. Das war die echte gesellschaftliche Revolution, auf welche die Inderinnen so lange hatten warten müssen. Ihr Beitrag zum Familienunterhalt gab ihnen ein bisher nicht gekanntes Gefühl von Bedeutung, Macht und Selbstachtung. Nun, da sie Freiheit gekostet hatten, war es nicht mehr möglich, sie in die alte Abhängigkeit zurückzubinden, nur weil der politische Umbruch zur Ruhe kam. Die Frauenbefreiung war nicht mehr rückgängig zu machen.

Als Folge dieser Umwälzung und in Anerkennung des Beitrags der Frauen zur Unabhängigkeitsbewegung garantiert die Präambel der Verfassung Status- und Chancengleichheit aller indischen Bürger, unabhängig von Geschlecht, Kaste, Farbe und Religion. Der Artikel 14 sichert »Gleichheit vor dem Gesetz« zu, Artikel 15 verbietet »jegliche Diskriminierung«, wobei das Geschlecht unter anderen Kategorien ausdrücklich erwähnt ist. Paragraph 3 des Artikels 15 bedeutet allerdings wieder einen Rückfall: Er ermächtigt den Staat zu »besonderen Vorsorgemaßnahmen für Frauen und Kinder«. Damit wird die Frau von neuem, wie die Kinder, als hilflos und fürsorgebedürftig eingestuft, eine ebenso beleidigende wie »unabänderliche Abhängigkeit«, wie sie Manu in seinen Gesetzen vorsah.

Will man die indische Frau definieren, muß man ein enormes Spektrum berücksichtigen. Es reicht von den Frauen des Toda-Volkes, die in einem Vielmännersystem leben, bis zu Parlamentsmitgliedern, Ministerinnen und Botschafterinnen. In den höheren Schulen sitzen Mädchen aller Gesellschaftsschichten. Sie tragen Hosen und folgen dem Unterricht gemeinsam mit Jungen. Frauen verfolgen Berufslaufbahnen genau wie Männer als Ärztinnen, Juristinnen, Sekretärinnen, Architektinnen, Innenarchitektinnen, Bergsteigerinnen, Forscher- und Entdeckerinnen, Laden- und Hotelbesitzerinnen, kurz, in jedem erdenklichen Beruf, der sie lockt. Wir finden sie selbst im Polizeiwesen und in der Armee. Daneben gibt es aber auch Hochschulabsolventinnen, die zufrieden sind, einfach Hausfrau zu sein.

Am dunkleren Ende des Spektrums finden wir die Frauen, die man, etwa in Ahmedabad, wie Tiere vor schwere Karren gespannt sieht, oft allein, manchmal zusammen mit einem Mann, meist dem Ehemann; und im allgemeinen ist es der Mann, der abends, nach einem mühseligen Tagewerk, auf dem leeren Gefährt sitzt und sich heimziehen läßt. Die indische Frau kann also nicht mit einem einzigen gültigen Bild, sondern nur in einer vielfältigen Bilderfolge gezeichnet werden. Sie entfernt sich mit unglaublicher Geschwindigkeit von ihrem früheren Dasein, und mit ihr verändern sich auch die Männer. Sie wählen mehr und mehr Bräute, die einen Beruf erlernt haben und zum Familieneinkommen beitragen können, statt Unterhalt vom Mann zu verlangen.

Das heutige Hindu-Mädchen lebt in einer grundlegend anderen Umwelt als seine Mutter oder Großmutter, nicht zu reden von der Urgroßmutter, die sich wahrscheinlich noch auf dem Scheiterhaufen des toten Ehemannes mit verbrannte. Heute fällt eine Frau nicht mehr in hilfloses, mühsam gehaltenes Schweigen, weil ihr verkündet wird, der eben gehörte Schrei stamme von einem »totgeborenen« Mädchen. Mütter weinen nicht mehr beim Stillen ihrer Töchterchen im Gedanken an das trostlose, chancenlose, eingesperrte Leben, das den Säugling erwartet. Junge Frauen müssen ihre Existenzberechtigung nicht mehr durch die Geburt männlicher Erben beweisen. Ihre Zukunftssicherung hängt nicht mehr von mindestens einem Sohn ab, der sie erhält, falls ihr Mann stirbt. Eltern mit mehreren Töchtern mögen enttäuscht sein, aber sie sind nicht mehr verzweifelt, denn die Vorschrift, daß nur ein Sohn die Totenriten vollziehen und die Opfer für die Vorfahren darbringen kann, gilt nicht mehr. Die Bedeutung der Ahnenverehrung ist im Schwinden. Die Eltern lernen, für ihr eigenes Alter zu sorgen und sich nicht mehr auf die Kinder zu verlassen. Die Verstädterung hat die Großfamilie aufgespalten. Der arbeitslose Sohn ist eine größere Last als die Tochter, die einen Lohn heimbringt.

Seit das Geben und Nehmen von Mitgift als ungesetzlich erklärt wurde, bedeutet ein Mädchen für seinen Vater keine Bürde mehr. Wie ein Armreif schließt sich die Geschichte der Lebensbedingungen der Hindu-Frau. Sie kehrt zu ihrem Anfang zurück, wo, wie Altekar schreibt, »in einer der frühen *Upanishaden* dem Familienvater bestimmte Rituale empfohlen werden, um die Geburt einer klugen, verständigen Tochter sicherzustellen«.

Sunetra Gupta

Fremde und andere Geister

Mutter, es ist der Rauch in deiner Küche, der mir diese Tränen in die Augen treibt, dieser feine Rauch, gesättigt mit einer Spur alten Senfs, den du Tag für Tag über viele Jahre eingeatmet hast, es ist dieser Rauch, Mutter, und nicht das vergilbte Gewicht meiner überfütterten Prosa, der mir heute Tränen in die Augen treibt, während ich dasitze und mir eine weitere Episode der unendlichen Geschichte ausdenke, mit der ich unseren Lebensunterhalt bestreite und meine Figuren durch eine weitere Woche in ihrem Leben schleife und sie mit den tödlichen Palmwedeln ihrer Geschichten streife. Diese Woche steht ein zufälliges Treffen mit einer jungen Frau auf dem Programm, an einem regnerischen Mittwochnachmittag, einem Nachmittag vielleicht wie diesem, auf der weiten Veranda des Marmorpalastes, des Sitzes der Mullick-Familie, Mutter, den du niemals besichtigt hast, eine der wenigen Sehenswürdigkeiten dieser Stadt, ich muß dich einmal dorthin mitnehmen, Mutter, vielleicht nächstes Jahr, nachdem du in Pension gegangen bist, dann wirst du Zeit haben, dahindämmernde Nachmittage endloser Ruhe, Nachmittage, die für dich einst durch den Klang der Schulglocke eingeteilt wurden, doch ich schweife ab, wie immer schweife ich ab, aber wie sehr doch meine Leser meine Abschweifungen genießen, Mutter, es ist eine Gewohnheit, die ich von dir übernommen habe, denke ich, aus meinen Kindertagen voller ineinander verschachtelter Geschichten, in phantastischer Abgeschiedenheit ausgebrüteter Anekdoten, dies ist doch der Kern kindlicher Sicherheit, nicht wahr, Mutter? Und nun habe ich die Pflicht, für meine Leser ein Labyrinth aus Erzähltem zu konstruieren, wo sie sich verstecken können, wo es von Geschichten wimmelt, die ineinander abtauchen und ohne ein Ende wieder an die Oberfläche kommen, diese Woche also steht eine zufällige Bewegung beim Marmorpalast auf dem Programm, eine junge Frau, soeben hat sie ihr Studium abgeschlossen, geboren und aufgewachsen ist sie in Nordlondon, sagen wir mal, und nun kommt sie zum ersten Mal in diese Stadt, auf der Suche nach ihren Wurzeln, nein, nicht zum ersten Mal, denn gewiß wurde sie schon einmal hierher gebracht, als Kind, um sie den Großeltern vorzuführen, den Tanten, den Cousinen. Mit einer Lieblingscousine in ihrem Alter wird sie brieflich in Kontakt geblieben sein, hat ihr gewiß wertvolle Poster von Madonna geschickt und Kaugummistreifen in die sorgfältigst verschlüsselten Briefe gesteckt, diese Cousine ist nun seit einigen Jahren verheiratet, vielleicht war unsere junge Frau sogar zur Hochzeit geladen, hat in ihren Semesterferien zwei kurze Wochen in den Tropen verbracht, aber seit damals hat sich viel in ihr verändert, ihr Horizont hat sich erweitert, doch ihr Leben ist nicht ausgefüllt, ihre Romanze aus den ersten Studienjahren mit dem hitzigen Waliser ist vorüber, ist allzu banal zu Ende gegangen, ihr Hund wurde vor einigen Monaten von einem Kühltransporter überfahren, ihre beste Freundin ist zum Nachdiplomstudium nach Kanada abgereist, geblieben sind nur ihre Geheimnisse, nun schon alt und etwas verblichen, und sie wünscht sich nur noch eins: in einer Ecke zu sitzen und Gedichte zu schreiben, und natürlich auch jemand, der diese liest, atemlos liest, tiefe Schlucke aus ihrem Seelencocktail trinkt und sich dabei in grenzenlosem Genuß die Lippen leckt. Daran denkt sie, während sie in den trüben Augustregen starrt, der nun schon lange und ohne Unterbruch in den alten Hof des Marmorpalastes fällt, schlicht und einfach vom Himmel stürzt und mitten in die gewundenen Phrasen, die sie nur zu gerne gebrauchte, um einen tropischen Regenguß zu beschreiben, wenn ihr nur jemand einen solchen Ort für ein Jahr lang zur Verfügung stellen würde, malt sie sich aus, oder noch besser einen heruntergekommenen Landsitz im verzauberten Herzen eines Waldes, mit matten Spiegeln behängt und von den Schatten seltsamer und nutzloser Möbel bewohnt, dann wäre sie gewiß in der Lage, den Klang aus den Worten zu wringen, den

Worten in ihrem Innern, die niemals genügend Luft zum Atmen hatten, bedrängt vom Verkehr und Rauch, eingeengt von banalen Begegnungen und den filzigen Ausbuchtungen anderer Worte, alles auf zu engem Raum aneinander gequetscht. Dies sind ihre Gedanken, Mutter, als er sie zufällig trifft, nicht unsere übliche Hauptfigur, sondern dessen älterer Bruder, der selten erwähnt wird, der introvertierte Manager Arunavo, er hat sich den Nachmittag freigenommen, er spürt, daß eine Erkältung im Anzug ist und hat seinen Fahrer dann aufgrund eines plötzlichen Impulses (ist ein Impuls nicht immer plötzlich, Mutter?) zum Marmorpalast gelenkt und nicht nach Hause, um diese Zeit kommen gerade seine Töchter aus der Schule zurück, und obwohl er es sich selbst nicht so recht bewußt ist, nehmen wir für ihn wahr, daß er sich dazu entschieden hat, einige ruhige Stunden in der antiken Isolation des Marmorpalastes zu verbringen, sich für eine Weile inmitten des süßen viktorianischen Zerfalls auszuruhen, bevor er in seine luxuriöse, aber hektische Wohnung in Alipore zurückkehrt, denn er hat drei Töchter, unser Arunavo, sie alle sind bei ihren Klassenkameraden beliebt und schleppen diese in Horden mit sich nach Hause, um die Nachmittage mit herzhaftem Kichern und heimlichem Getuschel auszufüllen, daß er es kaum ertragen kann, dorthin zurückzukehren, weiß er nicht, aber meine Leserschaft wird es bereits vermuten, denn sie wissen, daß Arunavo ein Mann mit einer Leidenschaft für die Stille ist, daß er vor Jahren jene Frau, die er liebte, verlor, weil er sich so vollständig der Stille verschrieben hatte, aus diesem Grund hatte er nicht gewagt, seine Liebe auszusprechen, schweigend hatte er sie verehrt, und mit inständigem Schweigen hatte sie auf seine Bewunderung reagiert, niemals erklärte er ihr seine Liebe, er intervenierte nicht einmal, als die bevorstehende arrangierte Heirat bedrohlich näherrückte, und so hatte sie einen jungen Arzt geheiratet, und war mit ihm ein Jahr später fortgegangen, da war sie im zweiten Monat schwanger und wollte sich in England ein neues Leben aufbauen. Du kannst bereits erkennen, wie sich ihre Geschichten ineinander zu verschlingen beginnen, Mutter, nicht wahr, wie sich diese beiden einzelnen Fäden verknoten, meine junge Frau mit dem unstillbaren Hunger nach Poesie, die in den Regen hinausstarrt und mein mittelalterlicher Manager mit dem leichtem Halskratzen, der gekommen war, um in den feuchten Ruinen des Mullick-Familiensitzes Ruhe zu finden, du kannst den ungeschickten Knoten, den fetten, groben Knoten, den ich gleich knüpfen werde, gewiß bereits erkennen, oder nicht, Mutter?

Gefühlloser Intellekt, leidenschaftslose Arroganz, schmerzfreie Gewalt, dies sind die schlimmsten Übel, beschließt sie und starrt in den tauben Regen, und meine Leser werden ihr dabei verzeihen, denn es ist genau der Duft dieser Überlegungen, der Arunavo veranlaßt, stehenzubleiben, als er an ihr vorübergeht, auf seiner Suche nach muffiger Ruhe, modriger als jene, die der leere Platz ihm bieten kann, doch es ist nur der Fluß seiner Gedanken, der unterbrochen wird, dieser feine Schwung treibt ihn in die dunkle Bildergalerie, wo er auf wundersame Weise ganz alleine ist.

Aber er wird nicht lange in diesem Halbdunkel schwelgen, wo ihn der Schorf alter Träume zäh umfließt, wie Ellbogen krümmen sich ihre Gedanken um seinen Kopf, sie folgt ihm hinein, tritt leise, barfuß in die Bildergalerie, als der Regen plötzlich bockt und sich aufbäumt und auf die Veranda hinabprasselt.

Er dreht sich zu ihr um und lächelt, er erschrickt nicht allzusehr, als ihm klar wird, daß ein Abbild seiner längst verlorenen Liebe ihre geisterhaften Züge umschwebt, ich habe deine Mutter geliebt, wie gerne würde er das zu ihr sagen, ich bin beinahe sicher, daß ich deine Mutter geliebt habe, denkt er sich, aber wegen meines Schweigens hattest du nicht entstehen können. Aber Arunavo ist ein Mann, der wenig Worte macht, und mein Publikum würde einen solch indiskreten Ausbruch seinerseits nicht tolerieren, und du am allerwenigsten, Mutter, niemals würdest du ein solch entsetzliches Verhalten seinerseits dulden, er macht dem Kind ja Angst, würdest du protestieren, und dabei an deine Enkelin denken, meine liebe Nichte Urmila, von der wir uns gestern Abend verabschiedet haben, wir haben sie ins Flugzeug nach Heathrow gesetzt, gar nicht gut hat sie ausgesehen, gestern abend, Mutter, fandest du nicht auch, an dieses Klima nicht gewöhnt, hatten sich drei Monate in den Tropen tief in ihr Fleisch eingegraben, so unglaublich blaß und dünn sah sie aus, gestern Abend, Mutter, abhanden gekommen ist ihr all der jugendliche Enthusiasmus, mit dem sie vor drei Monaten in unser Haus gekommen war, sie hatte viel erwartet von diesen drei Monaten, Mutter, drei Monate mit dir und mir, ihrer Tante, der unverheirateten Schriftstellerin, die Verrückte in der Küche, die zwischen den Senfkrusten und den Fencheldämpfen herumscharrt, große Hoffnungen hatte sie auf mich gesetzt, Mutter. Und statt dessen habe ich sie nach Einzelheiten ihres Lebens in Nordlondon ausgequetscht, habe ihre atemlosen, vertraulichen Erzählungen schamlos ausgeschlachtet, um dem Leben meiner Figuren Farbe zu verleihen, habe auf der Jagd nach Authentizität die Markennamen ihrer Cremen und Lotionen, die Aufschriften auf ihren T-Shirts gierig in mich aufgesogen, diese Fetzen, die meine Leser noch mehr genießen als die Verwicklungen meiner Geschichte, aber es ist ein verbreitetes Laster, so erzählt man mir, die unausweichliche Schwäche für Markennamen, das Martyrium von *Marks & Spencer,* das abgehobene Wohlwollen von *Boots,* die asthmatische Einsamkeit von *Harvey Nichols,* sie alle sind nun für mich greifbar, für mich, die niemals übers Meer gekommen ist.

Aber meine junge Frau im Marmorpalast ist nicht Urmila, Mutter, das wirst du schon bald bemerken, denn Arunavo wird sie als zart wahrnehmen, ihre Nase hat die Form einer Schalmei, ihre Augen sind groß und ruhig, ihre Lippen voll, jedoch immer verbissen zusammengepreßt, sie ist gewiß nicht unsere Urmila, Mutter, deren Haarschopf dem eines Hahnes ähnelt und deren Ohrläppchen durchlöchert sind, nein, Mutter, meine junge Frau hat Haare, die ihr wie Herbstwolken um den Hals streichen, und ihre Ohren haben nur ein Loch, in das gerade ein Paar Diamantstecker paßt, die das Regenlicht in hastigen, abrupten Blitzen widerspiegeln.

Arunavo niest. Entschuldigen sie mich, sagt er zu dem Mädchen.

Furchtbar dieser Regen, antwortet sie, ich bin sicher, es schadet der Gesundheit mehr, von diesem Prasseln durchnäßt zu werden, als von einem unangenehm kalten, englischen Nieselregen. Und eine Erkältung ist bei der Hitze so viel schwerer zu ertragen, als eine Erkältung bei kalten Temperaturen, wo man sich am Feuer wärmen und mit Brandy und heißer Schokolade kurieren kann.

Erkältungen sind gut für die Menschen, sagt Arunavo abwegigerweise. In Nordbengalen glaubt man, so erinnert er sich, daß Erkältungen die Menschen vor dem Wahnsinn beschützen, eine verstopfte Nase glättet die unbesonnenen Wogen der Gedanken, knackende Ohren lenken von der Besessenheit des mondlosen Windes ab, die dichte tropische Stille wird einen wachsamen Geist austrocknen, sofern er nicht von einem Schnupfen verstopft ist, das erzählt er ihr.

Erkältungen, sagt das Mädchen, und alle Arten der Atemwegsinfektionen wurden zu einem Ideal erhoben, um den kreativen Impuls der Menschen an die Zügel zu nehmen, ganz ähnlich wie das mit dem Bild des kränkelnden Engels im Haus geschah, womit so viele Generationen von Frauen geschwächt wurden. Ja, gewiß können Erkältungen vor Wahnsinn schützen, denn Erkältungen mindern die energiespendende Autorität und schwächen so diese erste Voraussetzung des Wahnsinns ab: die vollständige Selbsterkenntnis.

Du erinnerst mich, sagt Arunavo, an ein Schulmädchen, dem ich vor vielen Jahren, als ich noch studierte, Privatstunden gab. Von allen Dingen hatte sie seltsame Vorstellungen und war genauso begierig wie du, ihre Phantasien Fremden mitzuteilen.

Ich habe ihre Schwester geliebt, wie gerne würde er ihr das erzählen, ich habe ihre Schwester geliebt, habe sie mit der tiefen, grenzenlosen Kraft der Stille geliebt, jede ihrer Handlungen, von Stille überzogen, hallte endlos in mir wider, ein flüchtiger Blick auf ihre Hand, die draußen im Gang die Läden zuzog, würde den ganzen Abend in mir nachklingen, während ich mich mit meiner frühreifen Schülerin unterhielt, mich bemühte, ihre zügellosen Gedanken in grammatikalische Zwangsjacken zu stecken, ich war es, der sie auf den Kurs der Zusammenhänge steuerte, denkt Arunavo, und jetzt schreibt sie billige Fortsetzungsromane für Frauenzeitschriften.

Nur Fremden erzähle ich solche Phantasien, sagt das Mädchen, nur Fremden und Geistern.

Vielleicht bin ich ja ein Geist, das kannst du nicht wissen, sagte Arunavo.

Das ist gar nicht typisch für ihn, wird mein Publikum die Achseln zucken, wir kennen doch Arunavo, so wohlgesetzte Worte bringt er nicht über die Lippen, wir kennen ihn nun seit vielen Jahren, wird mein Publikum protestieren, und noch niemals zeigte er so viel Engagement, Arunavo, das wissen wir, ist ein Mann, der sich immer nur von den zarten Sprossen seiner Gedanken ernährt.

Aber ich kenne ihn schon viel länger als meine Leser, und ich weiß, wie viele Lügen hinter diesen Mauern aus Stein begraben liegen, ich weiß, wie viele verschlungene Gänge mit unausgesprochener Leidenschaft verschüttet sind, ich weiß, wie viele Seufzer noch immer unverbraucht durch die langen Gänge seiner Träume hallen, ich kenne das Fenster, an dem sie ihn beobachten würde, wenn er auf die Straßenbahn wartete, ich kenne die seltsame Unruhe, die in ihr aufstieg, wenn sie beobachtete, wie er keinerlei Regung zeigte, während eine Straßenbahn nach der anderen an ihm vorbeifuhr, und keine davon in seine Richtung, ich kenne das ruhelose Streifen seiner abgewetzten Hemdmanschetten an der Untertasse seines Tees, während er mit den schwermütigen Widersprüchen seiner Studentin kämpfte und dabei pausenlos an ihre Schwester dachte.

Ich könnte ja auch ein Geist sein, bittet er die junge Frau, in diesem Raum voller fleckiger Ölgemälde, sein ganzes Leben hat er als Geist verbracht, für seine Familie, seine Freunde, zeichnete sich immer nur der Umriß seiner Gestalt ab, sogar für sie, die ihn leidenschaftlich geliebt hatte, mußte er so schnell an Substanz verloren haben, er war zu einem verblaßten Schatten in ihrer Vergangenheit geworden, sogar für sie, die einst schon in Aufruhr geriet, wenn sich ihre Finger beinahe berührten, als sie ihm den diskreten braunen Umschlag aushändigte, sein monatliches Gehalt, Mutter, oft hast du es durch sie überbringen lassen, stimmt es nicht, und hast gehofft, eine deiner zahlreichen Hoffnungen, ihre Zärtlichkeit dadurch zu ermutigen, hast gehofft, er möge ihr seine Liebe gestehen, sie vor ihrem drohenden Opfer retten, vor der Heirat, die ihre Onkels bereits arrangierten, denn wir lebten seit vielen Jahren ohne Vater, lebten von den Almosen unserer Onkel und wurden von deinem mageren Lehrerinnengehalt unterstützt, Mutter, so wie wir nun von meinen unzureichenden Verdiensten leben. Hast du gehofft, er würde sie retten, Mutter, vor einem Leben der Unterordnung, oder er würde eher dich retten, vor einem Leben in Dankbarkeit, meine Onkel hatten bei ihrer Hochzeit keine Kosten gescheut, oh, Flüsse aus Curry strömten an ihrer Hochzeit zwischen Dünen aus Reis, und ich stand hinter den Kotelettbergen und schluchzte und beschloß, niemals zu heiraten. Sollte sie ein Vehikel deines Protestes sein, Mutter, schicktest du sie deshalb so oft mit dem Tee und dem Gebäck oder seinem Lohn, immer in einem gebrauchten Umschlag, die Adresse herausgeschnitten, hattest du gehofft, er würde dir den Mut geben, um die Almosen meiner Onkel zurückzuweisen, damit du wenigstens in dieser einen Angelegenheit, der Heirat deiner Tochter, ein Wort mitzureden hättest, daß du ihnen stolz hättest verkünden können, der nette junge Lehrer habe sich in sie verliebt und um ihre Hand angehalten, er wolle sie heiraten, natürlich hätten die beiden noch warten müssen, denn er hatte noch nicht einmal seinen Abschluß, aber seine Aussichten waren glänzend, so viel war klar, du hättest einen wunderbaren Fang gemacht, aber er ist dir aus deinem Netz entschlüpft, Mutter, würdigte deine heitere Beständigkeit niemals mit Gelübden, vielleicht wußtest du bereits, daß es niemals so weit käme, Mutter, vielleicht war dies deine grausame Art, uns mit dem monströsen Ausmaß unseres Unglücks vertraut zu machen, vielleicht wolltest du, daß sie ihn liebte, nur damit deine Qualen in der Bitterkeit ihres Verlusts ein Echo fanden, Mutter, als du ihr

Schicksal in die Hände meiner Onkel legtest, damit sie es mit eifrigen Händen jenseits deiner Einflußmöglichkeiten in Form kneteten.

Und so sahst du hilflos zu, als meine Onkel sie mit einem gedrungenen Ingenieur verheirateten, wie sehr wir bei seinem Anblick trauerten, denn er war mindestens einen halben Kopf kleiner als sie, und seine Nase war eingedrückt wie die eines Wachhundes, und wie alt er uns schien, schon vierunddreißig, damals waren wir noch so jung, Mutter, du wirst uns unsere jugendliche Verzweiflung vergeben, nicht wahr, denn später lernten wir ihn alle als den freundlichen und liebenden Ehemann, der er ihr war, schätzen, und unsere liebe Urmila entstammt aus ihrer Verbindung, seine dunklen Augenbrauen hängen schwer über ihren erdweichen Zügen, seine groben Nasenlöcher drücken ihre zarte Nase hinunter, unsere Urmila ist keine Schönheit wie meine Schwester, aber sie hat ein freundliches Gesicht und eine fröhliche Art, nicht wahr, Mutter, aber drei Monate in diesem feuchten Klima waren zu lang für sie, ernüchtert und verbraucht ist sie zurückgekehrt, dankbar stieg sie in diesen unerschütterlichen Pegasus, der sie zurück in das Land ihrer Geburt brachte, du hast dir die Tränen abgewischt, Mutter, als die Maschine abhob, wer weiß, wann du sie wieder sehen wirst.

Aber meine junge Frau im Marmorpalast ist nicht Urmila, Mutter, das verspreche ich dir, sie ist ein reines Phantasieprodukt, sie ist in diese Stadt gekommen, um nach etwas ganz anderem zu suchen, und nun findet sie in der verschwenderischen Dekadenz des Marmorpalastes plötzlich einen Anlaß zu hoffen, denn der Mann, der vor ihr steht, hat sich selbst als Phantom zu erkennen gegeben, und nun weiß sie, daß sie ihre eigenen Geister, wohin sie auch geht, mit sich nehmen muß, und auch die ihrer Väter und ihrer Vorväter, und daß die Geister in ihrem Innern, wohin sie auch gehen wird, immer ihre Feste feiern und ihr Lachen und ihre Tränen für alle Zeiten weich in ihr Bewußtsein hindurchsickern werden, und sie wird zufrieden sein.

Ich denke, wir verlassen die beiden hier, den Geschäftsmann

mit dem Halskratzen und die verträumte junge Studentin, bevor sich der Knoten, der ihre Schicksale miteinander verbindet, zu einer Schlinge zusammenzieht, werden wir sie mit ihrem herrlich unvollendeten Gespräch zurücklassen, das mit einem so vielversprechenden Mangel an Zurückhaltung begonnen hatte, und überlassen sie für einen Moment sich selbst. Vielleicht bringe ich sie wieder einmal zusammen, falls ich Arunavo, wie ich schon oft geplant habe, auf eine Geschäftsreise nach London schicke, wo er gewiß durch das Nordlondoner Bengali-Kontaktnetz zufällig auf seine verlorene Liebe treffen wird, und deine Tochter, wird er fragen, nachdem er die ersten belanglosen Enttäuschungen hinuntergeschluckt hat, deine Tochter, was ist nur aus ihr geworden?

Meine Tochter? wird seine verlorene Liebe antworten, warum fragst du, es geht ihr gut, obwohl sie noch immer nach einer guten Stelle sucht, warum läßt du dir nicht morgen von ihr London zeigen, sie hat sowieso nichts Besseres zu tun und kennt die Stadt viel besser als irgend jemand von uns.

Und so finden sie sich wieder inmitten der Trümmer einer Vergangenheit, die nicht die ihre ist, vielleicht zwischen den heiligen Schreinen der Sammlungen von Sir John Sloane, tauschen in der marmornen Ruhe Absurditäten aus, bis der Sinn seines Lebens sich bis zum Punkt der Auslöschung enthüllt und ihm klar wird, daß nun endlich der Zeitpunkt gekommen ist, an dem er die Stille zugunsten der festen Abschottung des Lächerlichen aufgeben muß, er wird dem Mädchen zum Abschied zuwinken, auf eine einsame Parkbank zurückkehren, und dort wird er, der mich meiner Vorstellungskraft beraubt hat, meiner Schwester die Würde der Wahl verweigert hat und dir, Mutter, verweigert hat, deinem Schicksal zu trotzen, er wird sein Gesicht in die abgewetzten Ärmel seines geliehenen Mantels stecken und heftig schluchzen.

Ranjana Sidhanta Ash

Frauen schreiben

In den letzten zehn Jahren – von 1984 bis 1994 – haben viele indische Autoren und Autorinnen auf Englisch geschrieben. Im Rahmen dieser kurzen persönlichen Auswahl müssen wichtige Namen ungenannt bleiben. Eine besonders große Lücke entsteht durch den Ausschluß jener Autorinnen, die in der südasiatischen Diaspora leben, wie Meena Alexander, Bharati Mukherjee und Suniti Namjoshi. Meine Auswahl erfolgte nach strikt geographischen Kategorien: Ich beschränke mich auf Frauen, die auf Englisch schreiben und in Indien leben. Heutzutage ist es in literarischen Kreisen »in«, mobil zu sein. Aus diesem Grund neigen einige Schriftstellerinnen dazu, zwischen ihrem Heimatland und dem Westen hin- und herzupendeln. Das bevorzugte Auswanderungsland sind dabei die USA. Trotzdem entstehen die Werke der Autorinnen, mit denen ich mich hier beschäftigen möchte, weiterhin zum größten Teil in Indien. Sie sind also nur am Rande von jenem Phänomen beeinflußt, das man den »doppelten Blick der Migrantenliteratur« nennen könnte, was soviel heißen soll, daß die Autorinnen Indien und indische Themen auch aus der Perspektive des Auslands betrachten.

Vermutlich wird der größte Teil der Prosa und Poesie dieses Jahrzehntes – um diese beiden Genres soll es hier gehen – vorherrschend vom Element der »Weiblichkeit« geprägt, um es mit Alice Walkers Begriff auszudrücken. Dabei handelt es sich um Texte, welche Frauen zelebrieren, und zwar vor allem indische Frauen und in erster Linie solche, welche mehr oder weniger zur gleichen Schicht und Bevölkerungsgruppe wie die Autorinnen selbst gehören. Grenzen werden selten überschritten, und wenn, dann vor allem von der älteren Generation – zu nennen wären Anita Desai und Nayantara Sahgal oder kosmopolitische Gelehrte wie die neuentdeckte Dichterin Rukmin Bhaya Nair. Männliche Figuren spielen zumeist nur Nebenrollen, und die zentrale Erzählstimme oder das lyrische Ich sind weiblich.

Solches Schreiben empfing 1984 neue Impulse, als Indiens erstes feministisches Verlagshaus, *Kali for Women,* gegründet wurde. Ein Jahrzehnt Verlagsarbeit hat dazu beigetragen, ein neues intellektuelles Milieu zu schaffen. Die indischen Feministinnen entwickelten neue Interpretationen der indischen Geschichte und der kolonialen Hinterlassenschaft, der Bedeutung des indischen und des Drittwelt-Nationalismus und der sozialen und wirtschaftlichen Entwicklung. Das Buch *Recasting Women: Essays in Colonial History,* herausgegeben von Kumkum Sangari und Sudesh Vaid *(Kali for Women,* Delhi 1989), war ein wichtiger Meilenstein für die feministischen Diskussionen innerhalb der akademischen Zirkel Indiens, vergleichbar mit dem großen Einfluß, der durch die Gründung der ersten feministischen Zeitschrift Indiens, *Manushi,* ausgeübt wurde.

Die von *Kali for Women* herausgegebenen Anthologien mit Kurzgeschichten indischer Frauen bringen diesen neuen Ton zelebrierter Weiblichkeit zum Ausdruck. Die Geschichten enden jedoch nicht immer mit der Befreiung der Frauen. Lesbische Beziehungen werden selten thematisiert, zudem enttäuscht es, daß selten Frauen aus der Arbeiterklasse oder Bäuerinnen vorkommen. Trotzdem beweisen die Geschichten einen neuen Umgang mit dem Thema der weiblichen Sexualität und Leidenschaft und zeigen interessante Variationen zum Thema Mutterschaft. *Truth Tales* (1986) und *Slate of Life* (1990) umfassen vor allem Geschichten, die aus regionalen indischen Sprachen übersetzt wurden, während in der Sammlung *In Other Words* (1992) vierzehn Geschichten auf Englisch verfaßt wurden. Unter den Autorinnen sind bekannte Namen, wie Vishwapriya Iyengar und Shema Futehally, andere sind Neuentdeckungen wie Githa Haraharan, die mit der Herausgabe ihres ersten Romans und einer Sammlung von Kurzgeschichten sofort auf ein positives Echo gestoßen ist.

Die Geschichte von Iyengar »No Letter from Mother« thematisiert die nach wie vor schwierige Stellung des Englischen in der indischen Gesellschaft und Literatur. Ein Mädchen sehnt sich im Internat mehr danach, von ihrer Mutter zu hören, als von ihrem Vater Briefe zu bekommen. Aber da die Mutter kaum Englisch spricht, kann sie nur kurze Nachrichten verfassen.

Im übrigen war dieses Jahrzehnt auch vom vehementen Protest der Akademikerinnen und anderer Frauen geprägt, die sich dagegen wehrten, daß die englische Sprache und Literatur Indien von den Briten und dem nachkolonialistischen indischen Establishment aufgezwungen wurde. (Siehe dazu beispielsweise: Gauri Vishwanathan, *Masks of Conquest,* New York 1989, Svati Joshi, Hg., *Rethinking English,* Delhi 1991, Rajeshwari Sunder Rajan, Hg., *The Lie of the Land,* Delhi 1992.) Trotzdem spielt das Englische in der kapitalistischen Entwicklung des Subkontinentes eine immer zentralere Rolle, und wer gut Englisch spricht, steuert in der Welt der Privilegien einen erfolgreichen Kurs.

Die Tendenz, ins Englische zu wechseln, um ein breiteres und ausländisches Publikum zu erreichen, läßt sich auch bei jenen beobachten, die ansonsten dieser Sprache gegenüber feindselig gestimmt sind. Von Mrinal Pande, einer wichtigen Hindi-Schriftstellerin und Verlegerin, wurde kürzlich in London ein teilweise autobiographischer Roman auf Englisch publiziert *(Daughter's Daughter,* Mantra 1993). Der Einfluß der Zwei- oder Mehrsprachigkeit der Frauen auf das Englisch, das sie schreiben, sticht ins Auge. In einer der Kurzgeschichten der jüngsten Kali-Sammlung gibt es einen Abschnitt, in dem ein Drittel der Wörter aus der Muttersprache der Autorin stammt, und auch die meisten anderen Autorinnen haben Wörter aus ihren regionalen Sprachen integriert. Während Anand in seinen Romanen in den dreißiger Jahren noch äußerst sorgfältig eine Persiflage auf das Panjabi schuf, wechseln die heutigen Autorinnen unbeschwert in ein flüssiges indisiertes Englisch und übersetzen dabei mündlich überlieferte und religiöse Texte frei aus den jeweiligen regionalen Sprachen und aus dem Sanskrit. Shashi Deshpande setzt in ihren Romanen

That Long Silence (London 1988) und *The Bending Vine* (London 1993) ihre Muttersprache Kannada und Sanskrit, das sie in der Schule gelernt hat, als zentrale Elemente ein. In Githa Hariharans erstem Roman *The Thousand Faces of Night* (Delhi 1992) findet man einige der brillantesten Übersetzungen, die von Sanskrit-Texten existieren, und eine Nachdichtung der Sanskrit-Beschreibungen der vielen Erscheinungsformen der großen Gottheit Devi.

Die Literatur, die indische Autorinnen in diesem Jahrzehnt schufen, hat mit der angeblich homogenisierten Kultur der oberen Schichten Indiens gebrochen. Jene Kultur strebte nach einem Lebensstil, der sich vornehmlich in Clubs, Bars und Fünfstern-Hotelzimmern abspielte und so das indisch-englische Schreiben auf diese Art mit Farbe versehen wollte. Nun wird der Regionalismus stärker betont. Dies hätte auch negative Folgen haben können, bedenkt man, wie stark in diesem Jahrzehnt der religiöse Fundamentalismus in Indien zugenommen hat und welche Bedrohung er für die säkularisierte Politik dieses Landes und die wertvolle kulturelle Synthese zwischen Sanskrit und dem indopersischen Vermächtnis darstellt. Glücklicherweise besitzen Autorinnen wie Deshpande und Hariharan, deren Erzählungen in ihren eigenen Bevölkerungsgruppen verwurzelt sind – nämlich deren der hochkastigen Hindus, vor allem der Brahmanen –, ein feministisches Bewußtsein. Sie bedienen sich der Hindu-Bräuche und -Schriften, um die Tradition zu unterlaufen und die Ungerechtigkeiten herauszustellen, mit dem Ziel der Befreiung der Frauen.

Volkszählung 1991

Alle zehn Jahre findet in Indien eine Volkszählung statt. 1991 war es die fünfte seit Erlangung der Unabhängigkeit im Jahre 1947.

Nach provisorischen Schätzungen hat Indien eine Bevölkerung von 843 930 861 Menschen (Stand: 1. März 1991). Damit ist die Zuwachsrate von 24,66 Prozent im Jahre 1981 auf 23,5 Prozent im Jahre 1991 geringfügig gesunken. Die Zahl der Männer wird auf 437 597 929, die der Frauen auf 406 332 932 geschätzt. Das Verhältnis der männlichen zur weiblichen Bevölkerung beläuft sich somit auf 1000:929. Die Volkszählung von 1981 ergab ein Verhältnis von 1000 Männern auf 934 Frauen. Die Alphabetisierungsrate ist von 43,56 Prozent im Jahre 1981 auf 52,11 Prozent gestiegen.

Unter den Unionsstaaten verzeichnete Nagaland mit 56,86 Prozent die höchste Wachstumsrate, Kerala dagegen mit 13,98 Prozent die niedrigste. In Uttar Pradesh, Bihar und Orissa ging die Wachstumsrate leicht zurück, während sie sich in Andhra Pradesh, Madhya Pradesh, Maharashtra, Tripura und Westbengalen erhöhte. Was das Verhältnis der männlichen zur weiblichen Bevölkerung angeht, so sind in Kerala die Frauen den Männern zahlenmäßig überlegen. Mit 90,5 Prozent hat Kerala die höchste Alphabetisierungsrate und Bihar mit 38,5 Prozent die niedrigste. Groß-Bombay ist mit 12,5 Millionen Einwohnern die bevölkerungsreichste Stadt; darauf folgt Kalkutta mit 10,8 Millionen. Delhi steht mit 8,48 Millionen an dritter Stelle.

III INDISCHE KULTUR

Keki N. Daruwalla

Die Geliebte

Keiner glaubt mir, wenn ich sage:
Meine Geliebte ist ein Bastard. Irgendwo
am Stammbaum hängt eine Muslem-Hebamme
und ein Koch aus Goa.
Aber da ist noch viel mehr gemischt.
An diesem Zuchtbeet haben auch Kanzlisten
und Englischprofessoren
eine Nacht lang gearbeitet.

Man merkt's sofort, wenn sie den Mund aufmacht.
Ihre Konsonanten kommen knüppeldick.
Ihr Jargon ist reinstes Rokoko. Den neusten
Slang kauft man in klassischen Wörterbüchern.
Sie tönt wie dürres Schluchzen
verschluckt im Hals der Finsternis.

Am Morgen riecht sie sauer aus dem Mund
von Träumen, die die Nacht durch gären.
Ich hör' schon fast die Blasen-Beule
die einen Mund sucht, um darin zu schnarchen.
Meine Liebe für sie überlebt von Nacht zu Nacht
auch wenn's niemals geht im Bett
ohne Ringkampf.

Auf der Straße kennt sie jeder.
Man pfeift, wenn sie vorübergeht.

Außerdem ist sie eitel
läßt ihren Armreif und den Flitter blitzen
trägt Stöckelschuhe, obwohl ihre Füße
bis zu den Knöcheln mit Henna verschmiert sind.

Über Vindaloo rümpft sie die Nase, redet ständig
von Rostbiif, Pies und Pomfrets.
Controau muß es sein, und nicht der
Cashew-Arrak, den ihr Vater brannte.

Nein, Englisch-Indisch ist sie nicht.
Die Portugiesen würden mich hängen
und rundrum grün und blau prügeln.
Aus Goa stammt sie nicht, ist keine Syrien-Christin.
Indisch-Englisch ist sie, meine Sprache.

Ka Naa Subramanyan

Literarisches Leben in Indien

Die Briten regierten ihr indisches Imperium von Kalkutta aus, und dies hatte auch seine Auswirkungen auf das literarische Leben. Irrtümlicherweise hatten die Briten zunächst gemeint, sie könnten sich auf die Loyalität der bengalischen Bevölkerung verlassen, sie förderten den Mythos einer »führenden Kultur Bengalens« und verbreiteten ihn auf dem ganzen indischen Subkontinent. Dieser Mythos lebte noch lange fort, auch als die Briten schon längst Kalkutta als Hauptstadt und den Bengalen als »verläßlichen Alliierten« den Rücken gekehrt hatten.

Diese Entwicklung hatte für die Literatur Indiens dauerhafte Folgen.

Tatsächlich war die literarische Renaissance Indiens das Werk fleißiger Missionare katholischen oder protestantischen Glaubens, die aus allen Ländern Europas Indien überschwemmten. Im Laufe des 18. Jahrhunderts stellten die Missionare die ersten Wörterbücher zusammen, die ersten Grammatiken der gesprochenen und geschriebenen Sprachen – und oft schrieben sie die ersten Prosawerke, die in diesen Sprachen erschienen. Aber die britischen Kapazitäten, und in ihrem Gefolge die Bengali-Chauvinisten, sehen die indische Renaissance als das Werk von Raja Rammohan Roy und seiner Bewegung Brahmo Samaj – ein Mythos, der heute ganz Indien beherrscht. Rammohan war eher der Höhepunkt als der Anfang von Indiens literarischer Renaissance.

Nur ein Beispiel. Constantius Beschi, ein Jesuit, war in der ersten Hälfte des 18. Jahrhunderts vor allem in Südindien aktiv. Er ist verantwortlich für manche »Premiere« in der Tamil-Sprache. Von ihm stammt das erste moderne Meisterwerk in tamilischer Sprache, die *Tales of a Guru Who Was a Simpleton*. Dieses Meisterwerk entstand Jahrzehnte vor der Geburt Rammohans, sein Erscheinen ist der wirkliche Beginn der literarischen Renaissance. Dabei steht Beschi als Prosaschriftsteller völlig im Schatten seiner Versdichtungen: Obwohl letztere völlig unoriginell und traditionell sind, wird Beschi ihretwegen von der akademischen Kritik bewundert, und seine Prosa bleibt unbeachtet.

Die »bengalische Dominanz« hatte noch andere Auswirkungen. Die Engländer nutzten die Bewunderung für die Dichter der Romantik – Shelley, Byron und Wordsworth. Und so kam es, daß alle indischen Gedichte sich diesem romantischen Geist unterwarfen. Was nicht »romantisch« war, hatte keine Überlebenschance. Das gleiche beim Roman: Bankim, der kurz und bündig als erster indischer Romancier bezeichnet wird, imitierte ganz einfach Sir Walter Scott. Aber schon zu Bankims Zeit gab es überall in Indien Roman-Pioniere, die schon damals von der romantischen Sentimentalität Bankims wegkommen wollten. Einer von ihnen war Vedanayakam Pillai, der in tamilischer Sprache auf Englands humoristische Tradition zurückgriff und sich auf ein universales Meisterwerk wie *Don Quixote* stützte. Ein anderer ist Chandu Menon, der in seiner Malayalam-Sprache einen Roman voll bester englischer Komik schrieb. Wenn diese beiden, und nicht Bankim, als die Pioniere des indischen Romans anerkannt worden wären, dann sähe Indiens Literaturgeschichte des letzten Jahrhunderts ganz anders aus. Bis heute gibt es keine kritischen Versuche einer Neubewertung, jeder gibt die festgefahrenen Urteile an den nächsten weiter.

Als die Unabhängigkeitsbewegung und die Unterdrückungsversuche der Engländer wuchsen, erfaßte ein solidarischer Geist die indische Bevölkerung. Man kann nicht sagen, daß die Inder ein Herz und eine Seele waren. Lange Zeit waren die indischen Stimmen gegen die Unabhängigkeit am lautesten vernehmbar, sie hatten ja auch die Unterstützung des Establishments. Aber das Auftreten Gandhis und Nehrus sammelte allmählich die Unabhängigkeitsbestrebungen. Die Lektüre der Inder verlegte sich nun mehr auf die akademischen unter den englischen Autoren. Rudyard Kipling war für die Inder ein Tabu, denn er war ein Verfechter der imperialistischen Idee. E. M. Forster trat an seine Stelle. Chesterton, Belloc, Lynd, Lucas, Gardiner wurden in Indien so eifrig gelesen wie in ihrer Heimat. Erst in den vierziger Jahren faßte T. S. Eliot Fuß. Yeats war vor ihm da, war er doch ein Ire und ein großer Fürsprecher von Rabindranath Tagore, dem bislang einzigen Nobelpreisträger Indiens. Auch Joyce und Pound hatten in Indien literarischen Einfluß schon in den dreißiger und vierziger Jahren. Eine Studie über Faulkner erschien schon in den frühen dreißiger Jahren, lange bevor dieser in Amerika anerkannt war. Später stürzte sich die amerikanische Kritik auf Hemingway, aber man muß daran erinnern, daß Sinclair Lewis und Thornton Wilder in Indien schon in den dreißiger Jahren eifrig gelesen wurden, nicht weil sie in Mode gekommen waren, sondern weil in ihrem Werk etwas war, das indische Leser wie Schriftsteller gleichermaßen anzog. So entzückte auch William

Saroyan viele indische Leser, wie schon Jack London zuvor. Edward Carpenter wie Walt Whitman wurden auch aus nicht-literarischen Gründen bewundert – waren doch beide homosexuell, und Homosexualität wird in Indien auf breiter Basis akzeptiert, auch wenn es darüber keine Diskussionen oder Untersuchungen gab.

Die Jahre vor der Unabhängigkeit brachten noch eine andere Entwicklung. Der Versuch, Poesie und Prosa in englischer Sprache zu schreiben, dauerte schon fast ein Jahrhundert. Aber erst mit den Werken von R. K. Narayan, Mulk Raj Anand, Raja Rao oder Desani, die zunächst in England erschienen, kam die Anerkennung von außen, auch wenn die Leserschaft in Indien selbst noch gering war. Internationale Anerkennung hatten zuvor schon Swami Vivekanand und Tagore gewonnen. Diese englischen Veröffentlichungen haben verschiedene Gesichter: Sie werden akzeptiert als Erfolge in den ausländischen literarischen Milieus, keiner dieser Schriftsteller ist jenen Indern zugänglich, die nicht Englisch lesen; und die Debatten darüber, ob nun der Inhalt dieser Romane »indisch« sei oder nicht, nehmen bis heute kein Ende.

Die Veränderungen in den Jahren der Unabhängigkeit lassen sich gar nicht so einfach auf einen Nenner bringen. Die Ideale von freiwilliger Armut werden verdrängt durch die Ziele der Konsumgesellschaft, die auch die Gelüste nach Komfort und Luxus befriedigen soll. Aus wirtschaftlichen Gründen konzentrieren sich Schriftsteller auf bestsellerträchtige Werke und stellen literarische Überlegungen hintan. Gleichzeitig schwoll der Markt für Zeitungen und Zeitschriften rapide an und ließ den Buchsektor weit hinter sich. Der Buchimport wird streng kontrolliert, aber was sich davon am besten verkauft, kann man ruhig den Abfall von drei Kontinenten nennen. Der Ruf nach Befreiung der Gesellschaft von traditionellen Hemmungen machte die meisten Werke sexuell aggressiv, verzerrend und tendenziell gewalttätig. Das Buch steht in Konkurrenz mit Medien, die oft noch kaum entwickelt sind, von denen sich Bücher aber inspirieren lassen. Statt daß die literarischen Normen die Filme beherrschen, beherrschen die Filme mit ihren schlecht verstandenen Techniken und Tricks und Geschäftspraktiken das schöpferische Schreiben.

Offensichtlich ist trotz großer literarischer Aktivität in vielen Sprachen etwas nicht in Ordnung mit der Qualität. Natürlich steht auch anderswo im Literaturbetrieb die zweite Garde in vorderster Reihe und sucht den großen Applaus. Aber in Indien scheint mir dies ganz besonders ausgeprägt. Daß viele der staatlichen Organisationen nicht wirklich fähig waren, literarische Qualität zu fördern und auszuzeichnen, ist vielleicht auch symptomatisch für die Situation des indischen Alltags- und Kulturlebens. Klüngelwirtschaft, Politkasterei, Bürokratismus und Reglementierung, die an Wörtern klebt und den Geist der Literatur vernachlässigt, beherrschen die Szene.

R. K. Dhawan

Literatur 2000

Bücher indischer Schriftsteller waren in letzter Zeit sowohl in Indien wie auch in anderen Ländern recht erfolgreich. Das literarische Schaffen von R. K. Narayan, Mulk Raj Anand und Anita Desai hat schon vor Jahren die Aufmerksamkeit der Leser auf die eine oder andere Art geweckt. Dies mag an den unterschiedlichen Qualitäten dieser drei Autoren liegen: einem spielerischen Zugang zur Komik des Alltagslebens, einer tiefgründigen Beschäftigung mit sozialen Problemen oder einer direkten Konfrontation mit der widersprüchlichen Situation der modernen Frau.

Gegen Ende unseres Jahrhunderts scheint sich jedoch ein neuer Trend abzuzeichnen. Die Marketing-Strategien, mit denen ein Buch vermarktet wird, sind heute von ähnlicher Bedeutung wie die Handlung des Romans oder die Figur des Autors. In diesem

Zusammenhang spielten die Medien und das Internet eine wichtige Rolle, neue Bücher zu fördern. Für die Schriftsteller aus der dritten Welt ist dies ein großer Vorteil, da ihre Bücher die Welt nun in kürzester Zeit erreichen. Es ist inzwischen üblich, daß ein Buch bereits am Tag seines Erscheinens in verschiedenen Ländern und an verschiedenen Orten gleichzeitig verkauft wird. Bücher werden nun als Produkte gesehen, mit denen sich Geld verdienen läßt, und für den Erfolg brauchen sie, abgesehen von anderen Zutaten, einen Autor, der fähig und bereit ist, sich vermarkten zu lassen, und einen Verleger, der über ein breites Marketing-Netzwerk verfügt. Diese Entwicklung kommt jenen indischen Schriftstellern, die ihre Bücher auf Englisch verfassen, viel mehr zugute als den Autoren, die in lokalen Sprachen schreiben. Autoren wie Salman Rushdie, Vikram Seth, Vikram Chandra, Gita Mehta, Rohinton Mistry und Arundhati Roy wurden von internationalen Verlagshäusern herausgegeben. Die Bücher werden als Produkte einer allgemeinen Kultur behandelt, mit hohem Tempo gekauft und verkauft. Beispielsweise wurde *The Idea of India,* ein im Ausland entstandenes Buch des aus Indien stammenden Oxford-Professors Sunil Khilnani von der englischen Zeitung *The Guardian* unter den zehn Büchern des Jahres 1998 aufgeführt.

Auch viele Autoren, die in regionalen Sprachen schreiben, haben durch Übersetzungen Aufmerksamkeit erhalten. Übersetzungen sind häufig geworden, nicht zuletzt dank der Anstrengungen der Sahitya-Akademi und von anderen Organisationen. So haben einige der herausragenden Schriftsteller regionaler Sprachen weltweite Aufmerksamkeit erhalten. Eines der erfolgreichsten Bücher der letzten Zeit ist der Roman von U. R. Anantha Murthy mit dem Titel *Sanskara,* ein Buch, das ursprünglich auf Kannada verfaßt wurde. Die englische Übersetzung durch den bedeutenden Dichter A. K. Ramanujan kann man als Beitrag zur traditionellen indischen Literatur wie zur indisch-englischen Literatur bezeichnen. Der Autor erhielt für das Buch mehrere renommierte Preise wie den der Sahitya-Akademi und den Jnanpith Award.

Es ist einigen der Schriftsteller, die in regionalen Sprachen schreiben, gelungen, die Vorstellungskraft der englischsprachigen Welt anzusprechen. Übersetzungen der Stücke von Girish Karnad, Vijay Tendulkar, Badal Sircar und Mohan Rakesh, Romane von Premchand, Tagore, Saratchandra, Mahasweta Devi, Qurratulain Hyder, Kurzgeschichten von Sadat Hasan Manto und Krishan Chander sind außerordentlich gut aufgenommen worden. Vor einigen Jahren hat der pakistanische Urdu-Schriftsteller Intezar Husain den ersten Rupa Award erhalten. Die englische Übersetzung seiner Kurzgeschichten unter dem Titel *Leaves* wurde zu einem Erfolg in der literarisch interessierten Welt.

Der weltweite Erfolg von Arundhati Roys Buch *Der Gott der kleinen Dinge* ließ die Verkaufszahlen für indische Literatur kräftig in die Höhe schnellen. Von der gebundenen Ausgabe wurden beinahe eine Million Exemplare verkauft. Davon alleine in Indien ungefähr 100 000. Viele sind auch zuversichtlich, daß der vor kurzem erschienene Roman *The Everest Hotel* von Allan Sealy, den die Jury des Booker-Preises auf ihre Shortlist gesetzt hat, weiteren Geldsegen verspricht. Der Markt für indisch-englische Literatur hat sich über die Grenzen der anglophonen Welt ausgedehnt – Roy und die von den Kritikern hochgelobten Amitav Ghosh, Vikram Seth und Salman Rushdie wurden in viele wichtige Sprachen übersetzt.

Der Booker-Preis war den Schriftstellern und Kritikern in Indien ein großer Ansporn. In Anlehnung daran hat Crossword, die landesweite Buchhandelskette in Indien, den Crossword Book Award lanciert. Der Preis soll jährlich vergeben werden. Dies wird für die vielversprechenden jungen Autoren ebenfalls ein Ansporn sein.

Adya Rangacharya

Das indische Theater

Aufs Ganze gesehen stehen die indischen Dramatiker immer noch unter dem Einfluß des europäischen Theaters. Gewiß, dies hat uns einige geschickte Variationen nach den Modellen von Beckett oder Ionesco oder Pinter beschert. Aber diese Stücke haben das allgemeine indische Publikum nie erreicht. Bezeichnenderweise wurden sie alle an Orten wie Delhi, Bombay oder Kalkutta aufgeführt. Es gibt wenige Dramatiker, aber die Produzenten sind noch kleiner an der Zahl. Die Produktionskosten sind hoch, und die nichtprofessionellen Schauspieler arbeiten in Büros oder Fabriken um ihren Lebensunterhalt, was regelmäßige Aufführungen verhindert. Nur langsam entsteht eine neue Klasse von Berufsschauspielern, und unter den gegebenen Verhältnissen werden junge und neue Dramatiker kaum gefördert. Außer in Bengalen, Maharashtra und Delhi haben neue Stücke kaum eine Chance. Ein Stück wie *Tughlaq,* vom Dramatiker Girish Karnad in der Kannada-Sprache geschrieben, wurde auf Englisch in Bombay sowie in Hindi in Delhi aufgeführt, von der Kritik hoch gelobt – aber es dauerte noch eine ganze Weile, bis es in seiner ursprünglichen Sprache auf der Bühne zu sehen war! Dies ist ein typisches Beispiel für die Mühen der Theaterautoren der verschiedenen indischen Sprachen.

An Talenten herrscht kein Mangel. Die Bühnen von Delhi, die den Besten aus allen indischen Sprachen offenstehen, scheinen uns für die Zukunft viel zu versprechen. Wenn trotz der vielfältigen Sprachen das Theater aus indischer Sicht angepackt wird, wenn für gute Ausbildung und Organisation gesorgt wird, dann wird das indische Theater ganz bestimmt wieder an die großen Zeiten von Kalidasa und Bhavabhuti erinnern. Unsere Theaterautoren schreiben im Bewußtsein eines gemeinsamen Erbes und sind inspiriert von der Vision eines besseren Lebens für ihre Mitbürger.

Der Konflikt zwischen Tradition und Moderne berührt alle Aspekte der darstellenden und bildenden Künste und erst recht das Drama, in dem sich verschiedene Künste überschneiden. Im östlichen Indien, in Assam, wurden einerseits mythologische Vers-Dramen frisch aufbereitet, Chandra Kumar Agarwala und Bupen Hazarika ließen mit neuem Realismus die Geschichte wiederaufleben und spielten nationalistische Stücke wie Pijali Phukan; auch wurden einige Versuche in Richtung psychologischer Einakter und Problemstücke gemacht, allerdings ohne großen Erfolg. Das Publikum verlangt mehr nach den verschiedenen Formen des volkstümlichen Theaters.

Das gleiche Phänomen von gespaltener Loyalität findet man auch in Orissa, wo Kanhucharan Patnaik seine eigene Form von Tanzdramen schuf zu Themen über Radhakrishna und Gita-Govinda. Es gab dort auch einige kluge Versuche, den Windungen der aktuellen Politik mittels Satire beizukommen, wie etwa im Stück zu den Wahlen, das am Zweiten Allindischen Theaterfestival in Delhi gezeigt wurde. Die Theaterszene sowohl in Assam wie in Orissa wird außerordentlich stark von Bengalen beeinflußt, wo sozusagen »modernisierte« *Jatras* geschrieben werden: über Hitler, Lenin oder Mao.

Im Süden werden die alten Volkstheaterformen eingesetzt, um zu neuen politischen Konflikten Stellung zu nehmen und zu agitieren. Während der Wahlen zeigte ein Stück den Gott Krishna als machttrunkenen Minister und Sudama als armen Schullehrer, der einst mit Krishna zur Schule gegangen war. Aber neben diesem eher satirischen Politdrama gibt es auch ernsthafte Versuche, die tieferen gesellschaftlichen Veränderungen zu behandeln, unter anderem auch die Konflikte zwischen Christen, Moslems und atheistischen Hindus in Kerala. In Tamil Nadu bedient sich Cho solcher sehr populären Formen von Politfarce, wie auch Narla und Atreya im Bundesstaat Telugu, sowie Sriranga und Lankesh und die Gruppe zorniger Schreiber in der Kannada-

Sprache. Ein Stück dieser Art behandelte die Spaltung der Kongreßpartei und die Stimmenkauferei von zweifelhaften Parteiabtrünnigen. Politische Ereignisse werden von der Bühne herab angesprochen oder scharf kommentiert. Besonders kluge Schauspieler improvisieren dabei gerne, wie zum Beispiel der populäre Narasimha Murthy. Der breite Humor und die uneingeschränkte Ausdrucksfreiheit des Volkstheaters kommen dabei manch einem Autor sehr gelegen. Oft behandeln sie gesellschaftliche Mißstände und bringen die Seifenblasen aufgeplusterter Scheinheiligkeit zum Platzen.

Im Norden entsteht eine lebendige Theaterbewegung, allerdings weniger in den hindisprechenden Gebieten. Opern wie zum Beispiel Yambar Bambazzal zeigen das Dorfleben und benützen Elemente der Volkskultur. An anderen Orten werden auch Puppenspiele eingesetzt, wie unter anderem auch bei Devilal Samars Experiment: Er stellte das ganze Ramayana-Epos als Puppenspiel dar. In Ujjain werden jedes Jahr an einem Theaterfestival Stücke in Sanskrit aufgeführt, was keine geringe Leistung ist.

Neben den Bemühungen um Einbeziehung der alten volkstümlichen Formen und Stoffe gibt es einen zweiten Hauptstrang des zeitgenössischen Theaters: die Übersetzungen. Die Nationale Theaterschule übersetzte und adaptierte Sophokles und Shakespeare, Beckett und Brecht, Tschechow und Camus. In ganz Indien geschieht viel in diesem Bereich. Tennessee Williams wird auf Marathi gespielt, eine Ibsen-Bearbeitung machte in Bengalen Schlagzeilen. Goethe, Shelley, Galsworthy, Tolstois Sozialdramen, Ernst Toller und Pirandello wurden in verschiedenen indischen Sprachen aufgeführt.

Aber die Geschichte des indischen Theaters darf nicht die Geschichte des Theaters in den verschiedenen Sprachen sein. Unglücklicherweise ist man sich dieser Tatsache nicht bewußt. Wir sprechen immer noch vom Kannada-Theater, Marathi-Theater, Oriya-Theater usw. Wenn Indien eine einzige Nation ist, dann muß auch unsere Theaterszene, wie überall auf der Welt, als eine einzige nationale gesehen werden.

Daß es eine solche geschlossene Theaterszene schon immer gab, ist keineswegs nur ein patriotisches Postulat. In den alten Zeiten gab es Stücke in Sanskrit und Prakrit sowie die Stücke auf den Volksbühnen. Sie alle hatten das gleiche Ziel, beruhten auf den gleichen dramaturgischen Regeln und bezogen ihre Stoffe aus den großen Epen. Sogar als die Regionalsprachen sich ausbreiteten und wir mit dem Westen in Berührung kamen, lebten sie weiter. In moderner Zeit ist nun eine neue Einheitlichkeit entstanden, allerdings unter dem Einfluß des Westens. Stücke, Bühnentechnik, Themen und Sichtweise, Beleuchtung, Regiestil – überall herrscht westlicher Einfluß. Die Geschichte hat sich also wiederholt. Wie die klassischen Stücke in der Sanskrit-Sprache, so sind auch die modernen indischen Theaterstücke zur Domäne der gebildeten städtischen Oberschicht geworden.

Wir sind uns dessen noch gar nicht richtig bewußt geworden. Die Entwicklung des indischen Theaters ist in gewissem Sinne in eine Sackgasse geraten. Wir haben es nicht verstanden, unser Theater dem nichtstädtischen Publikum nahezubringen. Statt uns mit dieser Frage auseinanderzusetzen, haben wir allerlei theoretische Ausflüchte in die Welt gestellt. Eine davon ist, daß das traditionelle indische Theater grundlegend auf Tanz und Musik beruhe und deshalb wesentlich attraktiver sei. Aber mit steigender Bildung (und wachsender Alphabetenrate) ändert sich auch das Publikum. Nur muß man leider feststellen, daß – Theorie hin oder her – gar manche unserer Autoren, Regisseure und Schauspieler bereits zum Film übergelaufen sind.

Balwant Gargi

Das Volkstheater

Das Volkstheater ist unhöflich, ungehobelt, unanständig, es schokkiert prüde Geister. Im Norden und Westen Indiens ist es gespickt mit sexuellen Witzen. Für Frauen gilt es als unziemlich, sich diese Stücke anzuschauen. In der Stadt Puna weigern sich viele Professoren und Intellektuelle – Verfechter von Kultur! –, ein Volksstück anzusehen, da es »vulgär« sei.

Das Volkstheater ist unreflektiert, spontan, ungestüm, naiv. Das klassische Theater ist streng, komplex, ausgeklügelt. Das eine ist unbehauen, das andere ziseliert. Das Volkstheater sprüht Funken, das klassische verlangt mathematische Exaktheit. Das eine ist bäuerlich, das andere edel. Am Volkstheater nimmt oft eine ganze Dorfgemeinde teil, das klassische Theater ist für einige Auserwählte. Das Volkstheater zieht die Massen an und richtet sich an den »gewöhnlichen« Menschen, während das klassische Vorkenntnisse verlangt. Das Volkstheater ist zudem universal: Seine Bestandteile (Gesang, Tanz, Schauspielerei) sprengen die Grenzen von Klasse, Religion und Nationalität, während das klassische Theater wegen seiner esoterischen Natur diese oft sogar bestätigt.

Die beiden Gattungen sind aber keineswegs Antithesen, ihre Beziehung ist komplex: Sie koexistieren und befruchten sich gegenseitig. Man weiß, daß klassische Kunst immer aus Volkskunst entsteht. Aus Höhlenzeichnung und primitiven Jagdtänzen entstanden Malerei und Tanz. Das griechische Theater entstand aus Fruchtbarkeitsriten und entfesselten Dionysosfeiern. Das klassische indische Drama wuchs aus Festspielen, Ritualen, Maskenspielen und alten volkstümlichen Formen. Aber das indische Volkstheater in seiner heutigen Form ist nur vier- bis sechshundert Jahre alt. Als nach dem zehnten Jahrhundert die klassische Sanskrit-Sprache sich in verschiedene Zweige spaltete und die

Regionalsprachen entstanden, trat an die Stelle des seit Jahrhunderten erstarrten Sanskrit-Dramas das sich entwickelnde Volkstheater. Alte Legenden, Mythen, Philosophien und Geschichten aus den Sanskrit-Stücken wurden popularisiert – die Traditionslinie ging also von der Klassik zur Volkskunst!

Viele Elemente wurden dabei übernommen. Der »Bühnenmeister« *(Sutradhara)* des Sanskrit-Dramas erscheint in vielfältigen Formen als Ranga, Bhagavatha, Vyas oder Swami. Der Possenreißer, das Gegenstück zum klassischen Vidushaka, ist der Publikumsliebling auf der Volksbühne. Je nach Region hat er verschiedene Namen und Formen und spricht in Bauernsprache und Dialekt. Er hat alle Freiheit, Vergangenheit und Gegenwart zu verknüpfen und im Stück auf aktuelle Ereignisse anzuspielen. Er spielt auch den Verbindungsmann zwischen den Zuschauern und den Schauspielern. Das Vorspiel *(Purvaranga)* ist gleichermaßen in beiden Theaterformen zu finden: Die Musiker betreten die Bühne, stimmen ihre Instrumente, spielen ein Lied, und die Tänzer führen einige Tanzstücke auf. In manchen Volksstücken erfolgt am Ende eine Segnung. Musik, Tanz, Stilisierung, Versdialoge, krasse Schminkung und Masken werden gleich verschwenderisch wie im klassischen Theater eingesetzt. Eine Szene gleitet unmerklich in die andere über. Die Handlung entwickelt sich ohne Rücksicht auf Wechsel von Ort und Zeit.

Das Volkstheater zeigt die Menschen in ihrer natürlichen Umgebung, mit all ihren Widersprüchen und vielfältigen Aktivitäten. Es gibt einen Eindruck von Sprachstil, Musik, Tanz, Kleidung, Verhalten, Stimmung, Redensarten, von Witz und Weisheit des Volkes. Es fußt auf einem Schatz an Heldensagen, mittelalterlichen Romanzen, ritterlichen Taten, Gebräuchen und Legenden. Wer Indien in seiner ganzen Vielfalt und Farbigkeit kennenlernen will, muß das Volkstheater in seiner natürlichen Umgebung kennenlernen. Wer zum Beispiel in Maharashtra eine Aufführung sieht, erfährt sehr viel über die Peshwas, den Heroismus der Marathen, ihre wilde Landschaft, ihren Männerstolz, über die vollbrüstigen Frauenskulpturen in ihren Höhlen.

Das Volkstheater zeigt nicht nur einen Ausschnitt des Lebens, sondern ein ganzes Panorama. Auch wenn die Handlung langsam vorankommt, darf es nie zur Langeweile kommen. Die Zuschauer nehmen an der Aufführung teil, sie kichern und lachen und weinen, und plötzlich, zum rechten Augenblick, herrscht tiefes Schweigen. Ständig werfen sie Funken von Leben den Schauspielern zu, welche wiederum, elektrisiert durch diesen Kontakt, den Funken zurücksprühen. Eine gute Theatertruppe hält ihre Zuschauer von abends neun Uhr bis morgens um sieben in Bann, wenn das Stück mit den ersten Sonnenstrahlen zu Ende geht. In Bengalen stehen die Schauspieler von Jatra-Volkstheatern höher im Kurs als die des modernen Theaters. Eine gute Jatra-Truppe zahlt bis zu 15 000 Rupien monatlich für Löhne (der Schauspieler Chhota Phani verdient 3300 Rupien im Monat) und spielt ohne Mikrophon vor drei- bis fünftausend Zuschauern. Das Jatra-Volkstheater wirkt durch seine Bühnentechnik, die Verwendung des Szenenraums, durch Bewegung und Tempo paradoxerweise moderner als das realistische »moderne« Theater.

In Indien spielt sich das Leben auf den Straßen ab. Geschäfte, Verkäufe, Rituale oder Wäsche – alles findet unter freier Sonne und den Augen der Menschen statt. So geht es auch dem Volkstheater. Die Idee eines geschlossenen Theaters ist den indischen Massen fast völlig fremd. Als die Engländer im 19. Jahrhundert ihr Erziehungssystem einführten, brachten sie auch die Guckkastenbühne. In den großen Städten blühte das Laientheater auf. In einigen Städten wurden Theater im viktorianischen Stil gebaut, mit Plüschvorhängen, vergoldeten Sesseln und Kerzenleuchtern. Aber in den 600 000 indischen Dörfern amüsieren sich die Zuschauer immer noch unter freiem Himmel mit dem Volkstheater.

Shyam Benegal

Die indische Filmindustrie

Das Hindi-Filmgeschäft setzt sich hauptsächlich aus zwei Dingen zusammen. Zum ersten aus dem Bestreben, kommerziell erfolgreiche Filme zu machen – darüber hinaus eine Strategie auszuarbeiten, mit der man die Filme einer großen Menge nahebringen kann, um den größtmöglichen Profit zu erzielen. Dies verlangt eine umfangreiche analytische Untersuchung. Sie beginnt mit der Darlegung und Analyse des Erfolges, den einige Filme, die irgendwann einmal im Kino liefen, aufzuweisen haben. Man versucht dabei herauszufinden, was diese Filme so bemerkenswert macht, die richtige Mischung von bekannten Filmschauspielern, Musik und Liedern, dazu kommen die Neuerungen im Handlungsablauf und das, was man unter Aufwand versteht, nämlich ausgesprochen teure Bühnenausstattung und Requisiten. Andere ansprechende luxuriöse Werbegags sind zum Beispiel Parties in den Suiten von 5-Sterne-Hotels, reichlich versehen mit Show-Szenen.

Es gibt Autoren, die bei Bedarf aus mehreren Handlungssträngen, die sie erfolgreichen Filmen entnehmen, einen neuen herstellen. Als Leitbild dienen ihnen besonders Filme aus Bombay, Hollywood und auch berühmte Autoren, wie z. B. James Hadley Chase. All das dient dem Zweck, eine Fassung des Filmes herauszubringen, die die Masse des Publikums anspricht und die fünfzig oder mehr Wochen vor Kinobesuchern im ganzen Land gespielt wird. Bei Filmen dieser Art besteht der Wunsch, bekannte Filmschauspieler zu verpflichten. Es werden Musikautoren benötigt, die rhythmische Lieder schreiben, und um neue, erotische Veränderungen in die Show-Szenen zu bringen, braucht man Tänzer.

Es gibt verschiedene Wege, die zum Erfolg führen. Da gibt es zum Beispiel das »soziale Drama«, das Themen wie »armer Junge – reiches Mädchen« oder umgekehrt behandelt. Des weiteren das

»Familiendrama«, wo der Verlust eines Kindes, die leidende Witwe oder eine Person mit weitgehendem Erinnerungsverlust das Mitgefühl der Zuschauer weckt. Dann ist da noch der Action-Film, der den Sieg des Guten über das Böse zeigt oder den indisch-burmesischen Banditen, der sich zum Guten bekehrt. Dann finden wir noch die historischen Filme, die heute nicht mehr sehr in Mode sind, und die mythologischen Filme, die mit reichlich Sex über das Leben von Göttinnen und Göttern berichten.

In jeder Kategorie dieser Filme wird nach den besten Filmschauspielern verlangt. Wenn man es sich leisten kann, nimmt man alle guten Schauspieler gleichzeitig unter Vertrag. Ein Musikautor wird nach den Erfolgen seiner letzten Hits ausgewählt. In gleicher Weise verfährt man mit den Spitzenautoren. Die Autoren schreiben natürlich nicht wirklich. Sie sitzen in eleganten Hotel-Suiten und entwerfen die Szenen, die am nächsten Tag bei den Dreharbeiten ablaufen sollen.

Dies alles ist ein hartes Geschäft, vor allem aber ein sehr kostspieliges. Es ist nicht auszuschließen, daß Filme erfolglos bleiben. Trotzdem oder vielleicht deshalb geht es mit der indischen Filmindustrie voran. Ein Reinfall ist nämlich nur relativ. Es gibt sehr wenige Filme, die gänzlich fehlgeschlagen sind. Das einzige, was einem Film passieren kann, ist, daß er die Kosten erst nach einer längeren Zeitspanne wieder einbringen wird. Aber dies ist nur ein oberflächlicher Aspekt für die Hindi-Filmindustrie. Schwerwiegender sind die Probleme mit der überhöhten Bezahlung von Filmschauspielern und Komponisten. Es gibt Schauspieler, die sich gleichzeitig zu mehr als fünfzig Filmen verpflichten. Logischerweise müßten sie, um diese alle fertigzustellen, mehr als zehn Jahre lang jeden Tag arbeiten. Trotzdem werden sie unter Vertrag genommen. Ähnlich ist es bei den Komponisten. Eine große Geldsumme, die in diese Filme investiert wurde, muß man wahrscheinlich als verloren betrachten, da manche Filme gar nicht aufgeführt werden. Auf diese Weise ist alles Geld, das in den Start eines Filmes investiert wurde, verloren. Dies ist eine enorme Verschwendung. Dann gibt es auch noch das Problem mit den Terminen für die Dreharbeiten. Es kostet viel Geld, einen Drehplan zu erstellen. Angenommen, ein Filmschauspieler kann keine festen Termine nennen, dann sind die ganzen Vorbereitungen umsonst gewesen. Die Schauspieler neigen dazu, ihre Person als übertrieben wichtig hinzustellen. Sie fühlen sich weder verpflichtet, ihre Pläne einzuhalten, noch haben sie die leisesten Gewissensbisse, wenn sie einen Termin platzen lassen. Das erinnert ein wenig an erfolgreiche Politiker. Auch sie scheinen den normalen Regeln nicht zu folgen.

Es gibt einen Grund für dieses Verhalten. Die meisten Produzenten haben zunächst kein Geld. Sie spekulieren mit den bekannten Namen der Filmschauspieler, Komponisten und Autoren, um Geld zu beschaffen. Die Schauspieler sind sich niemals sicher, ob der Film, an dem sie arbeiten, fertiggestellt wird. Sie können nicht nur einen oder zwei Filme gleichzeitig in Angriff nehmen. Wenn dann der Film keinen Erfolg hat und nur mittelmäßig ist, verlieren sie ihre Jobs. Nichts ist deprimierender, als ohne Arbeit zu sein. Wie jeder andere Mensch empfindet auch ein Schauspieler, er fühlt sich nicht bestätigt, wenn er untätig ist. Wenn er sich zu zwanzig Filmen verpflichtet, dann kann er auch ziemlich sicher sein, für eine Dauer von zwei Jahren mindestens zwanzig Tage im Monat beschäftigt zu sein. Somit befindet er sich in einem Teufelskreis.

Um Filme zu finanzieren, spekulieren also die Produzenten mit den Stars. Diese werden nach der Anzahl der Filme, die sie gleichzeitig drehen, beurteilt. Somit geraten sie in Terminnot. Termine sind selten und liegen weit auseinander. Aus diesem Grund brauchen die Produktionen, die fertiggestellt werden und Erfolg haben sollen, längere Zeit und sind auch kostspieliger. Die Qualität des Schauspiels verkommt. Außerdem wäre es für jeden unmöglich, an einem Tag verschiedene Filme zu drehen. Das allgemeine Gefühl der Unsicherheit läßt viele unglückliche Praktiken aufkommen. Ein Beispiel ist die gegenseitige Erpressung. Ein Filmschauspieler kann in der Mitte des Films damit drohen, aus dem Vertrag auszusteigen. Er muß dann eventuell Vertragsstrafe wegen Nichterfüllung der Verpflichtung zahlen, und die Produzenten wiederum können den Versuch machen, sich der Bezahlung zu entziehen.

Die Filme, die mit den höchsten Filmpreisen ausgezeichnet werden, haben die meisten Stars und sind sehr effektvoll gestaltet. Sie sind voll von Spannung und Gruseleffekten. Dazu gibt es Vergewaltigungen, Tanznummern und Kabarett, eingeübte Kämpfe und Komödien. Hierfür gibt es sogar bestimmte Spezialisten, bekannt als »Meister der Spannungserzeugung«, »Meister der Kampfdarstellungen« usw. Bald wird es auch »Meister für Vergewaltigungsszenen« geben.

Es sollte einen nicht überraschen, daß das indische Publikum vieles von dem, was ihm vorgesetzt wird, verschlingt. Kommerzielle Hindi-Filme vermitteln dem Publikum die Illusion des »schönen Lebens«, das sie nie erreichen können, von dem sie nur träumen können, den Fluchtweg in künstlerische Gestaltung.

Das kommerzielle Kino behandelt keine sozialen Probleme. Es zwingt keinen Menschen zum verantwortlichen Nachdenken oder Handeln gegenüber sozialen Fragen, die schwer zu bewältigen oder begreifen sind. Natürlich gibt es auch eine Herausforderung an die Filmemacher. Die Filmindustrie muß immer in der Lage sein, den Geschmack des Publikums zu treffen. Ändert sich der Zeitgeschmack, so müssen die Filme diesem Geschmack angepaßt werden.

So hat jeder neue Film, der erfolgreich ist, eine sensationelle Marotte, einen neuen Kniff, der dazu dient, die Sinne zu kitzeln. Alles, was die Industrie macht, dient der kommerziellen Auswertung. Variationen von Sex und Gewalt scheinen bis jetzt kein Ende gefunden zu haben. Sie können wahrscheinlich noch eine ganze Zeit lang fortgesetzt werden. Das Publikum hat sich seit mehreren Generationen am Hindi-Kino orientiert.

Eine Änderung ist wahrscheinlich so leicht nicht zu erreichen. Das Publikum selbst hat in den vergangenen Jahren astronomisch zugenommen. Die Zunahme an Filmtheatern, die größere Verstädterung wie auch die Zunahme der Kinos in halb ländlichen

Gebieten brachten ein viel größeres und bis zu einem gewissen Maße auch ein wichtigeres Publikum mit sich.

Das Kino wurde der Arbeiterklasse und der ländlichen Bevölkerung zugängig gemacht. Auch Analphabeten waren zunehmend angesprochen. Dies führte zu einem Absinken des kleinsten gemeinsamen Nenners. Die trivialen Handlungen in den Filmen sind auf die zynische Haltung der Filmunternehmen zurückzuführen, die merkten, daß das Publikum auf einer geringeren Intelligenzstufe steht. (Dies ist bedauerlicherweise eine universale Haltung der Unterhaltungsbranche auf der ganzen Welt.)

Es ist wohlbekannt, daß das Kino zur Nachahmung im Leben anregt. Dies ist besonders dann der Fall, wenn der Film das einzige Medium zur Unterhaltung ist. Wir müssen nur in die Teile des Landes schauen, in denen der Film das einzige Medium zur Unterhaltung ist, um zu wissen, daß dies der Wahrheit entspricht. Die Weise, in der die Jungen die Mädchen betrachten, die Art, wie sie sich selbst kleiden, die bevorzugte Musik, die sie hören, selbst die Sprache, die sie gebrauchen, erinnern an Filmidole und Filmwelt. Bei den Neureichen ist die Wohnungseinrichtung oft eine kopierte Filmausstattung.

Girish Karnad

Die Videowelle

Seit der Unabhängigkeit ist das Theater auf der Suche nach seiner indischen Identität. Dabei bezogen sich die Theaterschaffenden ausgiebig auf eine Vergangenheit, von der sie lange Zeit abgeschnitten waren. Der größte Teil dieser theatralischen Experimente wurde von enthusiastischen Amateuren geleistet, für die es enorm schwierig ist, eine kontinuierliche Arbeitsgrundlage zu finden. Die meisten mußten in die Film- oder Fernsehbranche wechseln und untergruben damit den Amateurstatus des Theaters, für den sie sich selbst aktiv eingesetzt hatten.

Ich verstehe mich selbst als Theaterautor, lebe aber von meiner Arbeit für Film und Fernsehen. Der Austausch zwischen den verschiedenen vortragenden Künsten ist in Indien allerdings sehr rege: Auch die Künstler wechseln ständig von der einen Sparte in die andere. In diesem Zusammenhang kann man die brillanten Arbeiten von Dramatikern wie Tendulkar, Kambar und Elkunchavar, von Schauspielern wie Vijaya Mehta, Shambhumitra und Naseeruddin Shah und von Regisseuren wie Thiyam, Panikkar, B. V. Karantha und Satyadev Dubey erwähnen, aber dennoch kann man noch immer nicht von einem professionellen Theaterschaffen sprechen.

Wie weiter? Da ich mit einer autobiographischen Note begonnen habe, will ich als erstes festhalten, daß ich weiterhin Stücke schreiben werde, ob fürs Theater oder nicht, und einige meiner Zeitgenossen werden das ebenfalls tun, auch das weiß ich. Man schreibt, weil man schreiben muß: Die Freude, die das Theater schenkt, läßt einen weitermachen. Man schreibt in der Hoffnung, eines Tages möge ein professionelleres Theater existieren, auf dessen Bühnen die Arbeiten aufgeführt werden. Bis dahin schlägt man sich irgendwie durch.

Abgesehen davon sollte man die Situation der vier Medien – Theater, Kino, Fernsehen und Video – im Zusammenhang betrachten, denn ihre Zukunft ist unauflösbar ineinander verschlungen. (Idealerweise sollte ich auch den Rundfunk mit einbeziehen, der beinahe 95 Prozent der Bevölkerung des Landes erreicht. Aber zu diesem Thema ist mir keine Studie bekannt.) Das Fernsehen wurde in den größeren indischen Städten Mitte der sechziger Jahre eingeführt, konnte sich aber erst 1983 entfalten, als das Ministerium für Information und Fernsehen der privaten Werbung Tür und Tor öffnete und damit begann, Seifenopern auszustrahlen, die von privaten Unternehmen produziert und gesponsert wurden.

Die allererste Hindi-Seifenoper wurde zu einem landesweiten

Erfolg. Bis dahin waren im Fernsehen nur kommerzielle Filme zu sehen, die wöchentlich ausgestrahlt wurden, oder Programme wie *Chitrahaar,* eine Collage aus Filmliedern. Nun entwickelte das Medium eine neue Dynamik. Alleine im Jahr 1985 stieg die Anzahl an Fernsehgeräten in Indien von 5,2 auf 7,2 Millionen. Und vor jedem Fernseher, so schätzt man, saßen durchschnittlich zehn Leute. Die Besucherzahlen in den Kinos gingen massiv zurück. Die Kritiker wiesen darauf hin, daß die amerikanischen und europäischen Erfahrungen mit dem Fernsehen eine Warnung für unsere Filmindustrie hätten sein sollen: Massenweise wanderte das Publikum zum neuen Spielzeug ab.

Aber dann geschah etwas Unerwartetes. Innerhalb von sechs Monaten nahm die Zahl der Kinobesucher wieder sprunghaft zu. Die letzten Jahre haben gezeigt, daß der Erfolg – zumindest der großen Filmproduktionen – vom Fernsehen nicht beeinflußt scheint, natürlich mit Ausnahme des Sonntags, wenn ein Hindi-Film auf dem Programm steht.

Die Kehrtwende des neuen Publikums läßt sich am plausibelsten mit der Tatsache erklären, daß das Fernsehen die Menschen enttäuschte. In den Städten stellen die industrielle Arbeiterschicht und andere Gruppen mit niedrigem Einkommen ebenso wie die Frauen aus allen Gesellschaftsschichten das wichtigste Publikumssegment für kommerzielle Filme. Das Fernsehen wird jedoch von gebildeten Mittelschichtsbürokraten kontrolliert und programmiert und ist hellhörig für die Kritik der gebildeten Kritiker. Der Geschmack dieser Schreibtischhelden hat den ärmeren Schichten nichts zu bieten, deren Erwartungen an Unterhaltung sind noch immer »traditionell« geprägt: Sie sind der Meinung, daß eine Show mindestens zwei oder zweieinhalb Stunden dauern und eine emotional aufgeladene Geschichte erzählen sollte mit Liedern, Tanz und Musik. Die Kost im Stile Tschechows, die das Fernsehen in dreiundzwanzigminütigen Häppchen serviert, trifft einfach nicht den Geschmack des breiten Publikums. Der Kinobesuch bietet außerdem eine gewisse Privatsphäre und so eine vorübergehende Flucht aus den überfüllten Slums, in denen der größte Teil des Publikums lebt. Dadurch wird er zusätzlich attraktiv.

Das Fernsehen hat also das kommerzielle Kino in seinem Erfolg nicht beeinträchtigt. Zerstört hat es jedoch – zumindest vorübergehend – das alternative Filmschaffen, eine Bewegung, die vom Erfolg der Filme von Satyajit Ray inspiriert war. Diese Filme widmen sich, vom Stil her im Grunde neoklassisch, vor allem einer Analyse der zeitgenössischen sozialen und politischen Probleme. Diese Filme – die interessanterweise zumeist keine Lieder oder Tänze einsetzen – wurden von der gebildeten, städtischen Mittelschicht gestützt. Diese Schicht kümmert sich aber nun um Fernsehen und Video, und die zornigen, radikalen Filmemacher der alternativen Filmszene sind jetzt von der Förderung durch das Fernsehen abhängig, um ihren Lebensunterhalt zu bestreiten.

Schon bald werden mehr als 80 Prozent der Landesbevölkerung in den strahlenden Einfluß des Fernsehens geraten. Auf dem Land werden die kulturellen und sozialen Folgen der Einführung des Fernsehens wohl enorm sein. Als erstes ist der unvermeidbare Einfluß des Mediums selbst zu nennen. In ländlichen Familien wird noch immer der Informationsfluß hierarchisch kontrolliert: Die Männer und die Ältesten verbreiten die Informationen, welche die Haushalte erreichen. Sie entscheiden, welche Neuigkeiten für die Frauen und Kinder gut sind. (Natürlich keineswegs lückenlos, da gewisse Informationen von Frau zu Frau weitergegeben werden und an den Männern vorbeigehen.) Mit dem Fernsehen erhält die ganze Familie, sogar das ganze Dorf, die Informationen gleichzeitig, wodurch die Hierarchien des Alters oder Geschlechts abgebaut werden. Die Kinder erfassen die Sendungen des Fernsehens ohnehin viel schneller als die Erwachsenen, die weniger darin geübt sind, visuelle Botschaften aufzunehmen. Dies könnte die Beziehungen innerhalb der Familien grundlegend verändern.

Der eigentliche Joker in diesem Medienpaket ist das Video. Noch ist es kaum möglich vorauszusagen, in welche Richtung sich dieser Markt entwickeln und welchen Platz das Video im Alltagsleben der Menschen einnehmen wird. Aber schon heute ist es dieses Medium und nicht das Fernsehen, welches den Wohlstand der Filmindustrie angekratzt hat. Vor fünfzehn Jahren verfügten die kommerziellen indischen Filme über einen Markt, der sich von Südostasien über den Mittleren Osten bis nach Griechenland und in die Türkei erstreckte, und zudem die Immigranten in England, in Südafrika, Kanada und den Vereinigten Staaten belieferte. Innerhalb von fünf Jahren, seit die Videos aufgetaucht sind, ist der größte Teil dieser Märkte verschwunden. Die meisten Kinos, die sich in diesen Ländern auf die Vorführung von Hindi-Filmen spezialisiert hatten, mußten schließen. Konnte ein Filmproduzent in Bombay im Jahre 1975 noch einen großen Teil seines Budgets über die Anteile der Verleiher aus anderen Ländern bestreiten, so muß er sich heute beeilen, die Videorechte zum bestmöglichen Preis zu verkaufen, bevor Raubkopien von seinen Filmen auf dem Markt auftauchen. Es ist bekannt, daß viele Produzenten von ihren eigenen Filmen Raubkopien herstellen und versuchen, den Markt zu überschwemmen, bevor andere es tun.

Videotheken sind über das ganze Land verstreut. Videofilme werden in Überlandbussen, in Teestuben an der Straße, in Friseursalons gezeigt. Die Videos werden bald in die entferntesten Landstriche vordringen, wo Filme und Theater nie hingekommen sind, und zwar völlig unabhängig von der hochnäsigen Haltung des Fernsehens. Da die Verbreitung auf illegalen Kanälen geschieht, sind die indischen Raubkopien zumeist voll brutaler Gewalt oder harter Pornographie. Angesichts der unkontrollierten Ausbreitung des Video-Netzwerks über das ganze Land verblassen die meisten Fragen über die Zukunft des Theaters.

Die Medien schaffen eine sich schnell verändernde Landschaft, in der die nächste elektronische Erfindung ein Massenmedium unserer Tage wieder zur traditionellen Kunstform machen könnte. Obwohl es vielleicht unrealistisch ist, träume ich von dem Tag, an dem ein ähnliches Erdbeben das Theater wieder etabliert:

Schauspieler aus Fleisch und Blut führen einen gut geschriebenen Text vor einer Ansammlung von Menschen auf – und zwar dort, wohin das Theater gehört, mitten im täglichen Leben der Menschen.

Ananda K. Coomaraswamy

Indische Musik

Indien kann auf eine mindestens dreitausend Jahre alte Musikkultur zurückblicken. Der Gesang war ein wesentlicher Bestandteil vedischer Rituale, und Hinweise in späterer vedischer Literatur, in buddhistischen Schriften und in den brahmanischen Epen belegen, daß er schon in den Jahrhunderten vor Beginn der christlichen Ära als weltliche Kunst hoch entwickelt war. Die Vokalmusik dürfte ihre Blüte zur Zeit der Herrschaft der Gupta-Dynastie, zwischen dem vierten und sechsten Jahrhundert n. Chr., erlebt haben. Es war die klassische Epoche der Sanskrit-Literatur, die im Drama von Kalidasa gipfelte. Derselben Periode wird auch Bharatas monumentale Abhandlung über Musik- und Theatertheorie zugerechnet.

Die Kunstmusik der heutigen Zeit hat sich direkt aus diesen alten Schulen entwickelt. In den Zünften der Erbmusiker wurden die alten Traditionen, mit Kommentaren und Erweiterungen versehen, weitergegeben. Während die Worte eines Liedes zu jeder Zeit neu gedichtet werden konnten, blieb das melodische Material, das über Jahrhunderte mündlich vom Meister an den Schüler weitergegeben wurde, bis heute im wesentlichen unverändert. Wie in den anderen Künsten und im Leben der Menschen ist auch hier, in der Musik, die Kultur des Alten Indien lebendig geblieben, mit einem reichen Spektrum an emotionaler Erlebnisfähigkeit, die heutzutage den Menschen, für die »Überproduktion«

das bewegende Thema ist und die durch eine auf Wettbewerb basierende Gesellschaftsordnung verunsichert sind, weitgehend abhanden gekommen ist.

Die Ausbildung des Musikers beginnt in der Kindheit, und seine Kunst bleibt eine Berufung. Die asiatischen Gesellschaften bieten dem technisch unvollkommenen Amateur nicht die in Europa und Amerika so hoch geschätzte Möglichkeit, sich in der Kunst zu verwirklichen. Nirgendwo in Asien werden die Künste als ein allen zugängliches Kulturgut gelehrt. Auf der einen Seite steht der professionelle Künstler, der eine traditionelle Kunst beherrscht, und auf der anderen die Allgemeinheit, die Masse der Laien. Musikalische Bildung der Allgemeinheit besteht also nicht darin, daß sich »möglichst viele musikalisch betätigen können«, sondern daß man Kunst und Künstler zu schätzen und zu verehren vermag. Mir kam einmal der sonderbare Vorwurf zu Ohren, daß indische Vokalmusik so schwierig sei, daß sie ohnehin nur von einem Künstler gesungen werden könne. Diesem Vorwurf liegt eine typisch demokratische Auffassung von Kunst zugrunde, die jegliche Form künstlerischer Exklusivität mißbilligt. Doch ebensogut könnte man sagen, daß auch der Zuhörer, auf seine Art, ein Künstler sein muß, und diese Vorstellung stünde ganz und gar im Einklang mit indischen Theorien der Ästhetik. Der Musiker in Indien findet ein ideales Publikum vor – technisch kritisch, doch etwas gleichgültig gegenüber der Stimmqualität. Dem indischen Publikum kommt es eher auf das Lied an als darauf, wie es gesungen wird. Wer musikalisch ist, vervollkommnet die Wiedergabe des Liedes kraft seiner eigenen Phantasie und Empfindungsfähigkeit. Unter diesen Bedingungen wird die wahre Musik besser gehört als dort, wo die physische Perfektion der Stimme zur conditio sine qua non gemacht wird. Entsprechend wird der Bildhauer der beste sein, der eher Ursprüngliches als Gefälliges schafft. Innere Überzeugung ist wichtiger als oberflächliche Schönheit. »So ist auch die äußerliche Armut Gottes zu sehen, die seine Herrlichkeit erst recht offenbart.« Nichtsdestoweniger ist die Stimme des indischen Sängers zuweilen von großer innerer Schönheit, und sie wird manchmal mit empfindsamer Intelligenz und auch Könnerschaft eingesetzt. Die Stimme macht aber nicht den Sänger, wie das in Europa so oft der Fall ist.

Da indische Musik nicht notiert wird und, abgesehen von der Theorie, nicht aus Büchern erlernt werden kann, ist klar, daß ein Ausländer sie nur lernen kann, indem er zwischen sich und seinen indischen Lehrern jene besondere Beziehung von Meister und Schüler aufbaut, die ein Bestandteil der indischen Erziehung und Bildung in allen ihren Phasen ist. Er muß in den inneren Geist eindringen und sich viele äußere Konventionen indischer Lebensweise zu eigen machen, und er muß so lange studieren, bis er die Lieder unter indischen Bedingungen und zur Zufriedenheit indischer professioneller Zuhörer improvisieren kann. Er muß über die Phantasie eines Künstlers verfügen und darüber hinaus ein ausgeprägtes Gedächtnis und ein für mikrotonale Tonveränderung empfängliches Gehör haben.

Die Theorie der Tonreihe leitet sich aus den Gegebenheiten des Gesangs ab. Die europäische Kunst-Tonreihe ist auf zwölf festgesetzte Töne reduziert worden, indem fast identische Intervalle wie Dis und Es zusammengelegt wurden, und sie ist temperiert, um Modulation und freien Tonartenwechsel zu erleichtern. Das Klavier hat also per Konzeption eine nicht-reine Stimmung. Die Entwicklung der Harmonie verlangte diesen Kompromiß, der die Triumphe moderner Orchestrierung erst ermöglichte. Eine rein melodische Kunst kann jedoch genauso intensiv kultiviert werden, und die Vorteile reiner Intonation und modaler Färbung bleiben bestehen. Wenn man von den modernen europäischen Tasteninstrumenten absieht, gibt es so gut wie keine absolut fixierte Tonreihe. In indischer Musik ist lediglich eine Gruppe von Intervallen festgelegt, und der genaue Schwingungswert eines Tons hängt von seiner Position in einer Folge ab und nicht von seiner Beziehung zu einer Tonika. Die aus 22 Tönen bestehende Reihe ist einfach die Summe der Töne, die im indischen Lied überhaupt benutzt werden können – kein Musiker singt eine chromatische Leiter von C nach C mit 22 Stationen, das wäre lediglich eine »tour de force«. Der Viertelton oder *Shruti* ist das mikrotonale Intervall zwischen zwei aufeinanderfolgenden Leitertönen – aber da ein Thema selten zwei und niemals drei Leitertöne hintereinander verwendet, fällt das mikrotonale Intervall, außer bei Verzierungen, im allgemeinen nicht besonders auf.

Jedes indische Lied folgt einem bestimmten *Raga* oder einer *Ragini*. *Ragini* ist die weibliche Form von *Raga* und ist eine Verkürzung oder Modifizierung des Hauptthemas. Wie der alte griechische Modus und die Kirchentonarten besteht der *Raga* aus einer Auswahl von fünf, sechs oder sieben auf der Skala verteilten Tönen; doch der *Raga* ist spezifischer als ein Modus, denn er besitzt bestimmte charakteristische Folgen und einen Hauptton, zu dem der Sänger immer wieder zurückkehrt. Kein *Raga* verwendet mehr als sieben selbständige Töne, und es gibt keine Modulation: Die eigenartige Tonalität des indischen Liedes entsteht durch die Verwendung ungewohnter Intervalle und nicht durch die Verwendung vieler in kleinen Abständen aufeinanderfolgender Töne. Man kann den *Raga* wohl am treffendsten als Melodie-Matrix oder als Lied-Grundriß bezeichnen. Dieser Grundriß ist das erste, was der Meister seinem Schüler vermittelt; und Singen bedeutet, über das derart definierte Thema zu improvisieren. Die *Ragas* haben verschiedene Ursprünge. Einige, wie *Pahari,* sind von lokalen Volksliedern abgeleitet, andere, wie *Jog,* von den Liedern wandernder Asketen, und wieder andere sind die Schöpfung großer Musiker, unter deren Namen sie auch bekannt sind. In einem sanskrit-tibetischen Vokabular des siebten Jahrhunderts werden mehr als 60 aufgeführt, mit Namen wie »Mit-einer-Stimme-wie-eine-Gewitterwolke«, »Wie-der-Gott-Indra« und »Das-Herz-erfreuend«. Heutzutage findet man *Raga*-Namen wie »Frühling«, »Abendschönheit«, »Honigblume«, »Die Schaukel«, »Berauschung«.

Mit dem Wort *Raga,* das »Färbung« oder »Leidenschaft« bedeutet, verbindet der Inder ein Gefühl, eine Stimmung; das heißt, daß der musikalische Modus, genau wie im alten Griechenland, ein ganz bestimmtes »Ethos« besitzt. Das Lied soll nicht die Verwirrung des Lebens wiedergeben, sondern bestimmte Empfindungen von Leib und Seele im Menschen und in der Natur zum Ausdruck bringen und wecken. Jeder *Raga* wird einer Tages- oder Nachtzeit zugerechnet, zu der er gesungen werden soll, und einige verbindet man mit bestimmten Jahreszeiten, oder man schreibt ihnen eindeutig magische Bedeutung zu. So glaubt man immer noch die bekannte Geschichte von dem Musiker, dessen fürstlicher Gönner launenhaft darauf bestand, ein Lied in *Dipak Raga* zu hören, der Feuer erzeugt: Der Musiker gehorchte unter Protest, aber im Verlauf des Liedes ging er in Flammen auf, Flammen, die sich nicht löschen ließen, auch nicht, als er in die Fluten des Jamuna sprang. Und genau wegen dieses Zauberelements und der Verbindung des *Raga* mit dem rhythmischen Ritual des täglichen und jahreszeitlichen Lebens dürfen seine klaren Umrisse nicht durch Modulation verwischt werden. Man sieht die *Ragas* auch als musikalische Geister. So heißt es, daß man die Glieder dieser musikalischen Engel bricht, wenn man »außerhalb des *Raga* singt«. Eine typische Geschichte wird über Narada berichtet, aus der Zeit, als er noch »Lernender« war. Er dachte, er hätte die gesamte Kunst der Musik bereits gemeistert; doch um seinen Stolz zu dämpfen, enthüllte der allweise Vishnu ihm in der Welt der Götter ein großes Gebäude, in dem Männer und Frauen lagen und über ihre gebrochenen Arme und Beine weinten. Es waren die *Ragas* und *Raginis,* und sie sagten, daß ein gewisser Weiser namens Narada, der Musik unkundig und ungeschickt in ihrer Ausführung, sie verkehrt gesungen hätte, und so seien ihre Gesichtszüge verzerrt und ihre Glieder gebrochen, und solange sie nicht wahrhaftig gesungen würden, gäbe es keine Heilung für sie. Daraufhin wurde Narada demütig, und vor Vishnu kniend betete er darum, daß man ihn die Kunst der Musik noch vollkommener lehre. Und so wurde er dann der große Musiker-Priester der Götter.

Indische Musik ist eine rein melodische Kunst. Anstelle einer harmonisierten Begleitung erklingt lediglich ein ostinater Brummton. In der heutigen europäischen Musik bezieht das Thema sein

Tonmaterial hauptsächlich aus den Tönen des Akkords, der mit ihm zusammen erklingt; und selbst bei einer unbegleiteten Melodie hört der Musiker die dazugehörigen Harmonien. Unbegleiteter Volksliedgesang befriedigt das Ohr des Konzertbesuchers nicht. Mit der reinen Melodie beschäftigt sich nur der Bauer und der Spezialist. Das liegt zum Teil daran, daß das auf dem Klavier gespielte oder im Notensystem notierte Volkslied eigentlich verfälscht ist; aber im wesentlichen kommt es doch daher, daß unter den Bedingungen europäischer Kunst die »Melodie« als etwas Eigenständiges gar nicht mehr existiert und die Musik ein Kompromiß zwischen melodischer Freiheit und harmonischer Notwendigkeit ist. Um die Musik Indiens so hören zu können, wie Inder sie hören, muß man das Gespür für die reine Intonation wiederentdecken und alle implizierten Harmonien vergessen. Man muß hier die gleiche Anstrengung unternehmen wie der an moderne Kunst Gewöhnte, der zum ersten Mal versucht, die Sprache der frühen italienischen oder chinesischen Malerei zu verstehen, wo mit der gleichen Sparsamkeit der Mittel jene ganze Erfahrungskraft ausgedrückt wird, die wir heutzutage nur durch eine kompliziertere Technik zu verstehen gewohnt sind.

Ein weiteres Merkmal des indischen Liedes, und somit auch des Instrumentalsolos, ist die ausgefeilte Ornamentik. In Europa, wo viele Töne gleichzeitig gehört werden, ist es nur natürlich, daß Verzierung eher als eine nicht notwendige Ausschmückung, die dem Ton beigefügt wird, und nicht als struktureller Bestandteil erscheint. Aber in Indien bilden der Ton und die mikrotonale Verzierung eine engere Einheit, denn die Verzierung erfüllt die Funktion, Licht und Schatten hinzuzufügen, was in harmonisierter Musik durch die verschiedenen Stufen von Assonanz erzielt wird. Ohne Verzierung würde das indische Lied für indische Ohren genauso kahl klingen wie für den Europäer das europäische Kunstlied ohne seine obligate Begleitung.

Eine weitere Eigentümlichkeit ist das ständige Portamento oder eher Glissando. In Indien wird stärker das Intervall als der Ton gesungen oder gespielt, und dementsprechend gibt es keine Unterbrechung in der Tonerzeugung. Das europäische Lied dagegen, das durch den Einfluß der Harmonie und den Charakter der Tasteninstrumente, die gemeinsam mit der Stimme erklingen, vertikal zergliedert ist, klingt für ungeübte indische Ohren wie »durchlöchert«.

Alle Lieder, außer den *Alaps,* haben einen strengen Rhythmus. Er ist beim Hören nur schwer zu erkennen, weil indischen Rhythmen, wie in der Prosodie, der Kontrast zwischen kurzer und langer Dauer zugrunde liegt, während europäische Rhythmen auf Betonung basieren, wie beim Tanz oder Marsch. Der indische Musiker markiert den Taktanfang nicht durch einen Akzent. Seine feste Einheit ist ein Abschnitt oder eine Gruppe von Takten, die nicht unbedingt gleich sein müssen, während die europäische feste Einheit typischerweise der Takt ist, und eine jeweils variierende Anzahl dieser Takte bildet dann einen Abschnitt. In Europa haben wir es mit Zweier- oder Dreierrhythmen bzw. deren Vielfachen zu tun, der Hindu-Rhythmus baut dagegen auf den Summen von 2 oder 3 auf. Manche Zählweisen sind sehr komplex: *Ata Tala,* zum Beispiel, wird als 5 plus 5 plus 2 plus 2 gezählt. Die häufige Verwendung von Gegenrhythmen macht die Form noch zusätzlich komplizierter. Sowohl Takt als auch Melodie sind in indischer Musik modal. Aus all diesen Gründen ist es schwierig, auf Anhieb den Punkt zu erkennen, an dem ein Rhythmus beginnt oder endet, was dem indischen Publikum, das mit quantitativer Lyrik-Rezitation vertraut ist, allerdings keine Mühe bereitet. Indischen Rhythmus kann man sich am besten erschließen, indem man auf die Phrasierung achtet und die Pulsierung zunächst einmal außer Betracht läßt.

Das indische Kunstlied wird von Trommeln begleitet oder von einem als Tambura bezeichneten Instrument oder von beidem. Die Tambura gehört zur Gattung der Lauten, hat aber keine Bünde. Die vier sehr langen Saiten sind so gestimmt, daß die Quint erklingt, zweimal der obere Grundton und unten die Oktave. Diese Intervalle sind allen *Ragas* gemeinsam. Die Tonhöhe wird passend zur Stimme des Sängers eingestellt. Die vier

Saiten sind mit einfachen Resonatoren ausgestattet – Wollfetzen zwischen der Saite und dem Steg –, die die Quelle ihres »Lebens« sind. Die Saiten werden unaufhörlich zum Klingen gebracht, so daß ein sehr obertonreicher »Orgelpunkt«-Hintergrund entsteht, und auf diesem dunklen Grund unbegrenzter Möglichkeiten hebt sich das Lied ab wie eine kunstvolle Stickerei. Die Tambura darf nicht als Solo-Instrument betrachtet werden, auch nicht als Gegenstand gesonderten Interesses wie etwa das Klavier als Begleitinstrument eines modernen Liedes. Ihr Klang stellt vielmehr den Raum dar, in dem das Lied lebt, sich bewegt und sein Dasein entfaltet.

Es gibt in der indischen Musik aber auch viele Solo-Instrumente. Das weitaus bedeutendste ist die Vina. Dieses klassische Instrument, von ähnlicher Bedeutung wie die Violine in Europa und die japanische Koto, unterscheidet sich von der Tambura hauptsächlich dadurch, daß sie Bünde hat. Die Töne werden mit den Fingern der linken Hand erzeugt, und die Saiten werden mit der rechten Hand gezupft. Die zarten Nuancen mikrotonaler Verzierung erreicht man durch das Auslenken der Saiten, und auf diese Weise werden ganze Passagen nur durch eine seitliche Bewegung der linken Hand gespielt, ohne daß die Saite neu angerissen wird. Während beim Tambura-Spielen die einzige Schwierigkeit darin besteht, einen gleichmäßigen, vom Lied unabhängigen Rhythmus zu halten, wirft die Vina alle nur vorstellbaren technischen Schwierigkeiten auf, und es heißt, daß mindestens zwölf Jahre nötig sind, um das Instrument zu beherrschen.

Der indische Sänger ist ein Dichter, und der Dichter ist ein Sänger. Vorherrschendes Thema in den Liedern ist die menschliche oder göttliche Liebe in allen ihren Aspekten oder das direkte Lob Gottes, und die Worte sind immer aufrichtig und leidenschaftlich. Ist der Sänger im wesentlichen Musiker, werden die Worte lediglich als Vehikel für die Musik betrachtet. Im Kunstlied sind die Worte immer knapp und drücken eher eine Stimmung aus, als daß sie eine Geschichte erzählen, und sie werden benutzt, um die Musik zu unterstützen, ohne viel Rücksicht auf ihre eigene Logik – genauso wie das darstellende Element in einem modernen Gemälde lediglich als Basis für die Organisierung reiner Form oder Farbe dient. In der als *Alap* bezeichneten Form – einer Improvisation über das *Raga*-Thema – wird die Vorherrschaft der Musik so weit getrieben, daß nur noch sinnleere Silben benutzt werden. Die Stimme selber wird zum Musikinstrument, und das Lied ist mehr als die Worte des Liedes. Diese Form wird vor allem vom indischen Virtuosen bevorzugt, der folglich eine gewisse Geringschätzung für jene empfindet, denen es im Lied in erster Linie um die Worte geht. Die Stimme hat also einen höheren Stellenwert als in Europa, denn hier in Indien hat die Musik eine eigenständige Existenz und dient nicht bloß der Untermalung der Worte.

Shalini Reys

Die wandernden Bänkelsänger

Die Pabuji Bhopas sind eine Gemeinschaft von wandernden Bänkelsängern aus Rajasthan. Sie sind Pabuji geweiht, einem zum Gott gewordenen Volkshelden aus dem 15. Jahrhundert. Sie verdienen ihren Lebensunterhalt, indem sie vor einem großen, bemalten Rollbild *(Phad)* von seinen Taten singen. Sie gehören zur Nayak-Kaste und stammen meistens aus den Distrikten Sikar, Jodhpur, Bikaner und Nagore. Aber da sie umherziehen, findet man sie in fast allen Teilen des Bundesstaates.

Das Vortragen eines illustrierten Epos ist eine alte Tradition in Rajasthan. Das Volksepos unterscheidet sich vom literarischen dadurch, daß es bebildert und anonym ist und keinem einzelnen Autor zugeschrieben werden kann. Es handelt sich um eine orale Tradition, die von einer Generation zur nächsten weitergegeben wird.

Der Bhopa begleitet seinen Gesang mit der *Rawanhatta,* einem Saiteninstrument, das mit einem Bogen aus Pferdehaar gespielt wird. Jeder Sänger stellt sein eigenes Instrument her, aus einem Bambus und einer halben, mit Pergament überzogenen Kokosnuß. Er verziert es liebevoll, schnitzt feine Muster auf die Stimmgriffe und behängt den Hals mit geschlagenen Metallplättchen und Messingknöpfen.

Wenn ein Gläubiger des Gottes Pabuji einen Liedvortrag in seinem Haus veranstalten will, läßt er den Bhopa rufen, und mit seiner Bitte überreicht er ihm ein Maß Korn, um den Vertrag zu besiegeln. Dann ergehen Einladungen an Freunde und Verwandte, die vielleicht gern teilnehmen würden. Nach Sonnenuntergang beginnt es. Der Bhopa, mit dem traditionellen roten Turban bekleidet, entfaltet sein Rollbild. Er macht der Gottheit das rituelle Opfer und beginnt dann zu singen. Seine Frau singt mit ihm und hält eine Öllampe, damit Licht auf jene Szene fällt, die gerade besungen wird. Von Strophe zu Strophe entfaltet sich die Erzählung über Pabuji. Sie beginnt mit der Hochzeit seines Vaters, dem Prinzen Rao Asthan von Rathore. Die Braut ist eine Zauberprinzessin, die Löwengestalt annahm, wenn sie ihren Sohn Pabu säugte. Es wird berichtet von Pabus Kindheit, seiner abenteuerlichen Reise nach Lanka, wo er Ratal-Bhuri-Sandhiyam, die »rotbraune Kamelstute«, sucht. Er hat sie seiner Nichte versprochen, zu ihrer Hochzeit mit Gog Chauhan. Die Geschichte nimmt ein tragisches Ende: An seinem eigenen Hochzeitstag wird er von seiner wunderschönen Braut Sodhi Ram gerufen, um das Vieh vor den Bhundalas zu schützen, und fällt in einen Hinterhalt.

Wenn der Bänkelsänger singt, liegt Schweigen über den Zuhörern. Vielleicht ist es die Kraft seiner Stimme, vielleicht auch Ehrfurcht, wie man sie nur vor diesen traditionellen Sängern empfindet, oder es liegt vielleicht an diesem uralten Glauben an die übernatürlichen Kräfte der Helden, deren Taten besungen werden – die Zuschauer bleiben gebannt bis zum Ende der Erzählung.

Da der Gott Pabuji mit Kamelen und Vieh in Verbindung gebracht wird, betrachtet man ihn als einen Schutzgott dieser Tiere. Außerdem schützt er die Menschen vor Krankheit. Der Bänkelsänger wird also auch zum Vortrag gerufen, wenn Tiere oder Menschen mit Krankheit geschlagen sind, oder auch zum Dank für die Geburt eines Kindes, eines Kamels oder eines Kalbes.

Ein vollständiger Vortrag dauert sieben Nächte. Auf Wunsch des Hausherrn kann er allerdings auch auf eine einzige Nacht zusammengezogen werden. Während der Dauer des Vortrags hat der Hausherr die Pflicht, sieben Bänkelsänger zu verköstigen. Die Zahl sieben symbolisiert die sieben Gottheiten, die auf dem Rollbild dargestellt sind. Die übrigen Anwesenden beschenken die Bänkelsänger mit Geld oder Naturalien und zeigen so ihren Dank für den Vortrag.

Kapila Vatsyayan, Ram Gopal

Der klassische Tanz

Das Ziel des indischen Tanzes ist, jenen Punkt oder Augenblick darzustellen, in dem entlang der vertikalen Körperachse *(Brahmasutra)* die Bewegung im vollkommenen Gleichgewicht ist. Alle Bewegungen sollen von diesem Punkt *(Sama)* ausgehen, so wie es auch für die Skulptur gilt. Der indische Tanz beschäftigt sich mit der Bewegung der Körpergestalt im direkten Zusammenhang mit der Schwerkraft. Aufgrund dieser Konzeption gibt es auch nicht jene plötzlichen Sprünge und gleitenden Bewegungen in der Luft, die so charakteristisch für das westliche Ballett sind. Dort wird jener Moment im Raum gesucht, in dem die Gestalt frei von allen Wirkungen der Schwerkraft scheint. Das westliche Ballett strebt danach, den Raum zu überwinden, indem es soviel Raum wie möglich einbezieht, ob am Boden oder in der Luft. Es zerschneidet den Raum in Felder von Bewegung, Sprüngen und Bühnenchoreographie. Diese werden durch höchst ausgeklügelte Muster verwoben. Der westliche Tänzer greift in den Raum hinaus – vertikal und horizontal –, um den Augenblick der vollkommenen dynamischen Bewegung zu erreichen. Seine geometrischen Figuren im Raum sind Versuche der Befreiung von der Schwerkraft.

Der indische Tänzer dagegen versucht ziemlich genau das Gegenteil. Die beiden Stile haben ein vollkommen anderes Verhältnis zur Bewegung. Dem indischen Tanz geht es weniger um den Raum als um die Zeit. Der Tänzer versucht ständig, jene vollkommene Pose zu erreichen, die einen Eindruck von Zeitlosigkeit vermittelt. Die Körperhaltung zielt mehr auf eine Geometrie in der Zeit als im Raum, denn die Meisterschaft in der *Nritta*-Technik liegt in der delikaten und bewußten Variation des Rhythmus *(Tala)* in der Abfolge der Positionen. Die perfekte Position ist ein Augenblick stillstehender Zeit – im begrenzten Raum.

Kaum ein indischer Tanzstil arbeitet mit großen Sprüngen, und in den klassischen Abhandlungen über den indischen Tanz tauchen sie kaum oder gar nicht auf. *Bharata* hat 108 *Karanas* und 32 *Angaharas* (Körperstellungen) in aller Ausführlichkeit diskutiert – aber nirgends diskutierte er die Möglichkeiten einer Bewegung im Raum, bei der beide Hände und Füße den Kontakt zum Boden verlieren. So wie das indische Drama bewußt vermeidet, gewisse menschliche Erfahrungen darzustellen, so legt auch der indische Tanz die Betonung nur auf gewisse Formen von Bewegung. Im Rahmen dieser bewußten Selbstbeschränkung wurden die Möglichkeiten von Bewegung bis ins letzte ausgelotet.

Den skulpturenhaften Charakter des indischen Tanzes muß man kaum mehr speziell betonen: Position und Haltung ist das Entscheidende. Im Grunde ist der indische Tanz die Verknüpfung von hochstilisierten und symbolischen Positionen. Dem Tänzer geht es weniger um die Muskulatur der menschlichen Gestalt. Wie der Bildhauer nimmt er mehr die Gelenke und die wesentliche anatomische Struktur des Körperbaus als Grundlage. Von dieser Grundlage aus sucht er die absolute Form, denn die Muskeln können den Eindruck absoluter Form nicht vermitteln und schlecht reine geometrische Formen schaffen. Unter diesem Aspekt wurden die verschiedenen Körperteile und ihre Bewegungsarten analysiert. Knie, Hüfte und Schulter sind die Schlüsselpunkte, von ihnen geht die Bewegung in die höheren und tieferen Glieder aus. Der Nacken wiederum ist die Grundlage aller Bewegungen von Kopf und Gesicht.

Kamala Das

Der Tanz der Eunuchen

Heiß war es, heiß, ach, bevor die Eunuchen kamen
zu tanzen, in weiten Gewändern, zu schallenden Zymbeln,
schellenberingt ihre Füße, die schellten und schellten und
schellten … Im Schatten der flammenden Gulmohar-Bäume, mit
fliegenden Flechten, schwarz funkelnden Augen, sie tanzten und
tanzten mit blutenden Füßen, giftgrüne Tupfen auf
hageren Wangen, Jasmin im Haar, dem dunklen, auch
blonden zuweilen. Sie sangen mit heiseren Stimmen
unendlich traurige Lieder von Liebe, die starb, und von
Kindern, die niemand gebar …
Schlugen die Trommeln und schlugen die schäbigen Brüste,
stöhnten und zuckten in leerer Ekstase, mit
mageren Gliedern und trockenen Leibern, wie Reste vom
Scheiterhaufen der Leichen. Tod und Verwesung war in
jedem von ihnen, daß selbst in den Bäumen die Krähen
verstummten; die Kinder erstarrten, und alles verfolgte der
Elendsgestalten widerlich Zucken.
Dann barst der Himmel mit Donner und Blitzen, kam Regen in
sparsamen Tropfen, stinkend von Staub, und in alten
Gemäuern nach dem Urin von Echsen und Mäusen.

Rustam J. Mehta

Indiens traditionelle Textilkunst

Von allen kunsthandwerklichen Erzeugnissen Indiens sind die nach alter Tradition handgesponnenen und gewebten Stoffe wahrscheinlich die ältesten, wie die Bruchstücke von feingewebten, krappgefärbten Baumwollgeweben und Weberschiffchen aus dem dritten Jahrtausend v. Chr. zeigen, die bei Mohenjo-Daro gefunden wurden. Möglicherweise war Handspinnen und Handweben das älteste Handwerk im alten Osten. Die Erzeugnisse der indischen Weber wurden zu Recht »Poesie auf Gewebe« genannt. Man sagt, es gebe keinen Trick der Weberzunft, den sie nicht gekannt hätten. Vielleicht war Indien das erste Land in der ganzen Welt, das aus dem Handwerk des Webens eine vollendete Kunst gemacht hat. Vielleicht sind Indiens gazeleichten Musseline und die üppigen golddurchwirkten Brokate sogar älter als das Gesetz Manus. Es besteht kein Zweifel, daß Indien seit frühesten Zeiten ein wichtiges Zentrum für die miteinander eng verknüpften Handwerkskünste des Spinnens, Webens und Färbens war.

In einer Hymne des *Rigveda* finden sich feinsinnige Anspielungen auf die Webtechnik. Agni, der Gott des Feuers, erklärt in der Sprache des Webstuhls: »Oh, ich kenne weder Zettel noch Schuß, ich kenne das Muster nicht, das du webst.« Und über Usha, die Göttin der Morgendämmerung, lesen wir, sie sei »in Strahlen gehüllt«; ein anderer Hymnus erzählt, wie »Tag und Nacht Licht und Dunkel über die weite Welt breiten wie zwei begabte Weberinnen, die ein Kleid weben«. Auch im Gesetz Manus wird oft auf die Web- und Färbekunst angespielt. Zur Zeit der großen epischen Werke muß die Kunstfertigkeit am Webstuhl einen hohen Stand der Vollendung erreicht haben. In den zwei klassischen Epen – *Mahabharata* und *Ramayana* – werden gewebte Baumwolle, Seide und wollene Gewebe oft erwähnt: »Edelsteine,

Gold und kostbare Gewänder, Sklaven und Jungfrauen erfreuen das Auge.« Hier ist die Rede vom Hiranyadrapi, dem glänzenden goldenen Überwurf, und von Manichira, das, soviel man weiß, ein südindisches Tuch war mit einer Franse aus eingewobenen Perlen.

Im *Ramayana* wird aufgezählt, was Sita von ihrem Vater als Mitgift erhält: feine Seidenkleider in verschiedenen Farben, Pelze und wollene Gewänder und kostbare Edelsteine. Das *Mahabharata* erzählt von den Geschenken, die die Lehensprinzen König Yudhisthira bringen: wollene Umhänge von Gujarat, Pelze vom Hindukusch, Stoffe aus gewebten Pflanzenfasern von den Völkern aus dem Nordwesten des Himalaja, Tücher aus Schafs- und Ziegenwolle und sogar feine Musseline, ein Tribut der Völker aus den Gebieten Karnataka und Mysore.

Die alten Tempel-Skulpturen stellen Frauen in Brokatkleidern, gestickten Tüchern und in Musselinen dar, die so hauchdünn sind, daß die feinen Linien des Körpers durchscheinen. Die Künstler nahmen sich oft die Freiheit, nur gerade die Ränder und Falten der Gewänder darzustellen, um zu zeigen, daß die weiblichen Formen ganz in feinsten Musselin gehüllt sind.

Die prachtvollen Fresken im Höhlenkomplex von Ajanta zeigen viele Arten von Kleidern für Mann und Frau, meist in Blautönen, eine Farbe, die offenbar bei den Hindus sehr beliebt ist, preisen doch die Dichter in Versen die Schönheit einer blassen Jungfrau, die ganz in Blau gekleidet ist wie »eine dunkle Wolke, erleuchtet vom strahlenden Feuer der Schönheit«. Sowohl in diesen Fresken als auch in denen der Bagh-Höhlen finden sich weitere Darstellungen von Geweben und Textilien verschiedenster Art: Bandhani-Stoffe, figurenbestickte Musseline und reiche Brokate. Da sind Gewänder mit Streifen und Kreisen, Schachbrett- und Winkelmustern und vielen anderen geometrischen Figuren dargestellt; sogar mit stilisierten Blumenmotiven und ineinander verflochtenen Ranken mit Vögeln und wilden Tieren. Als Bana Parvatis Kleid besingt, sind »ihre zwei Seidengewänder wie der Schaum Ambrosias, mit einem Gänsepaar in Gelb auf dem Saum«.

Und wie beschreibt es Kalisada: »Wie soll ich dein Kleid besingen mit den fröhlich glänzenden Flamingos?« Vögel, vor allem Gänse, sind ein häufiges und beliebtes Motiv auf den Kleidern der Figuren auf den Felswänden von Ajanta.

»Auch wenn eine Frau mit Jugend und Schönheit angetan und mit goldenen Halsketten, Blumen und Betelblättern geschmückt ist, geht sie nicht aus, ihren Geliebten an geheimem Ort zu treffen, ohne sich in seidene Gewänder zu hüllen, so daß die ganze Erde von den Seidenwebern in ein Seidengewand gehüllt wird, angenehm zu berühren, reich an Farben, gefällig für das Auge ...« So lautet die Inschrift auf einem Gedenkstein in einem Tempel, den eine Gilde von Seidenwebern zu Beginn des fünften Jahrhunderts in Malwa zu Ehren des Sonnengottes Surya errichtete.

Megasthenes, der seleukidische Gesandte (302–298 v. Chr.) am Hof von Chandragupta Maurya, hat uns eine detaillierte Beschreibung des Landes zu jener Zeit hinterlassen. Er beschreibt, wie die Inder damals in feinsten, blumenbesetzten Musselin und die Reichen der herrschenden Klasse in lange, mit prachtvollen Goldfäden bestickte Roben gehüllt waren. »Sie lieben Putz und Schmuck«, schrieb er. »Sie tragen goldgewirkte Kleider, verziert mit Edelsteinen, und geblümte Gewänder aus feinstem Musselin.«

Die Jahre gingen vorbei. Im 14. Jahrhundert beschäftigte Muhmad Tughlaq in Delhi mehr als fünfhundert Weber, die Silber- und Goldbrokat herstellten für Geschenke und für die Damen am Königshof. Es wird berichtet, daß diese Stoffe so herrlich waren, daß sogar die feinsten Erzeugnisse Europas, Persiens und Chinas daneben verblaßten. Könnte es gar sein, daß die prächtigen Stoffe Babylons, in Gold und Farbe bestickt, in Wirklichkeit aus Indien stammten? Und vielleicht ebenso der goldene Schleier des Hephästos, den Homer beschreibt, dessen Gewebe nicht einmal die Götter erkennen konnten, weil es so hauchdünn war wie ein Spinnennetz?

Der gewobene Musselin trug so poetische Bezeichnungen wie »fließendes Wasser«, »gewobene Luft«, »süß wie Sirup« und »Abendtau«.

Die Musseline des alten Indien sollen so hauchdünn gewesen sein, daß sie sogar Stoff für ein Märchen boten. Prinzessin Zebun-Nissa wurde eines Tages von ihrem puritanischen Vater, dem Kaiser Aurangzeb, ertappt, als sie allem Anschein nach unbekleidet umherging. Als er sie ausschalt und ihr vorhielt, sie beflecke die Würde des königlichen Hofes, erwiderte sie ruhig, sie sei gebührend angezogen. Sie trug nämlich nicht nur ein, sondern sieben Kleider auf ihrem schlanken Körper.

Die berühmten Musseline von Dacca waren so fein gewoben, daß sie unsichtbar wurden, sobald man sie auf nasses Gras legte – daher der Name »Abendtau«.

Indiens »Stoff der Träume« ist natürlich der Banarsi-Brokat, bekannt unter dem Namen *Kinkhab,* früher von europäischen Autoren oft fälschlicherweise *Kincob* genannt. Mit ihren bezaubernden Blumendessins aus hineingewebten farbigen Seiden- und Goldfäden sind die Brokate zweifellos die großartigsten und faszinierendsten Seidenstoffe, die Indien zu bieten hat. Man erzählt, daß die sterblichen Überreste Buddhas, als er ins Nirwana überging, in ein Banarsi-Tuch gehüllt waren, das ein blendendes Licht von gelben, roten und blauen Farben ausstrahlte. Der indische *Kinkhab* ist buchstäblich ein »Tuch aus Gold«. In vergangenen Zeiten wurden Gold- und Silberdrähte von solch außerordentlicher Feinheit gezogen, daß der ganze Stoff ausschließlich mit diesen Fäden gewoben werden konnte, ohne irgendeinen Faden aus anderen Materialien. Der metallene Glanz von Kette und Schuß verlieh dem Stoff einen funkelnden Schimmer. Die Verwendung von Seide oder einer Mischung von Seide und Baumwolle in der Brokatweberei scheint eine Neuerung jüngeren Datums zu sein. Zarte Muster werden durch die Verwendung verschiedenfarbiger Fäden bei Kette und Schuß erzielt. Die *Amrus* aus Hyderabad sind reine Seidenbrokate, während die *Himrus* zusätzlich baumwollene oder Wollfäden enthalten. Beim echten *Kinkhab* werden Gold- und Silberfäden als Einzelfäden gesondert oder zusammen mit dem Seidenfaden im Schuß eingewirkt.

Jamila Brij Bhushan

Die indische Metallarbeit

In Indien ersetzen Metallgefäße das Glas-, Porzellan- und Silbergeschirr europäischer Haushalte. Die Urformen dieser Gefäße sind Fruchtschalen, wie zum Beispiel Kürbisschalen, Lotus- und Lilienblätter sowie Knochen und Hörner von Tieren. Orthodoxe Hindus verwenden auch heute noch Kürbisschalen als Wassergefäße, und die Gunst der Götter gewinnt man immer noch am besten mit Wasser, das aus dem Horn eines Rhinozeros fließt.

Die Gefäßtypen werden nach Formen unterschieden, nicht nach den Verzierungen. Das Geschirr wird denn auch, mit Ausnahme einiger weniger zu Opferzwecken verwendeter Gefäße zum Teil islamischer Herkunft, nicht verziert. Die nach Formen unterschiedenen Typen werden im allgemeinen nach den Orten benannt, in denen sie zuerst hergestellt wurden. So heißt das Geschirr aus Balasore *Baleswari,* das aus Gaya *Gayeswari* usw. Neuere Modelle erinnern manchmal an denkwürdige Ereignisse. So trägt das *Elokeshi-bati* aus Bengalen den Namen einer Frau, die von ihrem Mann getötet wurde, weil sie ein Verhältnis mit einem Mönch hatte. Abscheu vor der Missetat des Mönchs und Sympathie für den rächenden Ehegatten drücken sich aus in der Einführung verschiedener Haushaltsartikel wie Fischmesser, Saris, Geräte usw., die den Namen der Frau tragen.

Metalle werden auch als Heilmittel und als Amulette verwendet. In der modernen Medizin gilt Eisen als Tonikum, in früheren Kulturen verleibten es sich Männer ein, um stark und unbesiegbar zu werden.

Der älteste Fund antiker Goldschmiedekunst in Indien ist ein Sarg, der heute im Besitz der Indischen Staatsbibliothek ist. Der Sarg wurde an der Ausgrabungsstätte von Taxila im Panjab entdeckt. Er ist aus feinem Gold und mit Balas-Rubinen bestückt.

Die oberen und die unteren Kanten sind wechselweise mit Rubinen und herausgehobenen Schnörkeln verziert. Die ganze Oberfläche des Sarges ist in acht Nischen aufgeteilt, die vier Figuren bergen, die je zweimal dargestellt werden. Zwischen den Nischen breiten Vogelfiguren ihre Flügel aus. Das Ganze ist in feinstem Repoussé-Stil gearbeitet. Er wirkt in seinem Wesen überraschend griechisch und kann als Beweisstück für Alexanders Indienfeldzug angesehen werden. Indische und griechische Motive sind in einer Art vermischt worden, die dem Ganzen einen ausgesprochen byzantinischen Effekt verleiht. Das Interessanteste an diesem Sarg ist die Ähnlichkeit der Wölbungen mit den Bogen am St.-Markus-Platz in Venedig, der ungefähr um 1592 erbaut wurde.

Bidri-Metallwaren haben ihre Bezeichnung von der Stadt Bidar, etwa 120 km nordwestlich von Hyderabad. Ihre Farbe ist ein tiefes Schwarz, das nie verblaßt, aufgelockert mit Silber- und manchmal auch Goldeinlagen. Die Zusammensetzung der Legierung variiert leicht von Gegend zu Gegend. In Lucknow ist das Hauptmetall Zink, dem Blei, Zinn und Kupfer beigemengt werden. In Bidar selbst wird weniger Zink und dafür mehr Zinn verwendet. In bestimmten Gegenden wird gar kein Blei beigemischt.

Das Gefäß wird zuerst in die gewünschte Grobform und Größe gegossen und dann an der Drehbank in die genaue Form gebracht. In einem nächsten Arbeitsgang werden unterschiedlich tiefe Muster eingeritzt oder ziseliert, je nach Typ und Qualität der Arbeit. Nun wird das Gefäß geschmirgelt, poliert und mit in Rapsöl aufgelöstem und mit Kohle verdicktem Ammoniak und Salpeter dunkelgrün oder tiefschwarz eingefärbt. In Lucknow wird außerdem noch blaues Vitriol zugesetzt. Nach leichter Erhitzung des Gefäßes an der Sonne reibt man die Farbmischung in die eingravierten Muster und läßt die Arbeit einige Stunden auskühlen. Zuletzt wird das Gefäß gewaschen und mit ein wenig Öl abgerieben, sobald die Farbe eingetrocknet ist. Man unterscheidet zwei Typen von *Bidri*-Gefäßen, und zwar nach der Tiefe der Gravuren und nach der Qualität des Metallbesatzes an der Oberfläche. Tief eingeritzte Arbeiten tragen die Bezeichnung *Teh*

Nashan, reliefartig verzierte Gefäße werden *Zar Nashan* (oder *Zar Buland)* genannt. Bei ersteren wird das Muster tief eingeritzt und das Silber oder Gold genau auf Form und Größe des ziselierten Musters zugeschnitten. Nachdem die Gold- oder Silberverzierung eingelegt ist, wird die Oberfläche geschmirgelt und poliert.

Eines der ältesten und auch prachtvollsten Sujets, die in Hyderabad verwendet werden, ist die Mohnblume, ein in ganz Indien anzutreffendes Muster. Sehr häufig sind auch Muster aus Silberkreuzen oder Sternen, die ausschließlich mit Draht geformt und diagonal angelegt werden.

In Purnea wird nie nur Draht verwendet, sondern das Silber oder Gold wird in große Stücke geschnitten, die Blumen oder Tiere darstellen, und dann eingelegt und poliert. Erzeugnisse aus Purnea haben eindeutig chinesischen Einfluß, sehr wahrscheinlich aus Sikkim und Bhutan. In Kashmir werden Muster mit unter der Oberfläche eingelegtem Draht geformt, wobei sehr wenig Draht verwendet wird, und das Sujet ist praktisch immer eine Raute.

In Lucknow scheint die Kunst der *Bidri-*Herstellung durch die Nawabs aus Oudh eingeführt worden zu sein. Diese Nawabs verdankten ihre Machtstellung dem Kaiser von Delhi, der ihnen die Würde des Fisches *(Mahi Murattib)* verliehen hatte. Sie waren stolz darauf, diesen Titel zu besitzen, und zeigten sich bei zeremoniellen Gelegenheiten immer mit einem Fisch-Emblem. Bei *Bidri-*Erzeugnissen aus Lucknow trifft man deshalb Schritt für Schritt auf Fischmotive, neben den überall in Indien üblichen Sujets aus Fauna und Flora des Landes. Ein weiteres beliebtes Motiv Lucknows ist das Weinblatt.

*Bidri-*Gefäße rosten nicht und können, sollte das doch einmal vorkommen, leicht restauriert werden. Sie sind sehr schwer und zerbrechen nur unter heftigen Schlägen, sehen prachtvoll aus und sind sehr gefragt. Offenbar hat sich diese Kunst im Zusammenhang mit der Verzierung von Schwertern und anderen Waffen entwickelt. Später verwandte der Kunsthandwerker sein Geschick auf die Verzierung von Geräten des täglichen Gebrauchs: Aschenbecher, Knöpfe, Zigarettenetuis, Spucknäpfe, Bettstattbeine usw.

Für keine Moslemfamilie aus Hyderabad wäre die Mitgift einer Tochter vollständig ohne die Beigabe so vieler *Bidri*-Geräte, als es die finanziellen Mittel erlauben, und die Gegenstände werden Stück für Stück gesammelt, von der Geburt eines Mädchens an bis zu ihrer Heirat.

Der Schmuck

Indische Ornamente wurden während Jahrhunderten fast unverändert überliefert. Ein kleines Perlenhalsband, das bei Mohenjo-Daro gefunden wurde, wird immer noch in derselben Art als Hochzeitshalsband in Coorg getragen. Auch ein Kopfputz, *Vor* genannt, dessen Darstellung auf Keramikgegenständen aus Harappa gefunden wurde, wird heute noch – aus Gold oder Silber, emailliert oder mit Steinen besetzt – von verheirateten Frauen einer bestimmten Gemeinschaft von Rajasthan getragen.

Die Juweliers- und Goldschmiedekunst hat in Indien älteste Tradition. Charakteristische Formen indischer Juwelierskunst sind in ungebrochener Tradition vom *Ramayana* und vom *Mahabharata* überliefert worden. Auch im *Rigveda* ist immer wieder die Rede von Juwelen. In der ungefähr im vierten Jahrhundert nach Christus entstandenen Grammatik von Panini werden die Namen verschiedener Ornamente erwähnt, die identisch sind mit heute noch landesweit gebräuchlichen Verzierungen. Das alte Vokabular Amara Sinhas zählt eine ganze Reihe von Namen für Kronen, Helme und Tiaras auf; aber auch Ohrringe, -blumen und -knöpfe werden erwähnt, Halsbänder aus bis zu hundert Reihen von Edelsteinen, verschiedenste Formen und Modelle von Armspangen und Armbändern, Fußkettchen und anderer Beinschmuck. Alle erwähnten Bezeichnungen sind nach wie vor gebräuchlich für dieselben Schmuckstücke im heutigen Indien. Eine Schmuckart, die wahrscheinlich so ursprünglich ist wie die Geschmeide aus gezwirntem Golddraht, ist der überall in Indien getragene Schmuck aus gehämmertem Gold. Seine höchste Vollendung hat dieses Kunsthandwerk in Surat und Ahmedabad erreicht. Diese Geschmeide bestehen aus flach oder in Würfelform gehämmerten Plättchen reinsten Goldes, die auf rote Seide gespannt getragen werden. Dies ist der feinste Typus archaischer Goldschmiedekunst in Indien, und die hier gefertigten Nagelkopf-Ohrringe sind identisch mit Ohrringen, die an assyrischen Skulpturen gefunden wurden.

Die Brosche, die die Frauen Ladakhs tragen, ist identisch mit den Spangen, die in keltischen Ruinen Irlands entdeckt wurden, während der indische Hüftgürtel *Kardhani* an das römische *Cingulum* erinnert.

Der beste Schmuck aus in reinstem Hindu-Stil gehämmertem Gold findet sich wahrscheinlich im Süden, in Mysore, Visakapatnam und Vizianagaram, wo man das Gold fast so dünn wie Seidenpapier hämmert, ohne daß es brüchig wird. Mit vollendeter Kunstfertigkeit verleiht der Handwerker dem zartesten Metallblättchen höchsten künstlerischen Wert.

Dem Juwelier oder Goldschmied geht es vor allem darum, die prachtvolle und beeindruckende Wirkung einer berauschenden Vielfalt reicher und glänzender Farben zum Ausdruck zu bringen. Nirgendwo sonst entfalten die Inder ihren von Natur aus anspruchsvollen und prunkliebenden Geschmack so sehr wie beim Schmuck, der nicht nur aus den teuersten und seltensten Materialien hergestellt, sondern auch mit größtmöglicher Sorgfalt, feinstem Kunstgefühl und raffiniertestem Design gefertigt wird. Megasthenes staunte über den Gegensatz zwischen ihrer Freude am Schmuck und ihrer einfachen Lebensweise. Schmuck ist zum integralen Bestandteil jedes festlichen Ereignisses in Indien geworden. Die Abkehr von Prunk und Glanz in Zeiten der Trauer wird deutlich unterstrichen durch das Ablegen aller Schmuckstücke.

Die Tradition will, daß jede junge Frau Schmuck erhält, wenn sie heiratet. Viele dieser Schmuckstücke überschreiten die finanziellen Möglichkeiten der Eltern bei weitem, vor allem jenes Stück, je nach Gegend immer wieder ein anderes, das zur Hochzeit mitgegeben und von der jungen Frau getragen werden muß, bis sie Witwe wird oder stirbt.

Schmuck wird nicht nur als Verschönerung der Person geschätzt, sondern auch als solide Investition. In einem Land, das noch nicht lange über ein modernes Bankensystem verfügt, befriedigt der Schmuck Eitelkeit und Sparsinn gleichzeitig. In Krisenzeiten war es von unschätzbarem Wert, daß man Schmuck auf sich tragen und bei Bedarf in bares Geld umsetzen konnte. Bis vor kurzem erbte eine Hindu-Frau weder von ihrem Vater noch von ihrem Mann Geld. Der einzige Besitz, den sie ihr eigen nennen konnte, war ihre Mitgift, *Stridhan,* die ihr die Eltern zur Hochzeit mitgegeben hatten, und die Geschenke, die sie von ihrem Mann und seiner Familie erhalten hatte. Das waren üblicherweise Schmuckstücke; und jede Frau strebte danach, zu Lebzeiten ihres Mannes möglichst viele Schmuckstücke zu erwerben, als Versicherung für spätere harte Zeiten. Die meisten dieser Schmuckstücke landen denn auch zuletzt im Schmelzofen, sei es, um die Finanzen der Familie zu sanieren oder im Zuge wechselnder Modeströmungen neue Formen zu erwerben. Die ursprünglichsten Formen findet man deshalb nur in Schmuckstücken aus billigsten Metallegierungen, die keinen bleibenden, umsetzbaren Wert haben und nur der Eitelkeit der Trägerin schmeicheln.

Wie vieles andere sind auch Schmuckstücke mit vielerlei Aberglauben verknüpft. In gewissen Gegenden Nordindiens muß die zweite Frau eines Mannes eine goldene oder silberne Platte mit dem Bildnis der ersten Frau tragen, damit deren Geist sie nicht verfolgt. Einem Kind, das Pocken gehabt hat, hängt man einen Silberschmuck um mit einer Goldplatte, auf der das Bildnis Sitla Devis, der Göttin der Pocken, eingraviert ist, um das Kind vor einem Rückfall zu bewahren.

In Delhi, Jaipur und Lucknow wird feinster Emailschmuck hergestellt, während Bombay und Madras auf ganz glattpolierten, gold- oder steinbesetzten Schmuck spezialisiert sind. In Bengalen ist der beliebteste Schmuck immer noch ein zartes, filigranartiges Geschmeide. Der Modeschmuck aus dem Westen hat nur bei den eleganten Damen der feinen Gesellschaft Anhängerinnen gefunden. Orthodoxe Angehörige der Mittelklasse und die Bauern sind den uralten, unveränderten Schmuckformen treu geblieben.

Autoren- und Quellenverweis

Anonym:
S. 123: »The Banjaras«, *Swagat* (Hongkong, Thomas Press, Juli 1984), 54–57. Deutsch von Martin Müller.
S. 168: »Volkszählung 1991«, *Brennpunkt Indien* 2 (Mai 1991), 9–10.
S. 127: »Zur Lage der Ureinwohner«, *Meine Welt* 10,1 (Mai 1993), 16. Deutsch von Thomas Chakkiath.
S. 133: »Erfolgreiche Bemühungen um die Aufforstung der Wälder«, *Brennpunkt Indien* 3 (August 1992), 9–11.

Ranjana Sidhanta Ash:
S. 164: »Indian Women's Writing in English«, in: Rutherford, Anna; Jenson, Lars; Chew, Sirley (Hg.): *Into the Nineties, Post-colonial Women's writing* (West Yorkshire 1994: Dangaroo Press), 614–617. Deutsch von Alexandra Bröhm.

Nandini Azad (Mrs.):
S. 138: »Survival in the Urban Jungle«, *Times of India* 1985. Deutsch von Alex Schneider.

Shyam Benegal: Geb. 1934, Filmregisseur. Schrieb und führte bei zahlreichen Filmen in Hindi Regie, u. a. *Ankur, Bhumika, Kalyug, Arohan.* Erhielt für seine Filme fast fünfzig Preise, u. a. bei den Filmfestspielen in Chicago und Karlovy Vary, 1982. Erhielt Padma Shri, 1976. Verheiratet, eine Tochter. Lebt in Bombay.
S. 184: »Das Erfolgsrezept«, *Der Film Indiens und Südostasiens. Retrospektive zur 23. Internationalen Filmwoche* (Mannheim 1979), 111–118.

B. M. Bhatia:
S. 110: India's Middle Class: Role in Nation Building (Delhi 1994: Konark Publishers), 196–198. Deutsch von Alexandra Bröhm.

Sukumari Bhattacharji (Mrs.): Professorin an der Jadavpur-Universität. Studierte in Indien und Großbritannien. Veröffentlichte Studien zur Sanskritphilosophie und -literatur.
S. 40: *The Indian Theogeny* (Cambridge 1970: Cambridge University Press), 12–16, 359–363. Deutsch von Rita Peterli.

Jamila Brij Bhushan:
S. 210: »Indian Metalware«, All-India Handicrafts Board, *Indian Metalware* (Bombay 1961: Government of India Publications), 14, 48–51, 70–74. Deutsch von Margrit Pfister.

Sarat Chandra:
S. 45: »Puri and Lord Jagannath«, *The Heritage* (Oktober 1985), 10–16. Deutsch von Peter Wagner.

Keki N. Daruwalla: Geb. 1937 in Lahore/Pakistan. Schreibt vorwiegend Gedichte und Kurzgeschichten in englischer Sprache. Veröffentlichte u. a. *Under Orion* (Gedichte), 1972, *Apparition in April* (Gedichte), *Sword and Abyss* (Kurzgeschichten), 1979, und *The Keeper of the Dead* (Gedichte). Lebt in Delhi; verheiratet, zwei Kinder.
S. 7: »To Writers Abroad«, *Apparition in April* (Calcutta 1971: Writers Workshop), 29–30.
S. 169: »The Mistress«, *The Keeper of the Dead* (Delhi 1982: Oxford University Press), 22–23.
Alle deutsch von Alex Schneider.

Gurcharan Das:
S. 93: »A New Rich Class is Born«, *The Times of India* (1. 12. 1985), Sunday Review I. Deutsch von Margrit Pfister.

Kamala Das (Mrs.): Geb. 1934 in Punnayurkulam (Kerala). Schreibt in englischer Sprache und Malayalam (Pseudonym: Madhari Kutti). Veröffentlichte über ein Dutzend Bücher, u. a. *Summer in Calcutta* (Gedichte), 1965, *The Descendants* (Gedichte), 1968, *My Story* (Autobiographie; in dt. Übersetzung *Meine Story,* 1982), 1975. Erhielt den Asian Poetry Prize, 1963, Kerala Sahitya Akademi Preis, 1970, und den Sahitya Akademi Preis, 1985. Lebt in Trivandrum (Kerala).
S. 205: »The Dance of the Eunuchs«, V. K. Gokak (Hg.), *The Golden Treasury of Indo-Anglian Poetry 1828–1965* (Delhi 1970: Sahitya Akademi), 238. Deutsch von Rita Peterli.

R. K. Dhawan (Hg.):
S. 174: »Introduction«, in: *Arundhati Roy. The Novelist Extraordinary* (New Delhi 1999: Prestige Books), 17–19. Deutsch von Alexandra Bröhm.

M. K. («Mahatma«) Gandhi (1869–1948): Geb. in Porbandar (Gujarat). Ausbildung in England als Rechtsanwalt. Tätigkeit in Indien und Südafrika 1891–1914. Beginn politischer Arbeit in Südafrika 1894, in Indien 1915. 1924 Präsident des indischen Nationalkongresses. Mehrfache Gefängnisstrafen. 1942 Anführer der »Quit India«-Bewegung der Kongreßpartei. Wurde 1948 ermordet. Viele Veröffentlichungen. Herausgeber von Zeitschriften, u. a. *Young India* und *Harijan.* Zentrale politische Figur Indiens im 20. Jahrhundert.
S. 73: »Founding of the Ashram«, *An Autobiography* (Ahmedabad 1977: Navajvan Publishing House), 297–301.
S. 76: »The Birth of Khadi«, *ibid.,* 371–372.
S. 78: »Satyagraha«, A. Appadorai (Hg.), *Documents on Political Thought in Modern India,* vol. I (Bombay 1973: Oxford University Press), 279–281.
S. 80: »Non-Resistance«, *ibid.,* 233–235.
Alle deutsch von Alex Schneider.

Balwant Gargi: Geb. 1916 in Bhatinda (Panjab). Verfaßte Theater-

stücke, u. a. *Laha Kut,* 1944, und *Kesro,* 1955, in Panjabi, ein Musical, *Sohni Mahiwal,* und einen englischsprachigen Roman, *The Naked Triangle,* 1980. Veröffentlichte Studien zum indischen Theater und Volkstheater. Preis der Sahitya Akademi, 1962. Padma Shri, 1973.
S. 181: »The Folk and the Classical«, *Folk Theatre of India* (Seattle/London 1966: University of Washington Press), 3–7, 115–121. Deutsch von Alex Schneider.

Leela Gulyati (Mrs): Arbeitete als Ökonomin und Ethnographin am Centre for Development Studies, Trivandrum (Kerala).
S. 113: »Kalyani, the Agricultural Labourer«, *Profiles in Female Poverty* (Oxford/Frankfurt 1982: Pergamon Press), 21–27. Deutsch von Karin Graf.

Sunetra Gupta: Geb. 1965 in Kalkutta. Verbrachte frühe Kindheit in Afrika (Äthiopien, Sambia, Liberia), kehrte als Teenager nach Indien zurück und erhielt ihre Schulbildung größtenteils in Kalkutta. Studierte 1984–1987 Biologie in Princetown. 1992 Promotion in Mathematischer Biologie am Imperial College London. Verheiratet. Lebt seit einigen Jahren in Oxford und forscht über ansteckende Krankheiten (Oxford University: Merton College und Department of Zoology). Eine Novelle und mehrere Kurzgeschichten in ihrer Muttersprache Bengali veröffentlicht. *Memories of Rain* (Roman), 1992, *The Glassblower's Breath* (Roman), 1993, *Moonlight into Marzipan* (Roman), 1995.
S. 154: »Strangers and Other Ghosts«, in: Rutherford, Anna; Jenson, Lars; Chew, Sirley (Hg.): *Into the Nineties, Post-colonial Women's writing* (West Yorkshire 1994: Dangaroo Press), 289–295. Deutsch von Alexandra Bröhm.

H. Hanumanthappa:
S. 129: Dalits in India, *Dalit International Newsletter* 2,2 (June 1997), 1, 9–11. Deutsch von Alexandra Bröhm.

Sudhir Kakar: Geb. 1938 in Nainital. Ausbildung in Psychologie und Psychoanalyse in Amerika und Frankfurt. Lehrte in Harvard, Princeton, Ahmedabad (Gujarat) und Delhi. Als Gastprofessor tätig in Wien, Frankfurt und Montreal. Veröffentlichte eine Reihe psychoanalytischer Studien, u. a. *The Inner World,* 1978, und *Identity and Adulthood,* 1979. Lebt in Delhi.
S. 15: »The Hindu World Image«, *The Inner World* (New Delhi 1982: OUP), 15–20, 29–33, 36–51. Deutsch von Peter Wagner.
S. 58: »Schamanen, Heilige und Ärzte« (München 1986: Biederstein Verlag), 227–247. Deutsch von Holger Fliessbach.

Girish Karnad:
S. 188: Theatre in India, *Daedalus* 118,4 (1989), 348–352. Deutsch von Alexandra Bröhm.

Bibiji Inderjit Kaur (Mrs.): Geb. 1935. Ausbildung in Indien und Amerika. Unterrichtet indische Kochkunst. Aktives Mitglied der Sikh-Gemeinschaft in Amerika. Verheiratet mit Yogi Bhajan, drei Kinder. Lebt in Amerika.
S. 70: »The Cook as Healer«, *A Taste of India* (Pomona/Berkeley 1985: Arcline Publications), 9–11. Deutsch von Dieter Riemenschneider.

Arthur Lall: Geb. 1911 in Labore/Pakistan. Ausbildung in Oxford und Indien. Arbeitete im Indian Civil Service. Vertreter Indiens bei den Vereinten Nationen. Verfaßte mehrere englischsprachige Romane, u. a. *The House at Adampur,* 1956, und *Seasons of Jupiter,* 1958.
S. 87: *The Emergence of Modern India* (New York 1981: Columbia University Press), 101–103, 165–167. Deutsch von Alex Schneider.

Indira Mahindra (Mrs.):
S. 149: *The Rebellious Home-Makers* (Bombay 1980: S. N. D. T. Women's University), 164 ff. Deutsch von Rita Peterli.

Rustum J. Mehta:
S. 206: »A Survey of India's Traditional Fabrics and Textile Crafts«, D. B. Taraporevala Sons + Co, *Masterpieces of Indian Textiles* (Bombay 1979), 1–4, 7–8. Deutsch von Margrit Pfister.

Suniti Namjoshi (Mrs.):
S. 142: »From the Panchatantra«, *The Miscellany* 98 (March/April 1980), 7. Deutsch von Rita Peterli.

Ashis Nandy: Forschungen und Publikationen im Bereich Politische Psychologie, Weltanschauungen und Utopien sowie Wissenschaftskulturen. Darunter *At the Edge of Psychology: Essays in Politics and Culture* (Oxford University Press, 1980), *Traditions, Tyranny, and Utopias: Essays in the Politics of Awareness* (ibid. 1987).
S. 91: »The Uncolonized Mind«, in ders.: *The Intimate Enemy. Loss and Recovery of Self Under Colonialism,* Oxford University Press 7/1993, 103–104

R. K. Narayan: Geb. 1906 in Madras. Veröffentlichte über zwei Dutzend Romane, Kurzgeschichtensammlungen, Reiseberichte und Essays in englischer Sprache, u. a. *The Guide* (Roman), 1958 (in dt. Übersetzung *Der Fremdenführer,* 1960), *The Man-Eater of Malgudi,* 1962, und *The Painter of Signs,* 1976 (in dt. Übersetzung *Der Schildermaler,* 1979). Erhielt Padma Bhushan, 1964. Verwitwet, eine Tochter. Lebt in Mysore (Karnatak).
S. 135: »On Noise«, *Reluctant Guru* (Delhi 1974: Hind Pocket Books), 100–102. Deutsch von Karin Graf.

Jawaharlal Nehru (1889–1964): Geb. in Allahabad (U. P.). Private Ausbildung in Harrow und Cambridge. Tätigkeit als Jurist. Rückkehr nach Indien 1912. Trifft Gandhi 1916. Mehrfach Präsident der Kongreßpar-

tei. Wiederholte Gefängnisstrafen wegen politischer Aktivitäten. 1947–1964 Ministerpräsident Indiens. Viele Veröffentlichungen, u. a. *An Autobiography,* 1936, und *The Discovery of India,* 1946. Zentrale politische Figur Indiens im 20.-Jahrhundert.
S. 82: »Toward Freedom« (1934–5), A. Appodorari (Hg.) *a. a. O.* vol. II, 117–127. Deutsch von Alex Schneider.

Gail Omvedt (Mrs.):
S. 143: »Devadasi, Custom and the Fight Against It«, *Manushi* 4, 1 (1983), 17. Deutsch von Rita Peterli.

Dileep Padgaonkar: Geb. 1944. Ausbildung am Fergusson College, Puna, und in Paris. Graduierte am *French Institute of Higher Cinematographic Studies* und promovierte an der Sorbonne. Pariser Korrespondent ab 1968 und 1988–1993 Herausgeber der *Times of India.* 1978–1986 Internationaler UNESCO-Beamter in Bangkok und Paris.
S. 108: »This is not Bombay« in: ders. *When Bombay burned* (New Delhi 1993: UBS Publishers), 8–11. Deutsch von Alexandra Bröhm.

Asoka Raina:
S. 120: »Chhabiram«, *India Today* (31. 3. 1982), 59. Deutsch von Martin Müller.

Shalini Randeria:
S. 102: Auszüge aus »Hindu-Nationalismus« in: Christian Weiß et al.: *Religion – Macht – Gewalt. Religiöser Fundamentalismus und Hindu-Moslem-Konflikte in Südasien* (Frankfurt am Main 1996: IKO-Verlag)

Adya Rangacharya: Geb. 1904. Ausbildung in Bombay und London. Unterrichtete Sanskrit in Bombay 1930–1948. Verfaßte 40 Theaterstücke in seiner Muttersprache Kannada, u. a. *Suno Janamejay.* Übersetzte Dramen Ibsens und schrieb eine Biographie Nehrus. Gründete die Theaterakademie von Karnataka. Erhielt den Sangeet Natak Akademi Preis.
S. 177: »The Indian Theatre« (New Delhi 1980: National Book Trust), 156–161. Deutsch von Alex Schneider.

Shalini Reys (Mrs.): Betrieb Forschungen über das Leben und die Balladen der Bhopa.
S. 201: »Wandering Balladeers of Rajasthan – the Bhopa and His Phad«, *The Indian Magazine* 4, 4 (1984), 68–73. Deutsch von Alex Schneider.

Kushwant Singh: Geb. 1915 in Hadali/Pakistan. Juristisches Studium in Großbritannien. Tätigkeiten als Rechtsanwalt und Diplomat. Herausgeber der Wochenschrift *The Illustrated Weekly of India,* 1969–1978, der Zeitschrift *New Delhi,* 1979–1980, und der Zeitung *Hindustan Times,* 1980–1983. War Mitglied des Oberhauses.
Veröffentlichte nahezu 30 Bücher, u. a. *Train to Pakistan* (Roman),

1956, *A History of the Sikhs*, 2 Bde., 1977, *Delhi* (Roman), 1989 (in dt. Übersetzung *Delhi*, 1995), *Not a Nice Man*. Erhielt den Grove Press Preis und Padma Bhushan, 1974. Verheiratet, zwei Kinder, lebt in Delhi.
S. 53: »The Teaching of Nanak«, *A History of the Sikhs*, vol. I: 1469–1839 (Delhi 1977: Oxford University Press), 39–48. Deutsch von Rita Peterli.

Ka Naa Subramanyam: Geb. 1912 in Valangaiman (Tamil Nadu). Veröffentlichte mehr als 30 Bücher in Tamil, vor allem Romane und Kurzgeschichten. Schrieb auch in englischer und schwedischer Sprache. Benutzt verschiedene Pseudonyme.
S. 170: »Reflections on the Literary Scene in India«, *Indian Literature* 25, 1 (1982), 122–128. Deutsch von Alex Schneider.

Shashi Tharoor: Geb. 1956 in London. Wuchs auf in Indien und studierte am St. Steven's College, Delhi. Seit 1978 für die Vereinten Nationen tätig in Genf, Singapur und New York. Sonderbeauftragter des UN-Untergeneralsekretärs für friedensbewahrende Einsätze. Neben seiner diplomatischen Tätigkeit schreibt Tharoor Kurzgeschichten, Satiren und Romane, für die er mehrfach literarische Auszeichnungen erhielt; u. a. *The Great Indian Novel* (Roman), 1989 (in dt. Übersetzung *Der große indische Roman*, 1995).
S. 105: »Nicht das Indien, das ich kenne«, *Meine Welt* 10, 1 (Mai 1993), 14. Deutsch von Ruth Lüers.

Kapila Vatsyayan, Ram Gopal:
S. 203: »Indian Classical Dance« (Delhi 1974: Ministry of Information and Broadcasting), 9. Deutsch von Alex Schneider.

Indien im Unionsverlag

Mulk Raj Anand **Gauri**
Der Roman vom Erwachen des schönen, sanftmütigen Bauernmädchens, das von seinem Mann verstoßen wird, ist Anands »Verneigung vor der Schönheit, Würde und Hingabe der indischen Frau«.

Romesh Gunesekera **Riff**
Im Jahr des gescheiterten Staatsstreichs auf Sri Lanka kommt der elfjährige Triton als Boy in das Haus des Meeresbiologen Mister Salgado: die eindrückliche Stimme eines Jungen, der in einer zerbrechenden Welt erwachsen wird.

Mochtar Lubis **Dämmerung in Jakarta**
Mochtar Lubis entwirft in kräftigen Bildern das Panorama einer Großstadt – die Welt der Kaufleute, Beamten, Politiker, Schurken, der debattierenden Intellektuellen und der ewig zu kurz Kommenden.

Kamala Markandaya **Eine Handvoll Reis**
Für Ravi bricht der kleine Traum vom großen Glück und Aufstieg zusammen. Da bietet ihm sein ehemaliger Bandenchef, der zum König des Schwarzmarktes aufgestiegen ist, eine letzte Chance.

Kamala Markandaya **Nektar in einem Sieb**
Am Ende ihrer Tage hält eine indische Bauernfrau Rückschau: »Ich sammelte die zerbrochenen Stücke meines Lebens und legte sie aneinander...« Dieser Roman gibt voller Anteilnahme Einblick in das Leben der indischen Dörfer.

Pramoedya Ananta Toer **Kind aller Völker**
Als seine Frau von den holländischen Kolonialherren verschleppt wird, regt sich in Minke, einem indonesischen Journalisten, der Widerstand. Die Auseinandersetzung mit der Macht und den Mächtigen seit der Jahrhundertwende wird zum literarischen Leitthema.

Adam Zameenzad **Das 13. Haus**
Ein farbiges Bild der Hafenstadt Karatschi, mit einem Helden, der die Schatten der Vögel fängt und vom Schicksal heimgesucht wird. Zahid ist ein kleiner Angestellter, ein guter Mensch, doch er steckt in Schwierigkeiten und müßte viel Glück haben, um durchzukommen. Schafft er es?

Bestellen Sie unseren kostenlosen Verlagsprospekt:
Unionsverlag, Rieterstrasse 18, CH-8059 Zürich